칼리 리눅스의 원조

데비안 리눅스
활용과 보안

칼리 리눅스의 원조

데비안 리눅스
활용과 보안

오동진 • 이태희

i!i
에이콘

"아! 리눅스가 레드햇만 있는 것이 아니지!" 원고를 받고 처음 든 생각이다.

리눅스는 지난 1996년 처음 접했다. 아는 선배로부터 리눅스를 한번 써보라는 제안을 받고 아무 고민 없이 쓰기 시작했지만, 이제 컴맹에서 벗어나 ms-dos도 겨우 실행할 줄 알던 상황에서 정말 어려웠다는 기억이 든다. 선배는 떠나고 주변에 리눅스를 쓰는 사람이 없으니 배우기도 마땅치 않았다.

이번에 원고를 받고 옛 생각이 났다. 그리고 여전히 낯설었다. IT가 일상 곳곳에서 쓰이고 보안에 대한 사람들의 관심이 높아져 예전보다는 많은 사람들이 알고 있겠지만, 여전히 리눅스를 모르는 사람들이 더 많다. 리눅스는 프로그래밍이나 보안에 있어서는 필수이므로 공부하고자 하는 사람들을 위해 많은 자료가 있어야 한다.

저자도 이런 마음에서 이 책을 쓴 것이 아닌가 싶다. 서두에 데비안을 소개한 책이 거의 없다고 하는 표현에서 그런 느낌을 강하게 받았다. 이 책을 쓸 때도 많은 노력을 기울였으리라 믿는다. 책을 집필할 때는 집중이 흐트러지지 않기 위해 휴대전화 진동도 울리지 않게 한다는 저자의 성격대로 아마 자신의 모든 지식을 쏟아넣었을 것이다.

서울 관악경찰서 경정 이상현

세상은 너무나 빠르게 변하고 있다. 심지어 이 글을 읽는 순간에도 무수한 변화가 전 세계에서 동시다발적으로 일어나고 있다.

얼마 전 구글의 인공 지능 알파고가 세계 바둑 챔피언인 커제와의 대결에서 승리를 거뒀다. 또한 무인 배달 · 무인 자동차 · 홈 인공 지능 서비스 등의 무인 시스템은 이제 더 이상 놀라운 일이 아니다.

이러한 빠른 변화 속에서 정신 없이 변화에 따라가다 보면 어느새 자신이 어디로 가고 있는지, 과연 이게 옳은지 등의 번민과 후회로 무지의 심연 속 막연한 어둠에 부딪힌다.

이러한 어둠을 밝혀주는 하나의 등불이 바로 역사라고 생각한다. 인류는 역사를 통해 선조들의 경험을 전수받고 다음 변화에 적절하게 대응해 지금까지의 발전을 이룩할 수 있었다.

그러한 점에서 이 책은 등불이라 할 수 있다. 마치 대학 동아리 선배가 랩톱을 놓고 옆에서 설명해주듯 세심한 예시와 스크린샷으로 처음 리눅스를 접하는 사람들에게 무엇을 어떻게 해야 할지 자세하고 친절하게 가르쳐준다.

나도 실제로 리눅스에 관심이 있어 인터넷 등을 검색해봤지만, 너무 많은 정보들이 산재해 있어 막상 무엇을 어떻게 해야 할지 막막했는데, 이 책을 읽음으로써 많은 도움이 됐다.

이 책을 통해 더 많은 사람들이 리눅스에 쉽게 접근하고 이를 토대로 새로운 역사를 만들었으면 한다.

"미래에 대한 최선의 예언자는 과거다."

– 조지 고든 바이런 George Gordon Byron, 6th Baron Byron

경찰청 사이버안전국 경감 주성환

리눅스 계열 중에서도 우분투 리눅스와 칼리 리눅스는 가장 인기 있는 운영체제다. 특히 칼리 리눅스는 사실상 모의침투운영체제의 표준으로서 해외뿐 아니라 국내에서도 많이 이용되며, 유튜브 사이트에도 많은 동영상 자료가 있다. 이렇게 대중적인 두 개의 운영체제는 모두 데비안 리눅스에 기반을 두고 제작됐다.

나 역시 칼리 리눅스를 통해 사이버 보안에 처음 입문해 공부를 시작했고, 외국인들의 영상에 의지해 무작정 따라하며 배웠다. 기초 없이 영상에 의지하며 공부하는 일은 쉬운 일이 아니었고, 좀 더 효율적인 공부를 위해 데비안 운영체제에 대한 책을 찾아봤지만 국내에 제대로 된 책이 없었기 때문에 이 책의 출간은 나에게 무척 기쁜 소식이 아닐 수 없다.

이 책을 통해 데비안 리눅스에 대한 기초를 확실히 다질 수 있었을 뿐만 아니라 칼리 리눅스와 우분투 리눅스까지 좀 더 깊게 이해할 수 있었다. 그런 만큼 이 책을 통해 많은 사람들이 리눅스 환경에 처음 접근하면서 느껴야했던 많은 부담감이 해결되지 않을까 생각한다.

아무쪼록 많은 입문자들이 이 책을 통해 사이버 보안의 세계로 약진할 수 있는 발판이 됐으면 한다.

모의침투운영체제연구회 운영진 추다영

| 지은이 소개 |

오동진(firstblood@naver.com)

서울에서 출생해 인천대학교(구 인천전문대학) 일어과
와 경희사이버대학교 정보통신학과를 졸업하고, 한
국외국어대학교 교육대학원에서 전산 교육학 석사를
취득했다. 약 9년 동안 한국통신KT과 하이텔HiTEL 등
에서 근무하며 다양한 정보 기술 환경을 경험했다.
정보처리산업기사와 CCNA/CCNP 등과 같은 자격

증을 취득했다. 국가공무원인재개발원과 한국지역정보개발원 등에서 정보보안기사
와 모의 침투 분야에 대해 강의 중이다. 지난 2016년 경찰교육원에서 우수 외래 강사
로 감사장을 받기도 했다. 네이버(cafe.naver.com/kalilinux)와 페이스북(facebook.com/
groups/metasploits)에 모의침투운영체제연구회를 개설해 활동 중이기도 하다. 사이버
보안 중에서도 다양한 모의침투운영체제와 사회 공학에 특히 관심이 많다. 강의가 없
을 때에는 문학, 사학, 철학, 국가 정보학에 관련된 책을 읽는다.

저서로는 에이콘출판사에서 출간한『칼리 리눅스 입문자를 위한 메타스플로잇 중심의
모의 침투 2/e』(2017),『해킹 입문자를 위한 TCP/IP 이론과 보안』(2016)『소켓 개발 입
문자를 위한 백박스 기반의 파이썬 2.7』(2016) 등이 있다.

이태희(janussys@naver.com)

울산방송(www.ubc.co.kr)에서 정보 보안을 담당하며 20년 동안 방송사용 선거 개표 방송 소프트웨어와 날씨 송출 소프트웨어, 보도 정보 등을 개발했다. 대학 생활 당시 「마이크로소프트웨어」 지에서 부록으로 받은 ActiveX 평가판 해킹을 시작으로 컴포넌트 소스를 비롯한 약 2000여 개의 VBX, OCX, ActiveX 등을 무력화시켜 이름을 떨쳤다. 이후 소프트웨어 개발에 매진해 전국 공학 분야 소프트웨어 공모전을 시작으로 삼성전기, 삼성전자, 삼성 SDS, 한글과컴퓨터, 진주시청 멀티미디어 공모전 등에서 수상했다.

개발자를 대상으로 개발 정보를 공유하는 데 관심이 많아 개발자 커뮤니티에서 많은 활동을 하고 있다. DBGuide.NET·비베뱅크·데브피아·안철수연구소 커뮤니티 등을 두루 거친 후 현재는 모의침투운영체제연구회 운영진으로 활동 중이다.

마이크로소프트 사 개발 부문 MVP와 한국데이터베이스진흥원 산하 DBGuide.NET의 제1호 MVP로 선정됐으며, 2005년부터 2010년까지 약 5년간 안철수연구소 위촉 사이버 보안 명예 연구원으로서 보안 커뮤니티 분야에서 활동했다.

평소에는 경제학, 경영학, 재테크 서적과 실리콘 밸리 관련 인문 서적 등을 읽으면서 시간을 보낸다. 저서로는 『VBX와 API로 만드는 멀티미디어』(정보시대, 1995), 『오소웨어 3.51』(대림, 1997), 『VBX OCX 해킹』(대림, 1996) 등이 있다.

| 서문 |

리눅스 세상을 처음 접한 것은 지금으로부터 약 18년 전이다. 우연히 구한 알짜 리눅스를 구형 PC에 설치한 적이 있는데, 당시 서버와 클라이언트의 개념을 정립한 상태가 아니었기 때문에 알짜 리눅스의 가치와 의미는 자세히 몰랐다. 모든 관심사는 오직 성공적인 설치에 있었다. 리눅스 설치 시 장치 드라이버 문제 때문에 입문자들이 상당히 애를 먹던 시절이었는데, 사용하고 있던 PC가 워낙 구형인 탓에 별 어려움 없이 알짜 리눅스를 설치하는 데 성공했다. 윈도우와 다른 바탕화면이 올라오는 순간에 느꼈던 희열을 지금까지도 간직할 만큼 설치 성공에 따른 성취감은 컸다. 그러나 기쁨에 가득찼던 성취감은 딱 거기까지였다. 알짜 리눅스를 부팅한 이후 무엇을 어떻게 해야 할지 감을 잡을 수 없었다.

이후 하이텔에서 근무할 때 난생 처음 솔라리스 유닉스를 접할 기회가 있었다. 전산 분야에서는 유닉스/리눅스 계열에 대한 사용 능력이 필수였기 때문에 각종 명령어와 개념 등을 정말 열심히 익혔다. 그러나 나의 투자는 솔라리스에서 멈춰야 했다. 솔라리스 서버 관리자가 아니었기에 루트 계정을 이용해 각종 서비스를 설치하거나 설정할 기회가 없었기 때문이다. 더구나 이미 정상적으로 동작하는 서버에서 한낱 초보자에 불과했던 나에게 서버 운영을 맡길 이유도 없었기 때문에 그저 서버와 클라이언트에 대한 개념 정립으로 만족해야 했다.

알짜 리눅스와 솔라리스 유닉스에 대한 경험은 틈날 때마다 나에게 리눅스 학습을 요구했지만 언제나 단타로 끝나곤 했다. 지금 생각해보면 알짜 리눅스와 솔라리스 유닉스는 나의 관점이나 능력과는 조금 어긋난 운영체제가 아니었나 싶기도 하다.

세월이 한참 흘러 서버와 클라이언트에 대한 개념도 정립하고 서버 설정에 필요한 기반 지식도 확립한 상황에서 우연히 우분투 리눅스의 존재를 알게 됐다. 워낙 자주 우분투를 언급한 탓에 마침 시중에 출간된 관련 서적을 구매해 읽으면서 당시에 사용하던 구형 노트북 PC에 우분투를 설치해봤다. 우분투의 설치 성공은 이전까지 내가 알던 리눅스의 개념을 완전히 바꿔 놓았다. 특히 장치 드라이버 문제나 그래픽 위주의 작업 환경은 마치 윈도우 운영체제를 사용하는 기분까지 들었다. 우분투는 지지부진하게 미뤄뒀던 리눅스 학습에 다시 불을 붙였다. 이전까지 막연하고 애매했던 개념들을 우분투를 통해 좀 더 쉽게 정립할 수 있었고, 각종 인터넷 서비스 설치까지 도전할 수 있었다. 그 과정에서 우분투의 원조가 데비안 리눅스라는 것도 알게 됐다. 그래서 이왕이면 원조를 더 공부해보자는 심정으로 데비안에 매달리기 시작했다. 데비안과의 만남은 이처럼 기나긴 길을 돌아 이뤄졌다.

데비안에 대한 본격적인 학습을 결심했지만 막상 서점에 가보면 리눅스 입문서는 모두 레드햇 리눅스 계열뿐이었다. 아무리 눈을 씻고 찾아봐도 데비안을 소개한 책은 없었다. 인터넷을 통해 자세히 검색해보니 지난 2001년 10월 한빛미디어에서 『데비안 GNU/리눅스』라는 이름으로 책을 출간한 이후 아직까지 데비안 운영체제에 대한 책이 전무한 실정임을 알았다. 당시 책을 출간한 이후 별다른 주목을 받지 못한 탓에 절판된 것이 아닌가 생각한다.

『데비안 GNU/리눅스』라는 책이 나온 후 데비안 진영에서는 크게 두 가지 질적 도약이 있었다. 하나는 2004년 10월 데비안에 기반을 둔 우분투 리눅스가 등장한 것이고, 나머지 하나는 2013년 3월에 데비안에 기반을 둔 칼리 리눅스가 등장한 것이다. 이러한 도약은 2001년 당시 전혀 예측할 수 없었던 일이었다고 생각한다. 지금 현재 우분투는 데스크톱 PC와 노트북 PC 등에서 가장 인기 있는 리눅스 기반 운영체제로 자리 잡았고, 칼리는 전 세계적으로 가장 많이 사용되는 모의침투운영체제로 자리 잡았다. 이러한 성공은 데비안이라는 탁월한 운영체제가 있었기에 가능한 일이었다. 그만큼 데비안에 대한 가치를 다시 평가하고 주목할 필요가 있을 뿐만 아니라 이것이 내가 데비안 책을 집필해야겠다고 결심한 이유이기도 했다.

이태희 선생님과 공동으로 집필한 이 책은 데비안 운영체제를 이용해 서버의 개념과 주요 서비스 구축은 물론 리눅스 기반 운영체제에서 설정해야 할 각종 보안 설정 등을 소개했다. 다시 말해 나는 전반부에서 리눅스 개념과 기본 명령어, 그리고 주요 인터넷 서비스 설치와 설정을 설명했고, 이 선생님은 후반부에서 데비안 기반의 각종 보안 설정을 설명했다.

아무쪼록 이 책을 통해 국내 사용자들에게 데비안에 대한 기본뿐만 아니라 우분투와 칼리 등에 대한 기본을 확립하는 데 일익을 담당한다면 더할 나위 없는 보람일 듯싶다.

끝으로 우리는 지난 1월 한 달 내내 이 책을 집필하는 데 매진했다. 잘못된 입력에서 잘못된 출력이 나온다는 전산의 기본 법칙을 알기 때문에 사소한 오류가 독자 여러분에게 잘못된 지식으로 전해지는 두려움을 떠안으며 한 자 한 자 정성을 들였다. 그럼에도 우리가 간과한 오류가 있을 수 있다. 우리의 이러한 노력만이라도 가상히 여겨 너무 심하지 않게 질책해주기 바랄 뿐이다.

> 伏望聖上陛下 諒狂簡之裁 赦妄作之罪 雖不足藏之名山 庶無使壔之醬瓿
> (엎드려 바라오니 성상 폐하께서 소루한 편찬을 양해해 주시고 망작의 죄마저 용서해주시니 비록 명산에 비장할 바는 아니오나 간장 항아리 덮개로만은 쓰지 말아 주시옵소서).
>
> — 김부식(金富軾)의 『삼국사기(三國史記)』 서문에서

| 감사의 글 |

天將降大任瘀是人 必先苦其心志 勞其筋骨 餓基體膚 空乏基身 行拂亂基
所爲 是故動心忍性 增益基所不能 (하늘이 장차 어떤 사람에게 큰일을 맡기려 할 때
는 먼저 그 마음과 뜻을 흔들어 고통스럽게 하고 뼈마디가 꺾어지는 고난을 당하게 하며 그
의 몸을 굶주리게도 하고 그 생활을 빈궁에 빠뜨려 하는 일마다 어지럽게 하니 이는 그의
마음을 두들겨서 참을성을 길러줘 지금까지 할 수 없었던 일도 할 수 있게 하기 위함이다).

－「孟子(맹자)」의 고자하(告子 下) 편에서

부모님에 대한 감사를 어떻게 알량한 필설로 전할 수 있겠는가? 김만중金萬重 선생이 어
머니를 위해 「구운몽九雲夢」을 집필한 심정으로 나의 아버지와 어머니께 이 책을 바친다.

내가 늘 빠뜨리는 삶의 부속품을 챙겨주는 내 여동생과 매제에게도 감사의 말을 전한다.

나의 책을 다시 한 번 멋있게 완성해주신 에이콘출판사의 모든 직원 분들께도 진심으
로 감사 드린다. 이 분들이야말로 내 책을 가장 많이 다듬어주신 분들이다.

서울 관악 경찰서에 계시는 이상현 실장님은 지난 2008년경 중앙 공무원 교육원에서
강사와 수강생으로 처음 만나 지금까지도 자주 술잔을 나누는 분이다. 나처럼 성룡
成龍의 최고 작품을 〈폴리스 스토리〉라고 생각하시는 분이기도 하다. 대한민국이 아직
까지도 희망적인 이유는 바로 이런 분들이 공직에 계시기 때문이라고 생각한다. 언제
나 변함 없는 감사와 존경의 마음을 전한다.

경찰청 사이버 안전국에 계시는 주성환 경감님은 이상현 경정님의 경찰 대학 8년 후배

로, 이 경정님과 함께 술자리를 한 적이 있다. 지적인 외모가 그분의 첫인상이었다. 술 잔이 도는 과정에서 참으로 많은 이야기를 주고받았던 것 같다. 그중에서도 철학에 대한 담론과 이순신 제독의 명량 해전에 대한 해석이 가장 인상적이었다.

바쁜 와중에도 원고를 세심하게 검토해주고 추천의 글까지 보내준 추다영씨에게 진심으로 감사드린다.

국가 공무원 인재 개발원의 안우석 선생님께 감사의 마음을 전한다. 안 선생님은 내가 국가 공무원 인재 개발원에서 강의할 수 있도록 기회를 주신 분이다.

경찰 교육원의 최권훈 교수님께 감사의 마음을 전한다. 최 교수님께서는 내가 강사 생활하면서 난생 처음 감사장이라는 것을 받을 수 있게 해주신 분이다. 언제나 감사하게 생각한다.

한국 지역 정보 개발원의 박찬규·안은지 선생님께 머리 숙여 진심으로 감사의 마음을 전한다. 특히 한국 지역 정보 개발원은 내가 더욱 노력하는 강사로 태어날 수 있는 기회를 주는 곳이다.

내가 가장 좋아하는 후지이 미나藤井美菜 씨는 〈블러디 먼데이〉라는 일본 드라마에도 출연했던 친한파 배우다. 얼마 전 그녀는 한국의 새로운 연예 기획사와 계약을 체결했다. 플라워 미나 팬 카페(cafe.naver.com/fujiimina) 일원으로서 그녀의 활발한 한국 활동을 기대해본다.

이 밖에도 이 책이 나오도록 많은 관심과 격려를 보내주신 모든 분들께 머리 숙여 진심으로 감사드린다.

마지막으로 이 책을 읽고 계신 독자 여러분들께 진심으로 감사드린다. 독자 여러분들 앞에 아직도 많이 부족한 내 이름을 올릴 수 있어 무한한 영광으로 생각한다.

오동진

이 책을 항상 사랑하는 이효진 님께 바친다.

소포스 백신 한국 지사장 김봉근 님, 시만텍 코리아 윤광택 상무님, 보안 뉴스 권준 편집자님, 원병철 기자님, 기술 문화 연구소 류한석 소장님, 아카마이 코리아 김재연 님, ATM CTO 마재민 님, UX 디자이너 반준철 님, 마이크로소프트 김명신 님과 홍창열 님, 휴먼사인즈 김종범 님, 안철수 연구소 분석가 차민석 님, LG전자 클라우드 서비스 기획팀 황재선 팀장님, 팁스웨어 김성엽 대표님께 느끼는 감사의 마음은 이루 헤아릴 수 없다.

보안과 관련해 많은 자문을 해주신 부산 대표 지역 보안업체 에스이지^{SEG}의 송병규 이사, 김균돈 이사, 김태훈 대표, 울산 대표 지역 보안업체 ㈜엔정보기술의 서용수 부장, 장유락 부장, 이상현 부장, 한국 사이버군협회 이명환 협회장께도 감사드린다.

모의침투운영체제연구회에서 항상 열심히 활동해줘 제가 이름을 기억하는 종일 님, 박인환 님, 박상훈 님, 이세한 님, 선상래 님, 박재유 님, 최종윤 님, 성민 님, 류지호 님, 박수곤 님, 라도훈 님, 류재혁 님, 백인성 님, 이헌진 님, 박준범 님, 장석현 님, 권순성 님, 고동의 님, dakkar key 님, 박광유 님, 한우영 님, 안세용 님, 박호진 님, 김재형 님, 한우진 님, 강지호 님, 성현민 님, 여운창 님, 최성욱 님, 설기훈 님, 박상용 님, 안희성 님, 정용운 님, 도상원 님, 박원석 님, 김민근 님, 빈호래 님, 정승진 님, 오요셉 님, 추성진 님, 김남훈 님, 김한솔 님, 이승민 님, 최우혁 님, resox 님, 최나영 님, 윤나경 님, 서정원 님, 김수연 님, 이희승 님 등의 회원님들과 마지막으로 운영진으로 계시는 공재웅 님, 박성욱 님, 추다영 님, 오병윤 님께도 감사드린다.

이태희

| 들어가며 |

서문에서 언급한 바와 같이 이 책은 크게 전반부와 후반부로 이뤄졌다. 전반부에서는 데비안에 대한 개념과 기본 명령어, 그리고 주요 인터넷 서비스 설치와 설정 등을 설명했다. 제10장 이후부터는 데비안에 기반을 둔 각종 보안 설정 등을 설명했다. 본문의 구성은 다음과 같다.

제1장 실습 환경 구축과 설치

가상 환경에서 데비안 설치 과정을 설명했다. 가급적 전체적인 내용을 파악한 뒤 설치하기 바란다.

제2장 각종 설정 작업

데비안을 설치한 다음에 필요한 각종 설정 과정을 설명했다. 제1장과 마찬가지로 가급적 전체적인 내용을 파악한 뒤 설정하기 바란다.

제3장 리눅스 커널과 데비안 운영체제 소개

리눅스 전반에 대한 개념과 데비안에서 파생된 우분투와 칼리에 대한 개념을 설명했다.

제4장 서버 관리를 위한 필수 명령어

주요 인터넷 서비스 설치와 설정에 필수적인 명령어를 설명했다. 해당 장에서 설명한 명령어는 우분투와 칼리 입문자라면 반드시 숙지해야 할 내용이기도 하다.

제5장 FTP 서비스 구축

FTP 서비스를 구축하기 위한 일련의 설치와 설정을 설명했다.

제6장 DNS 서비스 구축

DNS 서비스를 구축하기 위한 일련의 설치와 설정을 설명했다.

제7장 DHCP 서비스 구축

DHCP 서비스를 구축하기 위한 일련의 설치와 설정을 설명했다.

제8장 HTTP 서비스 구축

HTTP 서비스를 구축하기 위한 일련의 설치와 설정을 설명했다.

제9장 Samba 서비스 구축

Samba 서비스를 구축하기 위한 일련의 설치와 설정을 설명했다.

제10장 로그 파일

로그 전반에 대한 설정과 일례를 설명했다.

제11장 소유권과 허가권

파일과 디렉터리의 소유권과 허가권에 대해 설명했다.

제12장 IPTables 기반 서비스 제어

데비안에 기본으로 내장된 IPTables에 대한 기초 명령어부터 그래픽 기반 방화벽까지 설명했다.

제13장 데비안 리눅스에서 안티바이러스 설치

무료 ClamAV 백신과 상용 시만텍 백신을 설치하고 운영하는 방법을 설명했다.

제14장 데비안 각종 서비스에서 보안 설정

전반부에서 구축했던 주요 서비스에 대한 보안 설정을 설명했다.

제15장 데비안에서 Snort 침입 탐지 시스템 설정

Snort라는 룰셋 기반의 침입 탐지 시스템의 설정과 운영에 대한 내용을 설명했다.

차례

추천의 글 5

지은이 소개 8

서문 10

감사의 글 13

들어가며 17

1장   실습 환경 구축과 설치   25

2장   각종 설정 작업   57

3장   리눅스 커널과 데비안 운영체제 소개   73

서버와 클라이언트의 차이 73

커널로서 리눅스 75

운영체제로서 리눅스 77

데비안과 우분투, 그리고 칼리 78

4장   서버 관리를 위한 필수 명령어   85

디렉터리 이동 85

다양한 파일 편집 기법 94

파일에 대한 복사와 이동 100

파일 및 디렉터리 삭제 105

하드 링크와 소프트 링크 108

통합과 압축 113

숨긴 파일과 디렉터리 117

5장   FTP 서비스 구축   123

6장   DNS 서비스 구축   157

7장   DHCP 서비스 구축   179

8장   HTTP 서비스 구축   189

9장   Samba 서비스 구축   201

10장   로그 파일   209

통합 로그 및 ESM 시스템 212

구글 검색봇의 로그 위협 215

Apache Error.log 파일 221

로그 분석으로 비즈니스 기회 확대하기 224

11장   소유권과 허가권   227

12장   IPTables 기반 서비스 제어   237

연결 추적 243

SYN flood 공격 차단하기 252

XMAS 패킷 차단하기 255

NULL 패킷 차단하기 256

IPTables 로그 레벨 조정하기 256

IPTables LOG 스위치 옵션 257

UFW 방화벽 사용하기 258

그래픽 방화벽 gufw 설정하기 270

하이레벨 fwbuilder 방화벽 설정 274

13장   데비안 리눅스에서 안티바이러스 설치   277

ClamAV 안티바이러스 278

    ClamAV의 설치 279

시만텍 엔드포인트 14 백신 283

14장   데비안 각종 서비스에서 보안 설정   293

Apache 웹 서버 설정 295

SSL 인증서 설치 304

백업된 인증서의 설치 313

Apache2 서버 설정하기 318

php5의 동작 체크 327

MySQL의 보안 설정 329

소프트웨어 개발자의 프로그래밍 기법 341

특수문자를 제거하는 코딩하기 343

드롭박스 사례로 보는 MySQL의 내장 암호화 344

항공기 SQL 인젝션 352

vsFTP의 보안 설정 353

ProFTPD 서비스의 보안 356

TLS.conf의 자가서명 사설인증서의 설치 362

15장   Snort 침입 탐지 시스템   367

Snort의 설치 369

Snort 동작 모드 373

    스니퍼 모드 375

    패킷 로깅 모드 377

    네트워크 침입 탐지 시스템 모드 384

Snort 명령어 386

Snort 통계 값 출력 388

패킷 출력 IP 주소 숨기기 393

Nmap 포트 스캔 탐지하기 395

snort.conf 설정하기 401

    네트워크 환경 변수 401

    전처리기 설정하기 405

    출력 모듈 411

차단 룰셋 파일 414

차단 룰셋 파일 업데이트하기 427

찾아보기 437

1

실습 환경 구축과 설치

리눅스는 무엇일까? 리눅스면 리눅스지 데비안은 무엇일까? 또한 리눅스가 강점을 발휘한다는 서버란 무엇일까? 이런 궁금증을 풀기 위해서는 기본적인 개념과 용어부터 차근차근 설명할 필요가 있다.

그러나 이런 궁금증은 잠시 뒤로 미루도록 하자. 지금은 데스크톱 PC나 노트북 PC 등에 VMWare(이하 VM으로 표기)를 설치한 상태만 생각하자. 다시 말해 VM에서 데비안을 성공적으로 설치하는 것에만 집중하자. 가상 환경이 아닌 실제 환경에서 데비안을 설치하는 경우라면 VM에 대한 내용은 건너뛰도록 하자.

VM을 모른다면 구글 사이트의 검색 창에 'VMWare 설치'를 입력해보자. 아주 다양한 내용을 볼 수 있다. 모르면 가만 있지 말고 언제나 구글에서 검색하기 바란다. 조금만 수고하면 자신이 알고자 하는 내용보다 더 많은 내용을 확인할 수 있다. 유튜브 사이트도 '정보의 보고'다. 구글처럼 'VMWare 설치'라고 입력하면 아주 많은 동영상을 볼 수 있다. 구글이든 유튜브든 자신에게 부합하는 내용을 검색해 읽어보기 바란다. 개인적으로는 다음 사이트 내용이 괜찮았다. 간결하지만 VM 개념도 소개했고, 설치 과정도 나름 잘 정리했다.

goo.gl/mMSyA9

입문자들은 문서나 동영상 등을 보면서 설치와 설정을 동시에 따라하는 경향이 있다. 개인적으로 좋지 않은 방식이라고 생각한다. 설치와 설정을 처음하는 경우라면 문서와 동영상 등을 다 본 뒤 전체 밑그림부터 그리자. 부족한 부분은 별도로 표시해 놓고 해당 부분을 자세히 알아보자. 이런 일련의 과정을 마친 뒤에 설치와 설정을 진행하는 것이 좋다. 그래야만 실수 등을 최대한 줄일 수 있다. 그런 만큼 입문자라면 제1장과 제2장에서 설명하는 내용부터 충분히 숙지한 뒤 설치와 설정을 진행하기 바란다.

이 책에서 실습에 사용한 나의 하드웨어/소프트웨어 사양은 표 1-1과 같다.

종류	사양	비고
CPU	인텔 코어 i5	
RAM	4G	
OS	32비트 기반의 윈도우 7 울티메이트 SP1	호스트 OS
VM	Workstation 10.0 버전	32비트 기반의 마지막 버전

표 1-1

가상 환경을 이용하기에는 부족한 감이 있어 보인다. 그러나 데비안은 128M 램에서도 동작하기 때문에 표 1-1과 같은 사양에서도 무리가 없다(확실히 데비안은 저사양에서도 아주 잘 동작한다는 장점이 있다).

한편 VM을 설치한 윈도우 7 운영체제를 호스트 OS$^{Host OS}$라고 부르며, VM에서 동작하는 OS(여기서는 데비안)를 게스트 OS$^{Guest OS}$라고 부른다. 다시 말해 VM을 기준으로 VM을 설치한 OS가 호스트 OS에 해당하고, VM 안에서 동작하는 OS가 게스트 OS에 해당한다. 이 용어를 기억하기 바란다.

VM 설치가 끝났으면 적당한 곳에 데비안 운영체제를 설치할 폴더를 생성한다. 나의 경우, 다음과 같이 생성했다.

```
D:\모의 침투\213_Debian 7.11
```

경로에서 보는 바와 같이 D 드라이브에 모의 침투라는 폴더를 생성한 뒤, 그 폴더에 다시 213_Debian 7.11과 같은 서브폴더를 생성했다. 해당 서브폴더에 데비안 운영 체제를 설치할 예정이다.

이번에는 데비안 이미지를 받아보자.

64비트 기반 사용자는 다음 사이트에서 해당 이미지를 다운로드할 수 있다.

```
cdimage.debian.org/cdimage/archive/7.11.0/amd64/iso-cd/
```

해당 사이트에서 debian-7.11.0-amd64-CD-1.iso 이미지를 다운로드한다. 다른 이미지는 다운로드할 필요가 없다.

32비트 기반 사용자라면 다음 사이트에서 해당 이미지를 다운로드할 수 있다.

```
cdimage.debian.org/cdimage/archive/7.11.0/i386/iso-cd/
```

해당 사이트에서 debian-7.11.0-i386-CD-1.iso 이미지를 다운로드한다. 64비트 와 같은 다른 이미지는 다운로드할 필요가 없다.

VM을 설치했고 적당한 위치에 게스트 OS를 저장할 폴더도 생성했고 데비안 7.11 이미지까지 받았다. 이제 VM에서 데비안 7.11을 설치해보자. 설치 시간이 어느 정도 필요한 만큼 커피라도 한 잔 준비하면 좋을 듯하다.

설치 완료한 VM을 실행하면 그림 1-1과 같다.

그림 1-1

그림 1-1과 같이 New 메뉴를 누르면 서브메뉴가 나타나는데, 이 중 New Virtual Machine 항목을 선택한다. 이는 1대의 게스트 OS를 생성하겠다는 의미다.

그림 1-2

28

그림 1-1에 이어 그림 1-2와 같은 화면이 나타난다. 특별한 경우가 아니면 티피컬 Typical 구성을 선택한다.

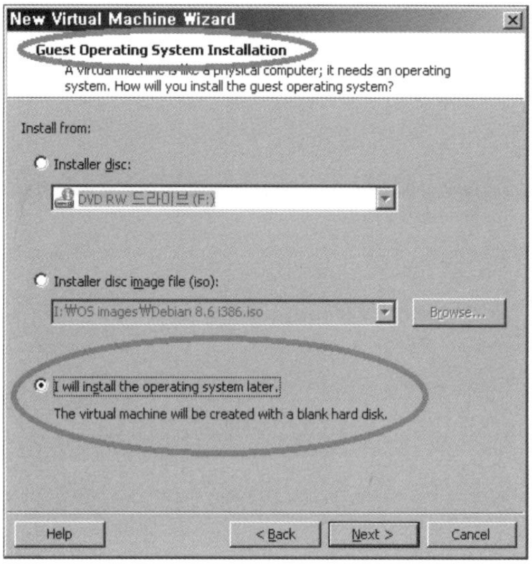

그림 1-3

그림 1-3과 같이 선택한다.

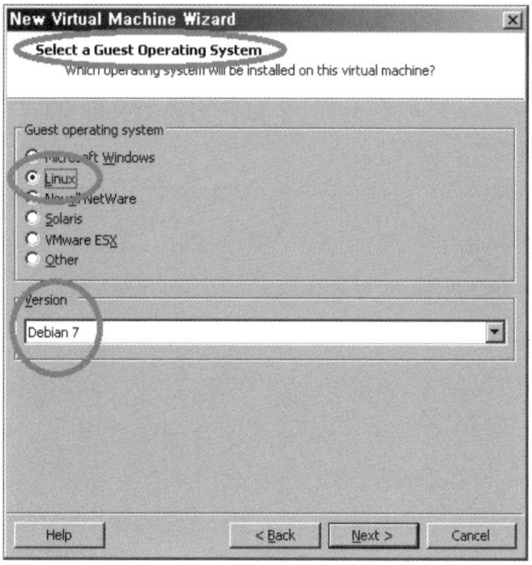

그림 1-4

게스트 OS 설치 시 그림 1-4가 중요하다. 현재 설치하고자 하는 운영체제의 종류가 데비안 7.11 버전이기 때문에 게스트 OS는 리눅스로 선택하고 버전은 데비안 7로 선택한다. 만약 64비트라면 Debian 7 64-bit를 선택한다. 모의침투운영체제^{Penetration} Testing Operating System인 칼리^{Kali}를 설치하는 경우에도 그림 1-4와 같이 선택한다. 왜냐하면 칼리는 데비안 기반이기 때문이다.

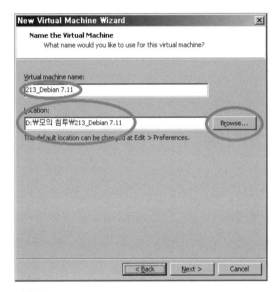

그림 1-5

그림 1-5와 같이 Browse 항목을 눌러 게스트 OS를 저장할 폴더를 지정한다. 가상 장치의 이름^{Virtual machine name}에 적당한 이름을 부여한다.

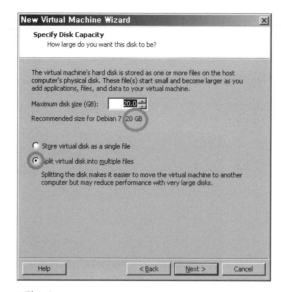

그림 1-6

게스트 OS 하드 디스크 용량을 설정한다. 기본 권장 용량은 20G다. 상황에 따라 용량을 늘리도록 하자. 이 책에서는 확장성을 고려해 40G로 설정한다.

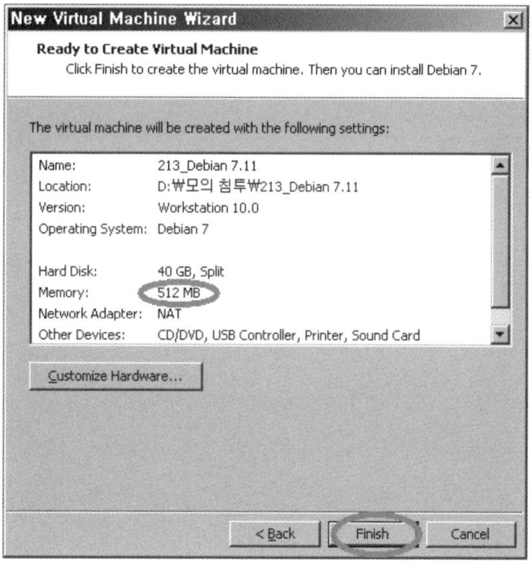

그림 1-7

이제 가상 장비 생성 마지막 단계라고 할 수 있다. 지금까지 설정 내용을 확인해보고 Finish 버튼을 누른다. 그림 1-7처럼 VM에서는 데비안 7.11 버전의 기본 메모리를 512M로 자동 설정한다.

그림 1-8

가상 장비 사양을 변경하기 위해 그림 1-8과 같이 Edit virtual machine settings 버튼을 누른다.

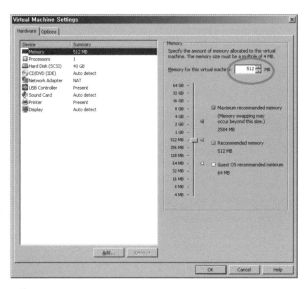

그림 1-9

그림 1-9에서와 같이 게스트 OS 메모리 용량을 조정할 수 있다. 호스트 OS 메모리 용량에 따라 적당한 용량으로 설정한다.

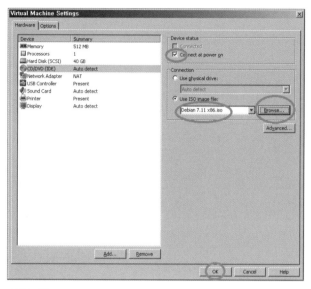

그림 1-10

그림 1-10과 같이 Browse 항목을 눌러 앞에서 이미 다운로드한 데비안 이미지를 선택한다. CD 롬에 데비안 CD를 넣는다고 생각하면 쉽게 이해할 수 있을 듯하다. OK 버튼을 눌러 마무리한다.

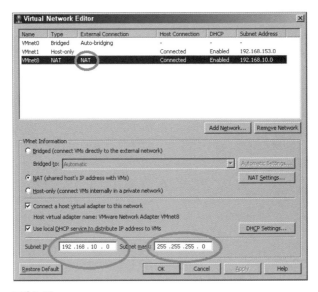

그림 1-11

그림 1-1에서 Edit 메뉴를 누르면 서브메뉴가 나타나는데, 이중 New Virtual Network Editor 항목을 선택한다. 이는 게스트 OS의 IP 주소 대역을 임의로 설정하겠다는 의미다. 그림 1-11과 같이 Subnet IP 부분을 192.168.10.0으로 설정한다. Subnet mask 부분은 기본 설정 그대로 둔다. 만약 Host-only 타입의 IP 주소가 192.168.10.0인 상태였다면 IP 주소 충돌이 일어난다. 이 경우 Host-only 타입의 IP 주소를 192.168.100.0처럼 변경하면 IP 주소 충돌을 피할 수 있다.

그림 1-11 설정은 제2장에서 다룰 고정 IP 주소 설정 또는 DNS 서버 IP 주소 설정 등과 밀접한 관계가 있다. 그런 만큼 데비안 설치 이후 각종 설정을 대비해 TCP/IP 이론 전반을 미리 숙지해야 한다. 사실 TCP/IP 이론을 모르면 서버 설정이나 서비스 구축 자체가 불가능하다고 해도 과언이 아니다(TCP/IP 이론을 모른다면 나의 졸고 『해킹 입문자를 위한 TCP/IP 이론과 보안』(에이콘출판사, 2016)을 참고하기 바란다).

이와 더불어 데비안 설치 직후 유동 IP 주소를 고정 IP 주소로 변경하고 적절한 DNS 서버 IP 주소를 설정하는 작업이 필요하다. 고정 IP 주소 설정 내역은 예제 1-1과 같다.

```
auto lo
iface lo inet loopback
auto eth0
iface eth0 inet static
address 192.168.10.213
netmask 255.255.255.0
network 192.168.10.0
broadcast 192.168.10.255
gateway 192.168.10.2
```

예제 1-1

예제 1-1에서와 같이 고정 IP 주소를 설정하는 데 있어 반드시 192.168.10.213처럼 설정할 필요는 없다. 다만 그림 1-11에서 설정한 IP 주소 대역에서 임의로 선택해 설정할 수 있다. 단, VM 자체에서 사용하는 IP 주소는 사용할 수 없다. VM에서는 192.168.10.1과 192.168.10.2와 192.168.10.254 등을 예약한 상태이기 때문에 게스트 OS에 할당할 수 없다. 이 밖에도 네트워크 IP 주소와 브로드캐스트 IP 주소, 그리고 게이트웨이 IP 주소 등의 개념도 알아야 예제 1-1의 구성 내역을 완전히 이해할 수 있다. 이처럼 서버 설정에서 TCP/IP 이해는 핵심적일 수밖에 없다(고정 IP 주소가 아니라면 클라이언트에서 서버로 접근할 때 번거로운 만큼 고정 IP 주소가 필요하다).

설치 단계에서 너무 무거운 이야기를 한 듯하다. 그러나 TCP/IP 내용을 아는 사람에게는 군더더기와 같은 말이다. TCP/IP 내용을 모른다면 일단 예제 1-1 구성 내역을 자주 보면서 눈에 익히기 바란다. 또한 예제 1-1 내용을 그림 1-11과 함께 반드시 기억하도록 하자(제2장에서 바로 사용할 내용이기 때문이다).

고정 IP 주소 설정과 더불어 DNS 서버 IP 주소 설정도 아주 중요한 작업이다. DNS 서버 IP 주소를 올바르게 설정해야 원활한 인터넷 접속이 가능해지기 때문이다.

또한 데비안 설치 직후 수행할 DNS 서버 IP 주소 설정 내역은 예제 1-2와 같다.

```
domain localdomain
search localdomain
nameserver 192.168.10.213
nameserver 8.8.8.8
```

예제 1-2

예제 1-2에서는 1차 DNS 서버 IP 주소를 192.168.10.213처럼 데비안 자기 자신의 IP 주소로 설정했다. 차후 데비안에서 DNS 서비스 구축을 대비하기 위한 설정이다(제 6장에서 DNS 서비스 구축 과정을 자세히 설명한다). 2차 DNS 서버 IP 주소는 8.8.8.8로, 구 글에서 제공하는 DNS 서버의 IP 주소다.

예제 1-2 내용 역시 예제 1-1처럼 반드시 기억하자(제2장에서 바로 사용할 내용이기 때 문이다).

다시 본론으로 돌아와 계속 설치해보자.

그림 1-12

Power on this virtual machine 버튼을 누른다. 이는 OS 이미지를 장착한 가상 장치 를 구동시키겠다는 의미다. 그림 1-1부터 그림 1-12까지가 가상 장치(하드웨어) 설정 단계에 해당한다면 이후부터는 게스트 OS 설치 단계에 해당한다.

그림 1-13

Power on this virtual machine 버튼을 누르면 그림 1-13과 같은 화면이 나타난다. 이때 호스트 OS에서 사용하는 마우스를 게스트 OS에 올려 놓고 누른다. 그럼 마우스는 호스트 OS가 아닌 게스트 OS 안에서만 동작한다. 마우스 제어권이 게스트 OS로 넘어가면 키보드 역시 게스트 OS 안에서 사용할 수 있다. 마우스 제어권을 호스트 OS로 돌리기 위해 Ctrl + SpaceBar를 누르면 게스트 OS에서 호스트 OS로 넘어온다 (VM 버전에 따라 Ctrl + Alt를 누르는 경우도 있다). 몇 번 반복해보면 금방 익숙해질 것이다.

설치 메뉴에서 그래픽 설치Graphical install 항목을 선택한다.

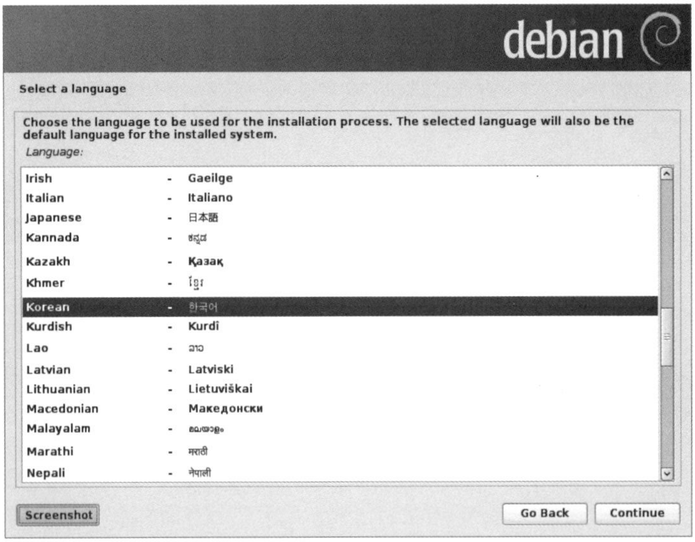

그림 1-14

한국어를 선택하고 계속을 누른다.

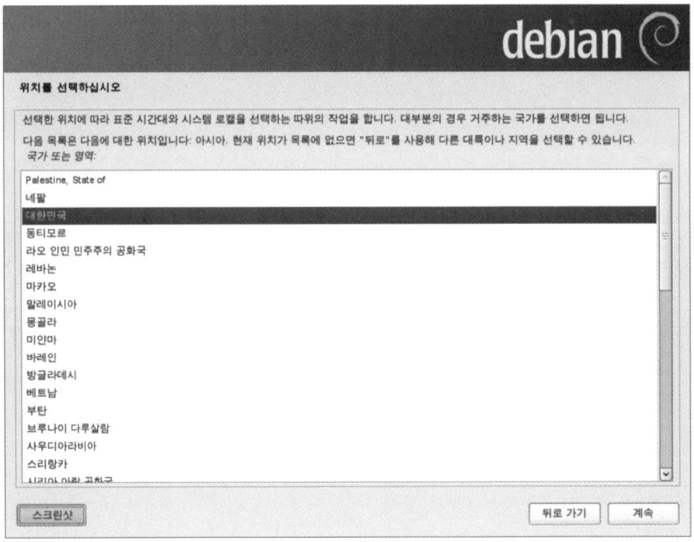

그림 1-15

대한민국을 선택하고 계속을 누른다.

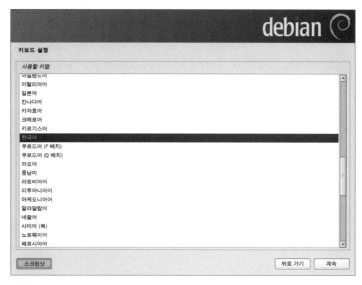

그림 1-16

한국어를 선택하고 계속을 누른다.

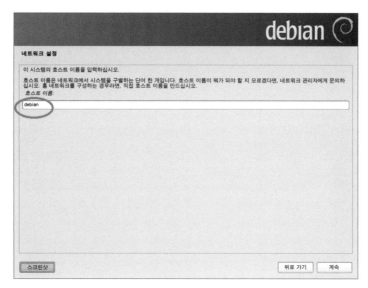

그림 1-17

호스트 이름이란 데비안을 설치한 컴퓨터의 이름을 의미한다. 특별한 경우가 아니면 기본 설정 그대로 두고 계속을 누른다.

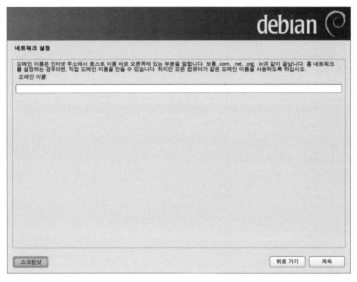

그림 1-18

공백 그대로 두고 계속을 누른다. 나중에 DNS 서비스 구축 시 따로 설정해 사용한다.

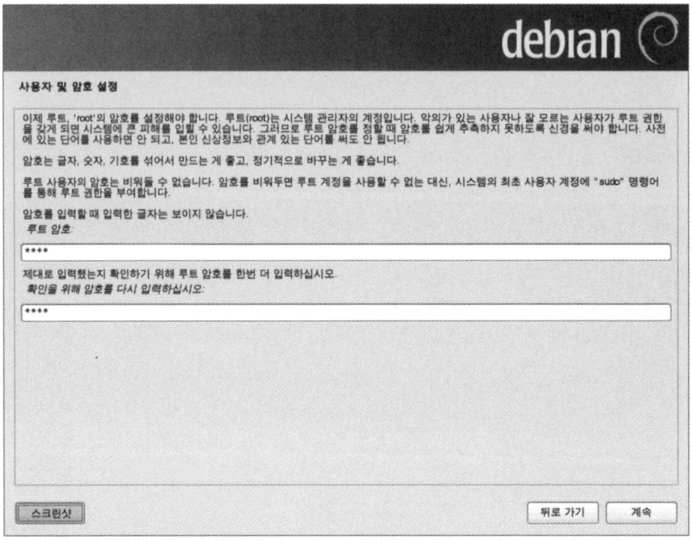

그림 1-19

Root루트 계정에서 사용할 비밀번호를 설정하는 항목이다.

컴퓨터는 잘 알려진 바와 같이 하드웨어와 소프트웨어로 이뤄진 기계다. 루트 계정에는 하드웨어적 부분과 소프트웨어적 부분 모두를 제어할 수 있는 권한이 있다. 한 마디로 컴퓨터 전체를 제어할 수 있는 권한이 있다는 의미다. 반면, 루트 계정이 생성한 일반 사용자 계정의 권한은 원칙적으로 소프트웨어적 부분만 제어할 수 있다(물론 예외 설정을 통해 하드웨어적 부분을 제어할 수 있기도 하다). 다시 말해 일반 사용자 계정으로 컴퓨터를 종료하거나 재시작하는 작업 등을 수행할 수 없다는 의미다. 그런 만큼 루트 계정은 컴퓨터 관리에서 절대적으로 중요할 수밖에 없다. 외부인이 추측하기 힘든 비밀번호를 설정하도록 한다.

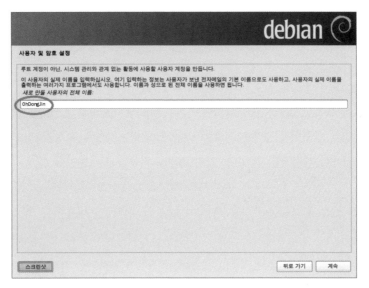

그림 1-20

데비안에서는 설치 시 루트 계정의 비밀번호 설정 이후 그림 1-20과 같이 일반 사용자 계정을 생성하는 단계가 나온다. 여기에서는 일반 사용자 계정을 사용할 사용자의 이름을 적어준다(사용자 이름과 사용자 계정을 혼동하지 마라). 사용자의 이름을 적었으면 계속을 누른다.

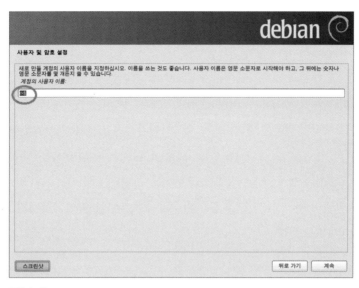

그림 1-21

그림 1-21이 실제 일반 사용자 계정을 생성하는 단계다.

일반 사용자 계정은 원칙적으로 컴퓨터의 소프트웨어적 부분만을 제어할 수 있다. 그러나 데비안을 그래픽 환경에서 사용할 경우에는 일반 사용자 계정을 이용해도 컴퓨터를 종료하거나 재시작할 수 있다. 예외 설정을 적용했기 때문이다. 반면, 터미널 창에서 일반 사용자 계정을 이용해 종료 또는 재시작 명령어를 입력하면 command not found라는 오류가 나타난다. 권한이 없기 때문에 나타나는 내용이다. 이 내용은 뒤에서 다시 정리해 설명한다. 다만 루트 계정은 하드웨어적 부분과 소프트웨어적 부분을 제어할 수 있고, 일반 사용자 계정은 소프트웨어적 부분만을 제어할 수 있다는 원칙을 기억하기 바란다.

설정을 끝냈으면 계속을 누른다.

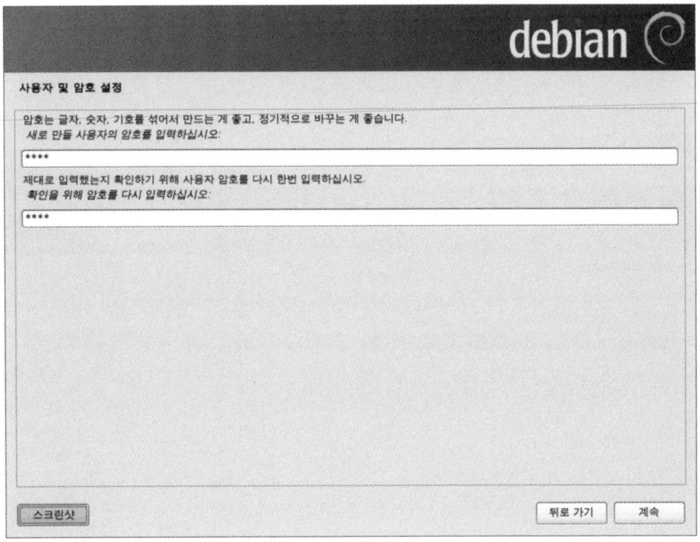

그림 1-22

그림 1-19에서 설정한 비밀번호는 루트 계정에 대한 내용이고, 그림 1-22는 그림 1-21에서 생성한 일반 사용자 계정에 대한 비밀번호 설정 내용이다.

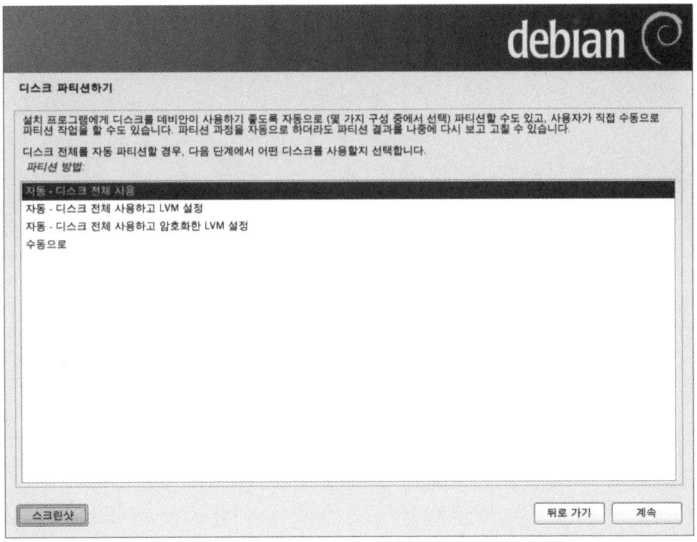

그림 1-23

리눅스 기반을 처음 접하는 사람들에게 설치 시 디스크 파티션 설정은 까다로운 느낌이 든다. 그림 1-23처럼 기본 설정인 자동-디스크 전체 사용을 선택한다. 계속을 누른다.

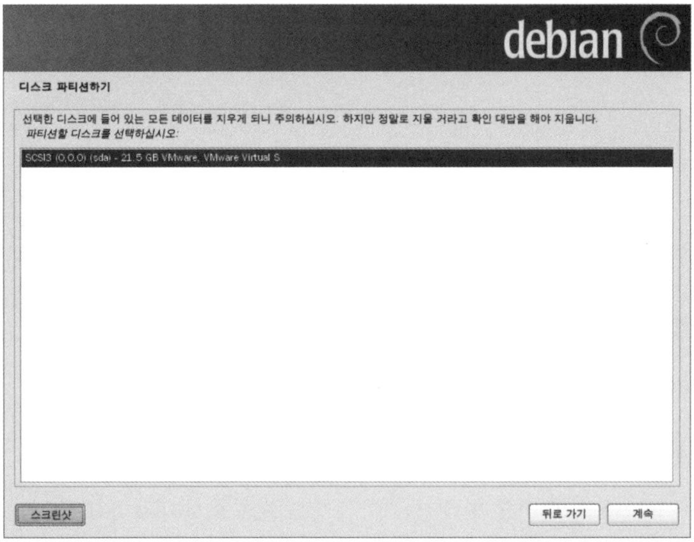
debian
디스크 파티션하기
선택한 디스크에 들어 있는 모든 데이터를 지우게 되니 주의하십시오. 하지만 정말로 지울 거라고 확인 대답을 해야 지웁니다.
파티션할 디스크를 선택하십시오:
SCSI3 (0,0,0) (sda) - 21.5 GB VMware, VMware Virtual S
스크린샷
뒤로 가기
계속

그림 1-24

확인 후 계속을 누른다.

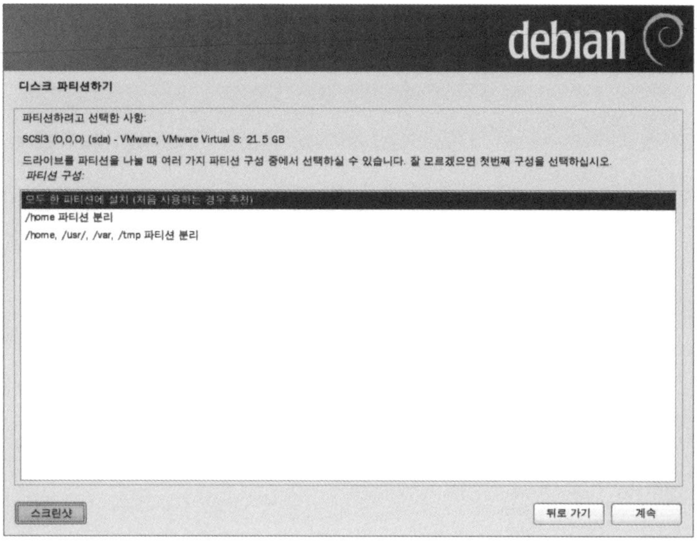

그림 1-25

그림 1-23에서와 같이 기본 설정 그대로 사용하겠다. 계속을 누른다.

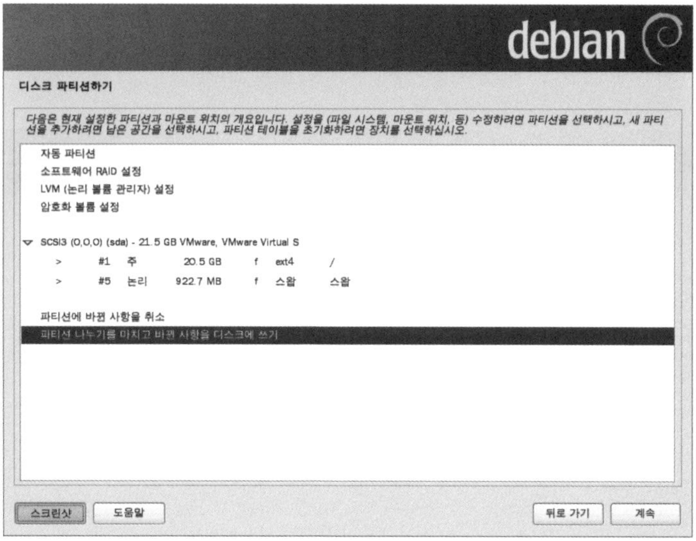

그림 1-26

그림 1-25에서와 같이 기본 설정 그대로 사용한다. 계속을 누른다.

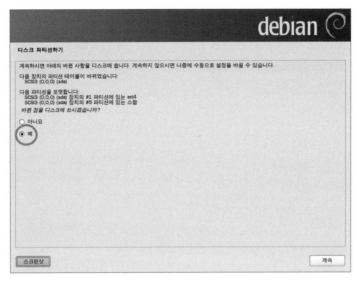

그림 1-27

그림 1-23에서부터 그림 1-26까지 디스크 파티션 설정을 기반으로 데비안 운영체제 설치 여부를 묻는 내용이다. 예를 선택한 뒤 계속을 누른다.

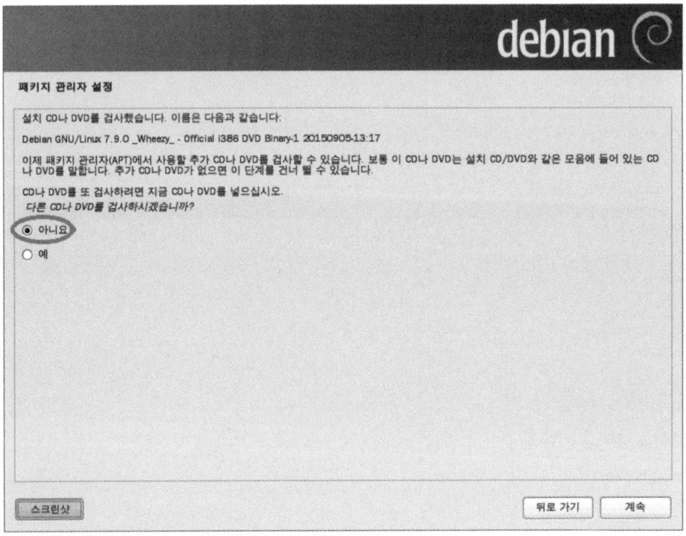

그림 1-28

아니오를 선택한 뒤 계속을 누른다.

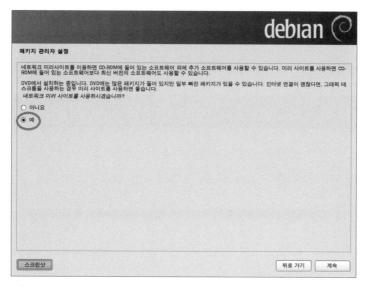

그림 1-29

예를 선택한 뒤 계속을 누른다.

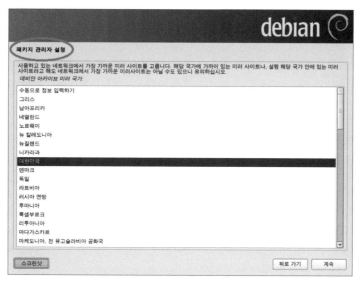

그림 1-30

패키지 관리자 설정에 대한 내용이다. 대한민국을 선택한 뒤 계속을 누른다.

데비안에서 패키지 관리자 설정은 중요하다. 데비안에서 사용하는 각종 파일이나 프로그램을 갱신할 때 패키지 관리자를 통해 이뤄지기 때문이다. 그림 1–31에서 좀 더 자세히 설명한다.

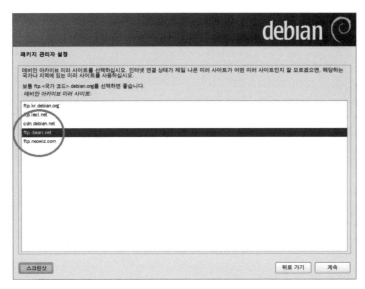

그림 1–31

그림 1–31은 대한민국에서 패키지를 제공하는 서버 목록이다. 데비안/우분투 계열에서는 이런 서버를 저장소Repository라고 부른다. 데비안에 설치한 각종 프로그램을 새롭게 갱신할 때 접속할 서버를 의미한다. 안드로이드 기반 휴대전화에서 어플을 다운로드하기 위해 구글 플레이에 접속하는 경우라고 생각하면 별로 어려운 개념이 아니다. 만약 저장소 내용이 실수나 사고 등으로 지워질 경우, 데비안에서는 어떠한 업데이트도 불가능해지기 때문에 저장소 목록을 잘 관리해야 한다. 그림 1–31처럼 다음 사이트(ftp.daum.net)를 선택한다.

참고로 그림 1–31에서 설정한 내용은 이후 설치가 끝난 뒤 cat /etc/apt/sources.list 명령어를 이용해 예제 1–3과 같이 목록을 확인할 수 있다.

```
root@debian:~# cat /etc/apt/sources.list

deb cdrom:[Debian GNU/Linux 7.11.0 _Wheezy_ - Official i386 CD Binary-1
20160605-16:15]/ wheezy main
deb http://ftp.daum.net/debian/ wheezy main
deb-src http://ftp.daum.net/debian/ wheezy main
deb http://security.debian.org/ wheezy/updates main
deb-src http://security.debian.org/ wheezy/updates main
deb http://ftp.daum.net/debian/ wheezy-updates main
deb-src http://ftp.daum.net/debian/ wheezy-updates main
```

예제 1-3

예제 1-3에서 보면 저장소로 다음 사이트(ftp.daum.net)가 잡힌 것을 볼 수 있다. 예제
1-3은 제2장에서 다시 언급한다. 일단 참고만 하기 바란다.

선택이 끝났으면 계속을 누른다.

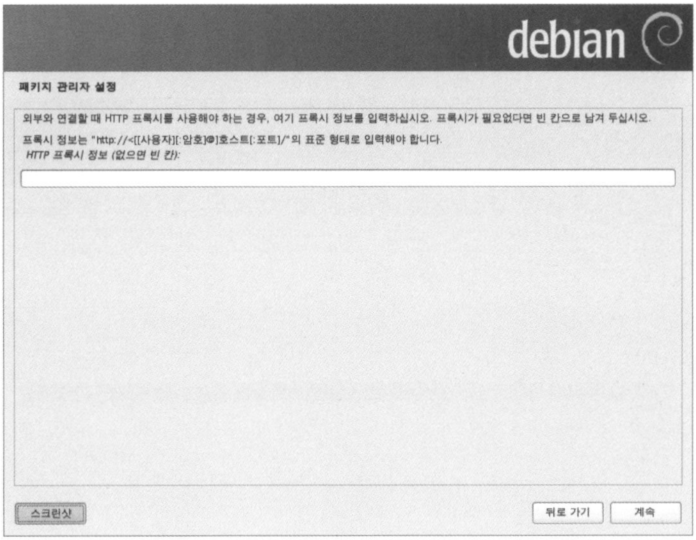

그림 1-32

공백 상태 그대로 두고 계속을 누른다.

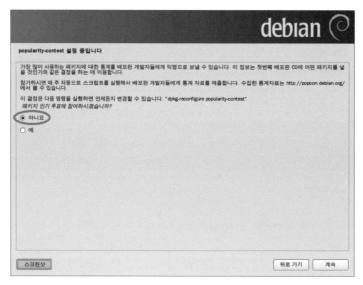

그림 1-33

아니오를 선택한 뒤 계속을 누른다.

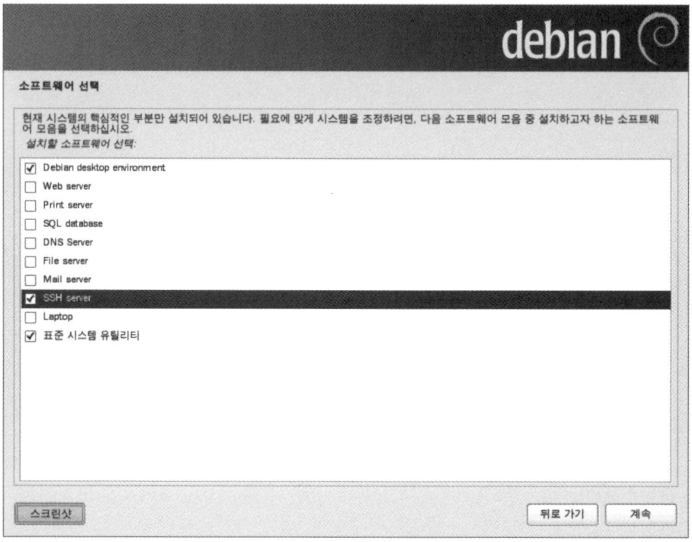

그림 1-34

그림 1-34와 같이 선택한 뒤 계속을 누른다. 이때 SSH^Secure Shell 서버는 원격 접속을 위해 필요한 프로그램이다(예제 5-33 참조). 설치 이후 여러 설정이 필요할 때 SSH 서버를 이용할 예정이다.

그림 1-35

부트 로더^Boot Loader란, 리눅스를 부팅시키기 위한 프로그램이다. 부팅 시 제일 먼저 ROM BIOS에서 POST 기능을 수행한 뒤 부팅 매체에서 부트 로더를 읽음으로서 부팅을 개시한다.

부트 로더에는 크게 LILO^Linux LOader 방식과 GRUB^GRand Unified Bootloader 방식이 있다. LILO 방식은 리눅스 기반 운영체제에서만 사용하는 부트 로더이고, GRUB 방식은 다른 운영체제에서도 사용할 수 있는 멀티 부트 로더다. 최근에는 기본적으로 GRUB 방식을 사용한다. 따라서 그림 1-35의 내용은 GRUB 부트 로더를 마스터 부트 레코드(하드 디스크)에 설치하겠는지를 묻는 의미다.

예를 선택한 뒤 계속을 누른다.

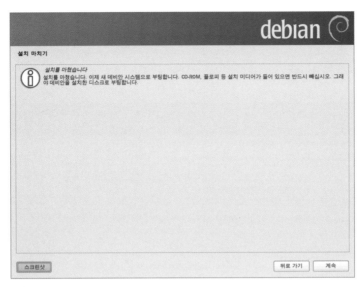

그림 1-36

계속을 누르면 데비안이 재시작된다.

그림 1-37

52

구동 후 그림 1-37과 같이 인증 창이 나타나면 그림 1-22에서 설정한 일반 사용자 계정의 비밀번호를 입력한다. 그러면 해당 사용자 계정을 통해 전체 화면이 열린다. 사실상 모든 설치가 끝난 것이다.

그림 1-38

그림 1-38에서와 같이 오른쪽 상단 끝 부분을 누르면 메뉴가 나타난다. 시스템 끄기를 선택한다.

그림 1-39

메뉴가 나타나면 재시작하거나 종료할 수 있다. 그래픽 환경에서도 그림 1-39에서와
같이 일반 사용자 계정을 이용해 운영체제를 재시작하거나 종료할 수 있지만, 계정 권
한상 이는 예외 설정으로 간주해야 한다.

그림 1-40

데비안을 처음 접하는 경우라면 데비안 그래픽 환경에 빨리 익숙해질 필요가 있다. 틈 날 때마다 각각의 메뉴 내용을 확인해보기 바란다. 화면 크기 조절이나 전원 관리 등을 변경하려면 그림 1-40과 같이 시스템 설정을 선택한다.

그림 1-41

각각의 메뉴를 통해 자신의 환경에 부합하도록 적절하게 설정한다.

그림 1-42

터미널 창은 리눅스 기반에서 상당히 자주 사용한다. 그런 만큼 터미널 창에 빨리 익숙해지기 바란다.

이상으로 VM 기반의 실습 환경 구축과 데비안 7.11 설치 과정을 마치고 다음 장에서는 터미널 창에서 여러 가지 설정 작업을 진행한다. 그 전까지는 GUI 환경에서 이러저러한 메뉴를 확인해보기 바란다.

2

각종 설정 작업

흔히 운영체제 설치를 작업의 끝으로 알지만 설정 단계 역시 중요하다. 이제부터 터미널 창을 통해 한국어 설정 등과 같은 다양한 설정 작업을 해보자.

먼저 그림 1-42에서와 같이 터미널 메뉴를 선택해 실행시킨 뒤 화면 내용을 살펴보자.

```
odj@debian:~$
```

예제 2-1

예제 2-1에서 일반 사용자 계정인 odj는 그림 1-21에서 생성한 계정이며, 그림 1-37에서와 같이 로그인한 계정이기도 하다. 현재 로그인해 사용 중인 계정임을 알려준다. @ 뒤에 나오는 debian은 그림 1-21에서 설정한 호스트 이름을 의미한다. 이처럼 터미널 창에서 보여주는 내용을 통해 현재 접속한 계정과 사용 중인 호스트 이름을 알 수 있다.

설치 후 일련의 설정 작업은 하드웨어적 요소와도 관련이 있기 때문에 관리자 계정인 루트로 전환할 필요가 있다. 일반 사용자 계정에서 수행하는 작업은 하드웨어적 요소에 제한을 받을 수 있기 때문이다. 루트 전환은 예제 2-2와 같다.

```
odj@debian:~$ su -
암호:
root@debian:~#
```

예제 2-2

예제 2-2와 같이 su - 명령어를 입력하면 루트로 전환할 수 있다. 이때 암호(더 정확히는 비밀번호)를 묻는다. 그림 1-19에서 설정한 비밀번호를 입력한다.

윈도우와 달리 리눅스 기반에서는 비밀번호를 입력하는 동안 **** 등과 같은 표시가 나타나지 않는다(리눅스 기반의 입문자는 이런 특성 때문에 당황하는 경우가 있는 만큼 입문자라면 유념하기 바란다). 루트로 전환하면 odj가 root로 바뀌고 $ 표시도 #으로 바뀐다는 것을 알 수 있다. 일반 사용자 계정으로 복귀하고 싶다면 exit 명령어를 입력한다.

루트 계정 상태에서 예제 2-3과 함께 입력한다.

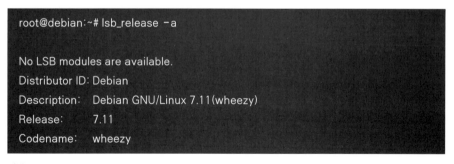

```
root@debian:~# lsb_release -a

No LSB modules are available.
Distributor ID: Debian
Description:    Debian GNU/Linux 7.11(wheezy)
Release:        7.11
Codename:       wheezy
```

예제 2-3

예제 2-3에서와 같이 데비안 버전 정보를 확인하기 위해 lsb_release -a 명령어를 입력해보면 데비안 버전 정보와 코드네임 정보가 나온다. lsb_release 명령어 다음에 -a 부분은 플래그(흔히 옵션이라고 부른다)를 의미한다. 붙여 쓰지 않도록 주의한다(예제 2-2

에서 사용한 su − 명령어에서도 − 플래그를 사용했다고 볼 수 있다).

이제 데비안 사용과 관련해 가장 중요한 TCP/IP 부분을 설정해보자. 자칫 잘못하면 인터넷 접속이 불가능해질 수도 있으므로 조심스럽게 설정하기 바란다. 또한 작업 전 예제 1−1과 예제 1−2 내역을 다시 한 번 숙지하기 바란다.

예제 2−4에서와 같이 ifconfig 명령어를 입력해 IP 주소를 확인해보자.

```
root@debian:~# ifconfig

eth0    Link encap:Ethernet  HWaddr 00:0c:29:e5:69:0c
        inet addr:192.168.10.131  Bcast:192.168.10.255  Mask:255.255.255.0
        inet6 addr: fe80::20c:29ff:fee5:690c/64 Scope:Link
        UP BROADCAST RUNNING MULTICAST  MTU:1500  Metric:1
        RX packets:31270 errors:0 dropped:0 overruns:0 frame:0
        TX packets:11973 errors:0 dropped:0 overruns:0 carrier:0
        collisions:0 txqueuelen:1000
        RX bytes:45759991 (43.6 MiB)  TX bytes:786657 (768.2 KiB)
        Interrupt:18 Base address:0x2000

lo      Link encap:Local Loopback
        inet addr:127.0.0.1  Mask:255.0.0.0
        inet6 addr: ::1/128 Scope:Host
        UP LOOPBACK RUNNING  MTU:16436  Metric:1
        RX packets:152 errors:0 dropped:0 overruns:0 frame:0
        TX packets:152 errors:0 dropped:0 overruns:0 carrier:0
        collisions:0 txqueuelen:0
        RX bytes:9120 (8.9 KiB)  TX bytes:9120 (8.9 KiB)
```

예제 2−4

예제 2−4에서 보는 바와 같이 현재 IP 주소가 192.168.10.131이다. 그런데 현재 IP 주소는 그림 1−11를 참조하면 알겠지만 VM에서 할당한 유동 IP 주소다. VM이 DHCP^{Dynamic Host Configuration Protocol} 서버 역할을 수행하면서 게스트 OS에게 할당한 결과다(제7장에서 DHCP 서비스 구축 과정을 자세히 설명한다). 이런 내용을 예제 2-5에서와 같이 확인해볼 수 있다.

```
root@debian:~# cd /etc
root@debian:/etc# cd network
root@debian:/etc/network# cat interfaces

auto lo
iface lo inet loopback
auto eth0
iface eth0 inet dhcp
```

예제 2-5

예제 2-5에서와 같이 cd /etc 명령어를 통해 etc 디렉터리 안으로 들어간 뒤 다시 cd network 명령어를 통해 network 서브 디렉터리로 들어가 cat 명령어를 이용해 interfaces 파일의 구성 내역을 읽을 수 있다. 내용 중 iface eth0 inet dhcp 부분이 바로 현재 IP 주소인 192.168.10.131이 유동 IP 주소임을 알려준다.

예제 2-5에서 사용한 cat 명령어는 파일 내용을 읽는 기능을 수행한다(cat 명령어는 예제 4-17 등에서 자세히 소개한다). 터미널 창 환경에서 가장 많이 사용하는 명령어 중 하나다. 꼭 기억하기 바란다. cat 명령어에는 이 밖에도 파일 내용을 초기화하거나 새로운 내용을 추가하는 기능도 있다. 이러한 기능 역시 중요하다. 이후 사용 일례를 소개할 때마다 익히기 바란다.

그럼 이제 예제 2-5와 같은 유동 IP 주소 체계를 고정 IP 주소 체계로 변경해보자. 예제 1-1에서 언급한 바와 같이 데비안을 클라이언트가 아닌 서버로 사용할 목적이라면 유동 IP 주소가 아닌 고정 IP 주소로 설정해야 하기 때문이다. 이때 파일 편집과 관련해 나노nano 편집기를 알아야 한다. 리눅스 기반에서는 터미널 창에서도 편집할 수 있도록 vi 편집기와 나노 편집기 등을 제공하는데, vi 편집기는 키보드의 문자를 이용해 편집을 수행하기 때문에 입문자가 사용하기에는 어려운 점이 있다. 그래서 입문자들은 보통 나노 편집기를 많이 이용한다. 나노 편집기를 이용하면 키보드의 방향 키를 이용해 편집이 가능하기 때문에 입문자에게는 큰 거부감이 없다.

예제 2-6과 함께 입력하면 나노 편집기를 실행할 수 있다. 예제 2-5와 달리 디렉터리와 서브 디렉터리를 한 번에 적어 실행할 수도 있다. 리눅스 기반의 공통 특징이다.

```
root@debian:~# nano /etc/network/interfaces
```

예제 2-6

예제 2-6을 실행하면 예제 1-1의 내용을 그림 2-1과 같이 작성한다.

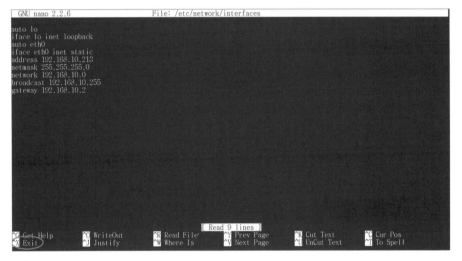

그림 2-1

편집이 끝나면 그림 2-1과 같이 Ctrl + X를 눌러 편집을 종료한다.

그림 2-2

편집한 내용을 저장하기 위해 그림 2-2와 같이 y를 입력한다.

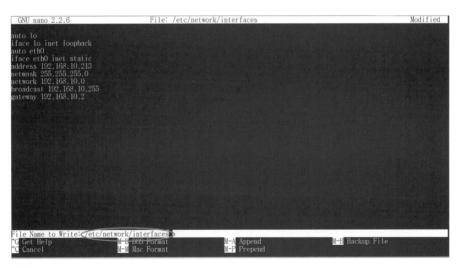

그림 2-3

그림 2-3과 같이 저장할 파일 이름을 물으면 그냥 그대로 Enter를 누른다.

그런 다음 그림 2-1부터 그림 2-3까지 사용한 방법에 따라 예제 2-7과 같이 실행해 예제 1-2의 내용을 작성한다.

```
root@debian:~# nano /etc/resolv.conf
```

예제 2-7

예제 2-6과 예제 2-7 편집은 아주 중요한 작업인 만큼 신중하게 진행하기 바란다. 또한 나노 편집기에 빨리 익숙해지기 바란다.

한편 예제 1-3을 통해 저장소 내용을 소개한 적이 있다. 이제 저장소에 접속해 일련의 업데이트 작업을 진행해보자.

```
root@debian:~# apt-get clean
```

예제 2-8

예제 2-8에서 apt-get clean 명령어는 이전에 작업했던 내용이 남아 있는 경우 깨끗하게 지우겠다는 의미다. 갱신 작업 전에 가급적 입력하기 바란다.

다음으로 예제 2-9와 같이 업데이트 목록이 있는지 확인해본다.

```
root@debian:~# apt-get update

기존 http://ftp.daum.net wheezy Release.gpg
기존 http://ftp.daum.net wheezy-updates Release.gpg
기존 http://ftp.daum.net wheezy Release
기존 http://ftp.daum.net wheezy-updates Release
기존 http://ftp.daum.net wheezy/main Sources
기존 http://ftp.daum.net wheezy/main i386 Packages
기존 http://ftp.daum.net wheezy/main Translation-ko
기존 http://ftp.daum.net wheezy/main Translation-en
기존 http://ftp.daum.net wheezy-updates/main Sources
기존 http://ftp.daum.net wheezy-updates/main i386 Packages/DiffIndex
```

```
기존 http://ftp.daum.net wheezy-updates/main Translation-en/DiffIndex
기존 http://security.debian.org wheezy/updates Release.gpg
기존 http://security.debian.org wheezy/updates Release
기존 http://security.debian.org wheezy/updates/main Sources
기존 http://security.debian.org wheezy/updates/main i386 Packages
기존 http://security.debian.org wheezy/updates/main Translation-en
패키지 목록을 읽는 중입니다... 완료
```

예제 2-9

예제 2-9에서와 같이 apt-get update 명령어를 입력하면 최신 프로그램 목록이 있
는지 확인해준다. 실제 설치는 예제 2-10에서 진행한다.

```
root@debian:~# apt-get upgrade

패키지 목록을 읽는 중입니다... 완료
의존성 트리를 만드는 중입니다
상태 정보를 읽는 중입니다... 완료

다음 패키지를 업그레이드할 것입니다:
libcurl3-gnutls libnss-winbind libpam-winbind libsmbclient libwbclient0 libxi6
linux-image-3.2.0-4-686-pae samba  samba-common samba-common-bin
smbclient winbind
12개 업그레이드, 0개 새로 설치, 0개 제거 및 0개 업그레이드 안 함.
42.7 M바이트 아카이브를 받아야 합니다.
이 작업 후 84.0 k바이트의 디스크 공간이 비워집니다.

계속하시겠습니까 [Y/n]? y
```

예제 2-10

예제 2-10에서와 같이 apt-get upgrade 명령어를 입력하면 사용 중인 프로그램
을 최신 버전으로 업데이트할 수 있다. y를 입력하면 최신 프로그램으로 갱신이 이뤄
진다.

예제 2-8부터 예제 2-10까지 소개한 명령어는 데비안에 접속할 때마다 사용해 최신
상태를 유지하도록 한다.

이제 한국어 설정을 진행해보자. 그림 1-14는 설치 환경을 한국어로 설정한 것일 뿐,
아직 한국어를 사용할 수 있는 상태가 아니다. 한국어를 설치하기 위해 예제 2-11과
함께 입력한다.

```
root@debian:~# apt-get install nabi im-config fonts-nanum* synaptic
iceweasel-l10n-ko
```

예제 2-11

데비안/우분투 계열에서는 apt-get install 명령어를 이용해 프로그램을 설치할 수 있
다. 예제 2-11에서 한국어 설치와 관련된 프로그램은 nabi와 im-config와 fonts-
nanum*다. 여러 개의 프로그램을 설치할 경우에는 프로그램 이름 사이를 띄어쓴다.
한국어 설치가 끝났으면 예제 2-12와 같이 im-config 명령어를 입력한 뒤 실행하면
그림 2-4와 같은 화면이 열린다.

```
root@debian:~# im-config
```

예제 2-12

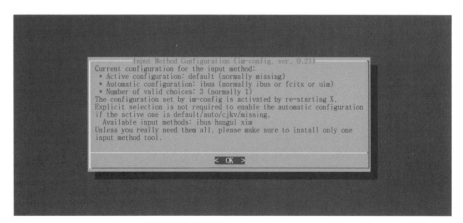

그림 2-4

기본 설정인 OK를 누른다.

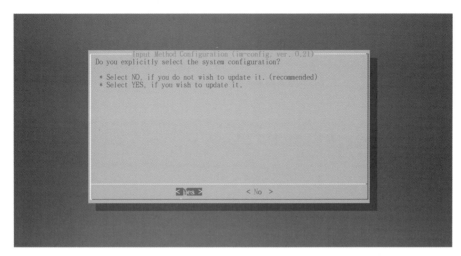

그림 2-5

기본 설정인 Yes를 누른다.

그림 2-6

그림 2-6과 같이 한글을 선택한다. 이동은 방향 키를 이용하고, 선택은 SpaceBar를
누른다.

그림 2-7

기본 설정인 OK를 누른다. 비로소 한국어 설정이 끝났다.

이제 어느 정도 기본 설정을 마쳤다.

한 가지 더 설정해보자. 예제 2-13 설정은 오직 VM 환경 사용자를 위한 내용이다. 실제 환경에서 데비안을 사용 중이라면 보안 측면에서 권장하지 않는다.

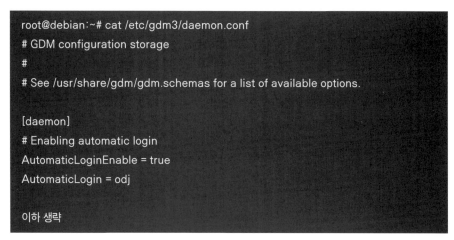

```
root@debian:~# cat /etc/gdm3/daemon.conf
# GDM configuration storage
#
# See /usr/share/gdm/gdm.schemas for a list of available options.

[daemon]
# Enabling automatic login
AutomaticLoginEnable = true
AutomaticLogin = odj


이하 생략
```

예제 2-13

예제 2-13처럼 cat /etc/gdm3/daemon.conf 명령어를 입력해보면 daemon 항목을 볼 수 있다. 나노 편집기를 이용해 예제 2-13처럼 수정하면 데비안이 구동하면서 그림 1-37과 같은 인증 창을 띄우지 않는다. 다시 말해 자동 로그인이 가능해진다.

만약 AutomaticLogin = odj이 아닌 AutomaticLogin = root처럼 변경하면 odj 계정이 아닌 루트 계정으로 자동 로그인을 진행한다. 참고하기 바란다.

지금까지 설정한 내용을 최종 적용하기 위해 데비안 운영체제를 재시작해보자.

```
root@debian:~# sync
```

예제 2-14

예제 2-14와 같은 sync 명령어를 세 번 정도 반복해 입력해준다. 램에 있는 내용을 하드 디스크로 옮기라는 의미다. 운영체제를 재시작하거나 종료할 경우에는 가급적 sync 명령어를 입력한다.

```
root@debian:~# reboot
```

예제 2-15

예제 2-15와 같이 reboot 명령어를 입력하면 데비안 운영체제를 재시작할 수 있다.

종료하는 경우라면 예제 2-16과 함께 입력한다.

```
root@debian:~# shutdown -h now
```

예제 2-16

예제 2-16과 같이 shutdown -h now 명령어를 입력하면 데비안 운영체제를 종료할 수 있다.

그림 2-8

재시작 이후 그림 1-37과 달리 그림 2-8과 같이 인증 창이 없이 바로 바탕 화면이 나타난다(바탕 화면은 개인적으로 설정한 내용일 뿐이다). 예제 2-13 설정 내용이 성공적이라는 방증이다.

다음으로 한국어 설정 성공 여부를 확인하기 위해 터미널 창에서 그림 2-9와 같이 입력해본다. 가상 환경에서는 Shift + SpaceBar를 누르면 영어를 한국어로 바꿀 수 있다. 실제 환경이라면 한/영 키를 이용해 변환할 수 있다.

그림 2-9

그림 2-4부터 그림 2-7까지 정상적으로 설정했다면 그림 2-9와 같은 결과를 볼 수 있다.

마지막으로 고정 IP 주소와 DNS IP 주소 설정 상태를 확인해보자.

```
root@debian:~# ifconfig
eth0    Link encap:Ethernet  HWaddr 00:0c:29:e5:69:0c
        inet addr:192.168.10.213  Bcast:192.168.10.255  Mask:255.255.255.0
        inet6 addr: fe80::20c:29ff:fee5:690c/64 Scope:Link
        UP BROADCAST RUNNING MULTICAST  MTU:1500  Metric:1
        RX packets:4404 errors:0 dropped:0 overruns:0 frame:0
        TX packets:13161 errors:0 dropped:0 overruns:0 carrier:0
        collisions:0 txqueuelen:1000
        RX bytes:394737 (385.4 KiB)  TX bytes:16913795 (16.1 MiB)
        Interrupt:18 Base address:0x2000

이하 생략
```

예제 2-17

예제 2-17에서와 같이 192.168.10.213번으로 나온다. 이것이 고정 IP 주소 설정에 따른 결과인지 확인하기 위해 예제 2-18과 같이 확인한다.

```
root@debian:~# cat /etc/network/interfaces

auto lo
iface lo inet loopback
auto eth0
iface eth0 inet static
address 192.168.10.213
netmask 255.255.255.0
network 192.168.10.0
broadcast 192.168.10.255
gateway 192.168.10.2
```

예제 2-18

DNS IP 주소 설정 상태는 예제 2-19와 같다.

```
root@debian:~# cat /etc/resolv.conf

# Generated by NetworkManager
domain localdomain
search localdomain
nameserver 192.168.10.213
nameserver 8.8.8.8

root@debian:~# ping 8.8.8.8

PING 8.8.8.8 (8.8.8.8) 56(84) bytes of data.
64 bytes from 8.8.8.8: icmp_seq=1 ttl=128 time=31.9 ms
64 bytes from 8.8.8.8: icmp_seq=2 ttl=128 time=29.9 ms
64 bytes from 8.8.8.8: icmp_seq=3 ttl=128 time=36.1 ms
^C
--- 8.8.8.8 ping statistics ---
3 packets transmitted, 3 received, 0% packet loss, time 2011ms
rtt min/avg/max/mdev = 29.981/32.716/36.173/2.583 ms
```

예제 2-19

VM 환경에서 직접 작업하기 힘들 때 테라 텀Tera Term 등과 같은 무료 원격 접속 프로그램을 이용하면 좀 더 편하게 작업할 수 있다.

3

리눅스 커널과
데비안 운영체제 소개

데비안, 아니 리눅스 자체를 처음 접하는 사람이라도 제1장 설치와 제2장 설정 과정을 진행하는 과정에서 어느 정도 리눅스 환경에 익숙해졌으리라 생각한다. 이번 장에서는 설치와 설정으로 정신이 없었던 심신을 잠시 쉬면서 리눅스와 데비안 등을 설명한다. 커피가 다 식었으면 다시 한 잔 준비하자. 나는 데비안을 구동시키고 원격 접속한 상태에서 도시의 간판처럼 커서가 깜빡거리는 화면을 보면서 커피를 즐기고 있다. 여러분은 어떤 모습인가?

서버와 클라이언트의 차이

리눅스를 정확히 이해하기 위해서는 먼저 서버^{Server}와 클라이언트^{Client}의 차이를 알아야 한다. 서버와 클라이언트의 정책이 다르기 때문에 정책 내용을 알아야 리눅스를 명확히 이해할 수 있다.

컴퓨터는 서비스^{Service}를 기준으로 서버와 클라이언트로 구분한다. 서비스란, 컴퓨터에서 수행하는 일련의 정보 제공이다. 이때 정보를 요청하는 컴퓨터가 클라이언트고, 이러한 요청에 응답을 보내는 컴퓨터가 서버다. 이런 점에서 볼 때 서버와 클라이언트는 외형적으로 구분하는 것이 아니라 내부 동작 방식에 따라 구분하는 것임을 알 수 있다.

클라이언트의 입장에서는 필요할 때마다 서버에게 정보를 요청할 수 있다. 서버의 입장에서는 언제든지 들어올 수 있는 클라이언트의 서비스 요청을 처리해야 하기 때문에 항상 대기 상태를 유지해야 한다. 다시 말해, 서버는 이론상 24시간 365일 대기 상태를 유지하면서 클라이언트의 서비스 요청을 처리해야 하는 위치에 있다. 그렇게 하기 위해서는 클라이언트와 비교해볼 때 무엇보다 안정성이 중요할 수밖에 없다. 일시에 밀려드는 서비스 요청도 원활하게 처리할 수 있어야 한다. 또한 서버는 단일 사용자 중심의 클라이언트와 달리 다중 사용자를 전제로 하기 때문에 서버 내에서 사용자에 대한 구분도 명확해야 하는 보안성을 염두할 수밖에 없다. 정리하자면 서버는 클라이언트와 비교할 때 다중 처리와 다중 사용자를 염두에 둬야 하는 컴퓨터이기 때문에 정책 수립 시 무엇보다 안정성과 보안성을 우선적으로 고려해야 한다는 점이다.

서버의 안정성과 보안성을 너무 어렵게 생각하지 말자. 일례를 들어보겠다. 편의점에 설치한 현금 지급기는 불특정 다수를 상대로 24시간 365일 동작 중이다. 필요할 때마다 현금 지급기를 사용하는 사람들이 클라이언트고, 현금 지급기 자체가 서버다. 현금 지급기가 안정성에 문제가 있어 자주 고장을 일으킨다면, 그래서 사용자가 필요할 때마다 요청하는 현금을 지급할 수 없다면 사용자는 정상적인 서비스를 받을 수 없다. 또한 보안성에 문제가 있어 타인과의 계좌 번호 구분 체계가 붕괴되면 사용자의 자산은 치명적인 위협에 직면할 수밖에 없다.

이러한 요구 사항에 가장 잘 부합하는 운영체제가 바로 리눅스 계열이다. 다시 말해 윈도우 계열의 운영체제는 설계 당시부터 클라이언트 환경을 염두에 뒀기 때문에 접근성과 편리성에 우선순위를 둔 반면, 리눅스 기반의 운영체제는 설계 당시부터 서버 환경을 염두에 뒀기 때문에 안정성과 보안성에 우선순위를 둔다.

강의할 때 수강생들로부터 종종 듣는 이야기 중 하나가 "윈도우는 쉬운데 리눅스는 어렵다."는 것이다. 이는 앞에서 설명한 서버와 클라이언트의 정책적 차이를 잘 모르기 때문이다. 운영체제의 사용을 생각하기 전에 서버와 클라이어트의 정책을 이해하는 것이 필요하다. 이는 리눅스 개념을 설명하기 전에 서버와 클라이언트의 차이점부터 설명하는 이유이기도 하다.

커널로서 리눅스

우리가 흔히 리눅스를 운영체제의 이름으로 사용하지만, 엄밀히 말해 리눅스는 커널Kernel을 의미한다. 커널이란 운영체제의 핵심을 이루는 부분으로, 하드웨어 전반을 관리하는 프로그램을 말한다. 다시 말해 하드웨어에 기반을 둔 프로세스 동기화와 메모리 관리, 그리고 인터럽트 등을 처리하는 프로그램이다. 커널은 기계적인 수준에서 동작하는 프로그램이기 때문에 주로 어셈블리 언어와 C 언어를 이용해 작성한다. 우리가 데스크톱 PC나 모바일 PC 등에서 사용하는 운영체제는 바로 이러한 하드웨어 관리 기능을 수행하는 커널에 기반을 두고 이뤄진 시스템 프로그램이라 할 수 있다.

리눅스 커널Linux Kernel은 1991년 핀란드 출신의 리누스 토발즈Linus Benedict Torvalds가 개발했다. 그는 헬싱키 대학교 재학 중 파스타를 먹으면서 재미삼아Just For Fun 리눅스를 개발했다. 평소 오픈소스Open Source 운동에 관심이 많았던 리누스는 자신이 개발한 커널을 세상에 공개했다. 인터넷을 통해 리눅스 커널을 본 많은 개발자들이 자신의 역량을 발휘해 리눅스 커널을 보다 정교하게 다듬는 작업에 참여했고, 마침내 1994년 리눅스 커널 1.0 버전이 탄생했다. 리눅스 커널은 이후 꾸준하게 발전하면서 2017년 1월 현재 최신 버전은 4.9.5이며, 다음 사이트에서 무료로 다운로드할 수 있다.

www.kernel.org

리누스가 리눅스 커널을 개발할 때부터 서버 환경을 염두에 두고 설계했기 때문에 리눅스 커널은 서버에서 요구하는 안정성과 보안성 등을 충실하게 반영했다. 따라서 리눅스 커널은 완벽한 다중 사용자 환경과 다중 작업 환경을 지원한다. 다시 말해 동시 다발적으로 다수의 사람들이 컴퓨터에 접속해 자신만의 컴퓨팅 작업을 수행할 수 있는 조건을 구비한 커널이라 할 수 있다.

그림 1-19와 그림 1-21에서 보는 바와 같이 루트 계정과 일반 사용자 계정을 별도로 생성하는 이유도 리눅스 커널이 다중 사용자 환경을 지원하기 때문이다. 다수가 동시에 작업하는 컴퓨팅 환경에서 어떤 일반 사용자가 임의로 운영체제를 재시작하거나 종료해 버린다면 남은 사용자들은 자신이 수행 중이던 작업을 모두 망칠 수밖에 없다. 리눅스 커널에서는 이런 치명적인 문제점을 없애기 위해 일반 사용자 계정에 소프트웨어적 권한만을 부여해 임의로 컴퓨터를 조작할 수 없게 통제한다. 일반 사용자 계정을 이용하면 CD 롬을 사용할 수 없거나 랜 카드를 교체할 수 없는 이유도 일반 사용자 계정에는 하드웨어적 권한이 없기 때문이다. 소프트웨어적 권한뿐만 아니라 운영체제를 재시작하거나 종료하는 등과 같은 일련의 하드웨어적 작업을 수행하기 위해서는 반드시 루트 계정을 이용해야 한다.

또한 rwxr-xr-x 등과 같이 표시하는 접근 권한Permissions이라는 정책을 도입해 사용자마다 자신의 정보에 대한 접근 통제를 수행하도록 구현했다. 다중 사용자가 다중 작업을 수행하는 상황에서는 정보에 대한 너와 나의 구분이 필요할 수밖에 없다. 따라서 리눅스 커널은 모든 사용자 계정마다 접근 권한 정책을 각자가 수립할 수 있는 기능을 부여했다. 접근 권한이 없다면 내가 생성한 정보를 누군가가 임의대로 조작하거나 삭제할 수 있다. 이런 정보 파괴는 컴퓨터를 임의로 재시작하거나 종료하는 조작만큼 서버 환경에서는 치명적인 문제가 아닐 수 없다. 접근 권한 정책은 리눅스 커널 보안에서 가장 근간을 이루는 개념인 만큼 후반부에서 보안 내용을 소개할 때 자세히 설명한다 (본질적으로는 계정에 따른 차등 권한 부여도 접근 권한 정책의 일환이기도 하다).

운영체제로서 리눅스

여러분들은 김치덮밥을 좋아하는가? 아니면 김치볶음밥을 좋아하는가? 김치덮밥이든, 김치볶음밥이든 김치가 있어야 이런 음식을 먹을 수 있다. 김치찌개 역시 김치가 있어야 먹을 수 있다. 이때 김치가 리눅스라는 커널 개념이고, 김치덮밥이나 김치찌개 등이 레드햇RedHat 또는 페도라Fedora 개념이다. 다시 말해 리누스가 개발해 무료로 공개한 리눅스 커널을 이용해 자신만의 환경에 부합하도록 제작한 운영체제가 바로 레드햇 운영체제 또는 페도라 운영체제다. 이러한 운영체제는 리눅스 커널에 기반을 둔 서버 환경에 부합하도록 제작한 형태다. 그러나 리눅스 커널이 모두 서버 운영체제로만 사용하는 것은 아니다. 리눅스 커널에 기반을 둔 안드로이드Android는 서버 환경이 아닌 휴대전화 환경에 부합하도록 제작된 운영체제다. 리눅스 커널에 기반을 둔 서버 환경이나 휴대전화 환경 등에 부합하도록 제작한 일련의 운영체제를 리눅스 배포판Linux Distribution이라 부른다. 이제 커널로서 리눅스라는 의미와 운영체제로서 리눅스 배포판의 차이를 이해할 수 있겠는가?

일반적으로 리눅스 커널에 기반을 둔 운영체제의 계층 구조는 그림 3-1과 같다.

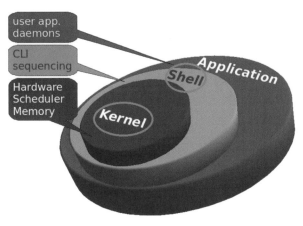

그림 3-1

그림 3-1을 보면 운영체제의 가장 아래 층에 하드웨어 관리를 담당하는 커널이 있다. 그리고 커널 위에 셸Shell이 있다. 셸이란, 키보드 등을 통해 입력받은 명령어를 처리해주는 프로그램이다(윈도우 운영체제에서 작업 관리자를 통해 볼 수 있는 explorer.exe도 셸에 해당한다). 리눅스 기반에서 사용하는 기본 셸은 배시Bash 방식이다. 사실 셸에 대해서는 많은 내용을 알아야 한다. 셸만으로도 프로그래밍이 가능하기 때문이다. 그러나 이제 갓 입문한 사람에게 셸의 종류나 환경 변수 등을 설명하는 것은 이제 목검을 든 사람에게 전장에 나가라는 의미와 다를 바 없다. 지금 단계에서 입문자가 알아야 할 내용은 CUI 환경 자체가 곧 배시 셸 환경이란 점이다(예제 2-1과 같은 터미널 환경 자체를 배시 셸 환경으로 간주해도 무리가 없다).

셸 위에는 응용 프로그램이 위치한다. 앞으로 제4장 이후부터 배시 셸을 통해 설치할 vsFTP나 bind9 또는 apache2 등이 모두 응용 프로그램에 해당한다. 물론 데비안에 내장한 파이어폭스와 같은 웹 브라우저 등도 응용 프로그램에 해당한다(접근하는 방식이나 각도 등이 다를 뿐, 윈도우 운영체제 역시 그림 3-1과 같은 구조를 이룬다).

데비안과 우분투, 그리고 칼리

리눅스 커널에 기반을 둔 운영체제, 다시 말해 리눅스 배포판의 종류는 몇 가지일까? 솔직히 모른다. 레드햇처럼 전 세계적으로 널리 알려진 리눅스 배포판도 있지만, 개인이 취미로 제작해 개별적으로 사용하는 리눅스 배포판도 있기 때문이다. 운영체제 지식과 커널 수준의 프로그래밍 능력만 있다면 누구든지 자신만의 리눅스 배포판, 곧 리눅스 기반의 운영체제를 제작할 수 있다.

독일 출신의 미국 개발자 이안 머독Ian Murdock도 그런 능력자 중 하나다. 그는 1993년 자신만의 리눅스 기반 운영체제를 개발했다. 그리고 그는 자신이 개발한 운영체제에 데비안Debian이라는 이름을 부여했다. 그 당시 자신의 애인 이름이었던 데브라Debra와 자신의 이름Ian을 붙인 것으로 알려졌다. 데비안 개발 직후, 그는 자신의 운영체제를 오픈소스 운동에 따라 전 세계에 공개한 이후 레드햇과 더불어 가장 대중적인 리눅스 배포판 중 하나로 자리매김했다. 2017년 1월 현재 데비안 최신 버전은 8.7이다. 다음 사이트에 방문하면 3.0 버전부터 최신 버전까지 확인해볼 수 있다.

```
cdimage.debian.org/cdimage/archive/
```

여타 리눅스 배포판과 비교했을 때 데비안 운영체제에는 리눅스 커널의 안정성과 보안성을 담보하면서 패키지 설치의 간결성이란 강점이 있다. 다시 말해 apt-get 명령어 등을 이용하면 해당 소프트웨어의 설치나 업데이트 등을 수행할 때 다른 패키지와의 의존성 관계 확인이나 보안 업데이트 등을 자동으로 수행해준다(우리는 이미 예제 2-8 등에서 apt-get 명령어 사용을 경험해봤다). 특히 의존성 관계 확인은 이전부터 리눅스 배포판 입문자를 괴롭히는 요소이기도 했다. 김치찌개를 끓이기 위해서는 김치가 있어야 한다. 김치가 없으면 김치찌개를 끓일 수 없는 것과 마찬가지로 리눅스 기반의 운영체제에서는 어떤 프로그램(김치찌개)을 설치할 때 해당 프로그램을 설치할 수 있는 조건(김치)을 마련해야 설치가 가능하다. 이것이 마련된 상태가 아니라면 해당 프로그램을 설치할 수 없다. 이것이 바로 의존성 관계라는 개념이다. 문제는 리눅스 기반의 운영체제 초보자는 이런 관계 파악이 미숙하기 때문에 프로그램 설치에 애를 먹곤 하는데, 데비안 운영체제에서는 해당 프로그램을 설치할 때 이러한 패키지 의존성 문제를 알아서 처리해준다.

데비안 패키지 설치 방식은 이후 여러 가지 데비안 계열의 운영체제에 지대한 영향을 미쳤다. 그중에서도 우분투와 칼리는 데비안의 적자라고 부를 만큼 데비안으로부터 많은 부분을 창의적으로 계승한 운영체제다.

우분투Ubuntu란, 서버 환경에 부합하는 데비안을 클라이언트 환경에 부합하도록 개량한 운영체제다. 다시 말해 윈도우 운영체제처럼 일반인들도 클라이언트 환경에서 리눅스 배포판을 사용하기 쉽도록 최적화시킨 운영체제가 바로 우분투다. 우분투의 태동은 남아공 출신의 마크 셔틀워스Mark Richard Shuttleworth의 기부 정신에서 유래했다. 그는 자신의 부를 인류에 공헌할 목적으로 영국에 캐노니컬^{Canonical} 이란 회사를 설립한 뒤 우분투 운영체제를 보급하기 시작했다. 참고로 우분투란 남아공어로 "네가 있으니 내가 있다"라는 의미로, 인류애를 뜻하는 단어다(우리나라의 홍익인간에 해당). 우분투는 2004년 10월 출시한 이래 1년에 두 번씩 버전업을 진행해오고 있으며, 2017년 1월 현재 우분투 최신 버전은 16.10이다. 우분투 운영체제는 다음 사이트에서 무료로 다운로드할 수 있다.

```
www.ubuntu.com/download/desktop
```

클라이언트 환경에 부합하도록 유니티^{Unity} 환경에 기반을 둔 우분투는 데비안의 패키지 설치 방식을 채택했을 뿐만 아니라 클라이언트 환경에서 요구하는 확장성과 편리성 등을 강화했기 때문에 데스크톱 PC나 노트북 PC 등에서 윈도우 운영체제처럼 범용적으로 사용할 수 있다. 또한 우분투는 KDE 환경에 기반을 둔 쿠분투^{Kubuntu}와 Xfce 환경에 기반을 둔 주분투^{Xubuntu} 등의 다양한 변형판이 있다. 사용자의 취향까지 고려한 캐노니컬의 배려심을 엿볼 수 있다. 개인적으로 주분투를 선호하기 때문에 노트북 PC에 설치해 사용 중인데, 우분투와 비교해볼 때 확실히 가볍고 깔끔하다. 주분투 운영체제는 다음 사이트에서 무료로 다운로드할 수 있다.

```
xubuntu.org
```

우분투가 얼마나 사용자 친화적인 환경인지 알아보기 위해 데비안과 비교한 일례를 살펴보자. 먼저 데비안에서 와이어샤크^{WireShark} 라는 프로그램을 실행하면 예제 3-1과 같은 내용이 나타난다.

```
odj@debian:~$ wireshark

-bash: wireshark: command not found
```

예제 3-1

배시 셸 환경에서는 wireshark라는 명령어가 없다는 의미다. 숙련자라면 금방 이해할 수 있겠지만, 초보자에게는 이런 내용이 생소하고 어렵게 느껴진다. 반면, 주분투는 3-2와 같다.

```
odj@xubuntu:~$ wireshark
프로그램 'wireshark'을(를) 설치하지 않습니다. 다음을 입력해 설치할 수 있습니다:
sudo apt install wireshark-qt
```

예제 3-2

해당 프로그램이 없기 때문에 실행할 수 없다는 실행 불가 이유를 제시하면서 친절하게 설치 명령어까지 알려준다. 확실히 예제 3-1보다는 예제 3-2가 직관적이다.

우리나라의 경우에는 액티브 X나 아래아한글 등과 같은 한국 고유의 토양 때문에 우분투 사용자가 지지부진한 상황이지만, 외국의 경우에는 우분투 사용자가 점차 증가하는 추세다(물론 아직까지는 윈도우 사용자가 압도적이지만, 일반인들도 안드로이드와 iOS와 같은 운영체제 사용이 익숙해짐에 따라 우분투 사용 전망은 긍정적이다). 비록 데비안을 모태로 태어난 운영체제이지만 대중적 성공에 힘입어 우분투는 현재 자신만의 계열을 이루며 발전에 발전을 거듭하고 있다.

데비안을 소개하면서 칼리 역시도 빼놓을 수 없는 운영체제다. 칼리[Kali]란, 데비안 운영체제를 모태로 서버 기능보다는 모의 침투 방식에 부합하도록 제작한 운영체제다. 현재 전 세계적으로 가장 많이 사용하는 모의침투운영체제이기도 하다. 마티[Mati Aharoni]와 데본[Devon Kearns], 그리고 라파엘[Raphael Hertzog] 등이 개발했고, 2013년 3월에 처음 세상에 나왔다. 이후 2년 뒤인 2015년 8월에 칼리 2.0 버전을 출시했다. 2017년 1월 현재 칼리 운영체제의 최신 버전은 2016.2다. 칼리 운영체제는 다음 사이트에서 무료로 다운로드할 수 있다.

```
www.kali.org/downloads
```

우분투와 달리 칼리는 데비안과 설치 과정까지도 거의 동일할 뿐만 아니라 바탕 화면조차 메뉴 항목을 안 보면 구분하기조차 어려울 정도다(데비안의 변형판으로 착각할 만큼 칼리는 데비안에 종속적이다).

먼저 데비안 7.1 버전의 바탕 화면은 그림 3-2와 같다.

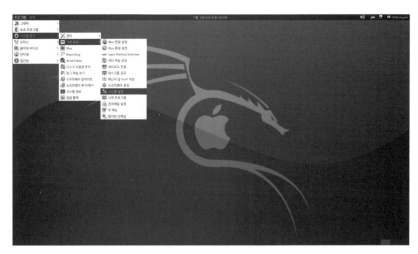

그림 3-2

반면, 칼리 1.1 버전의 바탕 화면은 그림 3-3과 같다.

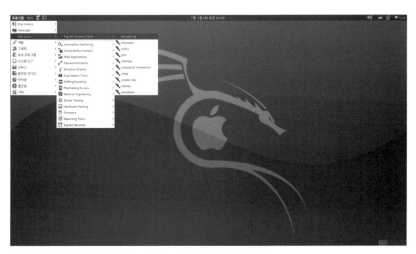

그림 3-3

한편, 칼리와 같은 모의 침투 운영체제란, 모의 침투를 수행하는 데 필요한 각종 도구를 기본적으로 내장한 운영체제를 의미한다. 모의 침투 운영체제만 설치하면 각종 사이버 보안 진단 도구를 따로 설치할 필요가 없다. 모의 침투를 수행하기 위해 개발한 운영체제인 만큼 필수적인 모의 침투 도구를 이미 설치 완료한 상태이기 때문이다. OS X 운영체제를 동영상 편집이나 출판 편집 등에 최적화시킨 것과 같은 이치다(칼리 운영체제의 보다 자세한 기능은 나의 졸고 『칼리 리눅스 입문자를 위한 메타스플로잇 중심의 모의 침투 2/e』(에이콘출판, 2017)을 참고하기 바라며, 제5장 이후부터 필요할 때마다 칼리 운영체제를 사용할 생각이다).

4

서버 관리를 위한 필수 명령어

이번 장에서는 데비안에서 각종 서비스를 구축하기 위해 필요한 기본 명령어들을 소개한다. 명령어의 기능은 모두 CUI 환경에서 소개할 생각이다. 그런 만큼 터미널 창을 실행한 뒤 하나씩 입력하면서 결과를 확인해보기 바란다. 더불어 이번 장부터는 특별한 언급이 없는 한 루트 계정을 이용해 작업한다는 것을 기억해두기 바란다.

디렉터리 이동

운영체제에서 데이터를 처리하는 단위를 파일File이라고 한다. 또한 여러 개의 파일을 모아 놓은 공간을 디렉터리Directory라고 한다. 흔히 윈도우 운영체제에서는 디렉터리를 폴더Folder라고 부른다.

데비안 운영체제에는 기본적으로 20개의 기본 디렉터리가 있다. 예제 4-1과 같이 ls -F / 명령어를 입력하면 이러한 내용을 확인할 수 있다.

```
root@debian:~# ls -F /

bin/  dev/  home/  lib/       media/  opt/  root/  sbin/   srv/  tmp/  var/
boot/  etc/  initrd.img@  lost+found/  mnt/  proc/  run/  selinux/  sys/  usr/  vmlinuz@
```

예제 4-1

예제 4-1처럼 bin/처럼 나오는 항목들이 모두 디렉터리에 해당한다. 개수를 세보면
총 20개가 있음을 알 수 있다. 지금 당장 각각의 디렉터리에 담긴 내용까지 자세히 파
고들 필요는 없다. 어차피 데비안을 다루다 보면 자연스럽게 익힐 내용이기 때문이다.
중요한 것은 작업이 필요한 디렉터리로 자유롭게 이동하는 것이다(이미 예제 2-5에서 cd
명령어를 이용해 디렉터리 이동을 수행해본 적이 있다).

이제부터 예제 4-1 내용에 기반을 둔 다양한 명령어의 기능을 확인해보자.

먼저 예제 4-2와 같이 pwd 명령어를 입력해본다.

```
root@debian:~# pwd

/root
```

예제 4-2

예제 4-2에서와 같이 /root라고 출력해준다. 현재 root 디렉터리에서 명령어 입력을
기다린다는 의미한다.

다음으로 예제 4-3과 같이 cd 명령어를 이용해 root 디렉터리에서 tmp 디렉터리로
이동한 뒤 pwd 명령어와 ls -l 명령어를 입력해본다(출력 결과는 일종의 쓰레기 파일로 설
치 환경에 따라 다를 수 있기 때문에 해당 예제는 실습보다 개념 파악에 집중하기 바란다).

```
root@debian:~# cd /tmp

root@debian:/tmp# pwd
```

86

```
/tmp

root@debian:/tmp# ls -l

합계 24
drwxrwxrwt 2 root root 4096  1월 12 08:52 VMwareDnD
-rwxrwxrwx 1 root root    0  1월  6 10:42 kubuntu.txt
drwx------ 2 odj  odj  4096  1월 12 08:57 pulse-PKdhtXMmr18n
drwx------ 2 odj  odj  4096  1월 12 08:56 ssh-96mR97FfZE9t
drwxr-xr-x 2 odj  odj  4096  1월 12 08:57 tracker-odj
drwx------ 2 odj  odj  4096  1월 12 08:57 vmware-odj
drwxr-xr-x 2 root root 4096  1월 12 08:57 vmware-root
-rwxrwxrwx 1 root root    0  1월  6 10:42 xubuntu.txt
```

예제 4-3

예제 4-3에서처럼 cd /tmp 명령어를 통해 root 디렉터리에서 tmp 디렉터리로 이동
한다. 이때 /tmp처럼 이동할 디렉터리 앞에 /를 표시해야 한다. 이동한 뒤 pwd 명령
어를 입력해보면 예제 4-2와 달리 /tmp 표시를 볼 수 있다. 디렉터리 위치가 바뀌었
다는 의미다.

이제 ls -l 명령어를 입력하면 일련의 내용을 볼 수 있다. 해당 명령어는 디렉터리 안
에 담긴 파일의 목록을 보겠다는 의미다. 출력 결과에서 맨 왼쪽에 나온 표시를 통해
파일과 디렉터리를 구분하는 법부터 알아두기 바란다. ls -l 명령어를 통해 볼 수 있는
바와 같이 VMwareDnD 항목의 맨 왼쪽에는 d가 있지만, kubuntu.txt 항목의 맨 왼
쪽에는 d대신 -가 있다. VMwareDnD 항목은 디렉터리라는 의미고, kubuntu.txt 항
목은 파일이라는 의미다. 반드시 기억하기 바란다.

이번에는 예제 4-4와 같이 home 디렉터리로 이동해보자.

```
root@debian:/tmp# cd /home

root@debian:/home# pwd
```

```
/home

root@debian:/home# ls –l
합계 4
drwxr-xr-x 25 odj odj 4096  1월 12 08:56 odj
```

예제 4-4

예제 4-4에서와 같이 home 디렉터리에서도 odj라는 디렉터리를 볼 수 있다. 그런데
odj 디렉터리는 언제 생겼을까? 그림 1-21에서 odj라는 계정을 생성하면서 생긴 디
렉터리다. 계정을 생성하면 home 디렉터리에는 해당 계정 디렉터리가 자동으로 생긴
다. 실습을 통해 확인해보겠다. 예제 4-5와 같이 새로운 계정을 생성해보자(반드시 루
트 계정으로 작업해야 한다).

```
root@debian:/home/odj# adduser tiger
Adding user `tiger' ...
Adding new group `tiger' (1001) ...
Adding new user `tiger' (1001) with group `tiger' ...
Creating home directory `/home/tiger' ...
Copying files from `/etc/skel' ...
새 UNIX 암호 입력:
새 UNIX 암호 재입력:
passwd: 암호를 성공적으로 업데이트했습니다
tiger의 사용자 정보를 바꿉니다
새로운 값을 넣거나, 기본 값을 원하시면 엔터를 치세요
        이름 []:
        방 번호 []:
        직장 번화번호 []:
        집 전화번호 []:
        기타 []:
Is the information correct? [Y/n] y
root@debian:/home/odj#
```

예제 4-5

88

예제 4-5에서와 같이 adduser 명령어를 이용해 tiger라는 일반 사용자 계정을 생성한 뒤 비밀번호까지 부여했다(물론 해당 계정 사용자가 나중에 passwd 명령어를 이용해 비밀번호를 변경해야 한다).

이제 다시 예제 4-6에서와 같이 home 디렉터리의 변화를 확인해보자.

```
root@debian:/home# ls -l

합계 8
drwxr-xr-x 25 odj   odj   4096  1월 12 08:56 odj
drwxr-xr-x  2 tiger tiger 4096  1월 12 10:19 tiger
```

예제 4-6

예제 4-6에서 보는 바와 같이 odj 디렉터리뿐만 아니라 tiger 디렉터리도 새로 생긴 것을 볼 수 있다. 이처럼 home 디렉터리는 일반 사용자 계정과 밀접한 관계가 있음을 확인했다. 중요한 내용인 만큼 반드시 기억하기 바란다.

한편 디렉터리 안에 있는 또 다른 디렉터리를 서브 디렉터리Subdirectory라고 부르겠다. 예제 4-3에서 보았던 VMwareDnD 디렉터리 등도 물론 서브 디렉터리다. 반면, 서브 디렉터리를 담고 있는 디렉터리를 메인 디렉터리Maindirectory라고 부르겠다. 이런 명칭을 사용하는 이유는 예제 4-7과 같이 서브 디렉터리로 이동할 경우에는 메인 디렉터리 이동과 달리 / 표시가 없기 때문이다.

```
root@debian:/home# cd odj

root@debian:/home/odj# pwd
/home/odj
```

예제 4-7

예제 4-7에서 보는 바와 같이 현재 /home/odj 위치에 있다. 그럼 tiger 디렉터리로 이동하고 싶다면 어떻게 해야 할까? 다양한 방법이 있지만 지금 단계에서는 예제 4-8과 같이 한 단계씩 이동하는 방식에 익숙해지기 바란다.

```
root@debian:/home/odj# cd ..

root@debian:/home# pwd
/home

root@debian:/home# ls -l
합계 8
drwxr-xr-x 25 odj   odj   4096  1월 12 08:56 odj
drwxr-xr-x  2 tiger tiger 4096  1월 12 10:19 tiger

root@debian:/home# cd tiger

root@debian:/home/tiger# pwd
/home/tiger
```

예제 4-8

예제 4-8에서와 같이 cd .. 명령어를 입력하면 현재 위치에서 바로 전 단계로 이동할 수 있다. 다시 말해 /home/odj 위치에서 cd .. 명령어를 입력하면 /home 위치로 이동한다.

다음으로 예제 4-9와 같이 etc 디렉터리로 이동해보자(해당 디렉터리는 제5장 이후부터 자주 접할 디렉터리이기도 하다).

```
root@debian:/home/tiger# cd /etc/

root@debian:/etc# pwd
/etc
```

예제 4-9

예제 4-9에서와 같이 메인 디렉터리로 이동할 때 cd /etc뿐만 아니라 cd /etc/처럼 입력할수도 있다.

이제 자신이 원래부터 위치했던 디렉터리(이 경우에는 root 디렉터리)로 이동하기 위해서는 어떻게 해야 하는가? cd /root 또는 cd /root/를 입력하면 당연히 root 디렉터리로 이동하겠지만, 단순히 cd 명령어만 입력해도 root 디렉터리로 이동할 수 있다. 다시 말해 cd 명령어 뒤에 목적지 디렉터리가 없으면 자신의 계정에 해당하는 디렉터리로 이동한다. 예제 4-10을 통해 확인해보자.

```
root@debian:/etc# cd

root@debian:~# pwd
/root
```

예제 4-10

예제 4-10에서와 같이 cd 명령어만 입력하면 etc 디렉터리에서 자신의 계정에 해당하는 디렉터리로 이동함을 알 수 있다.

예제 4-11의 내용은 일반 사용자 계정 tiger를 이용한 경우다.

```
tiger@debian:~$ pwd
/home/tiger

tiger@debian:~$ cd /home/odj

tiger@debian:/home/odj$ pwd
/home/odj

tiger@debian:/home/odj$ cd

tiger@debian:~$ pwd
/home/tiger
```

예제 4-11

일반 사용자 계정 tiger를 이용한 경우, 예제 4-11에서와 같이 단순히 cd 명령어를 입력하면 /home/tiger 디렉터리로 이동함을 볼 수 있다. 또한 cd /home/odj에서와 같이 이동할 수도 있다. 다시 말해 예제 4-12와 같이 메인 디렉터리와 여러 서브 디렉터리를 동시에 설정해도 디렉터리 이동이 가능하다는 의미다.

```
root@debian:~# pwd
/root

root@debian:~# cd /usr/share/doc/apt-xapian-index/examples/ruby/

root@debian:/usr/share/doc/apt-xapian-index/examples/ruby# pwd
/usr/share/doc/apt-xapian-index/examples/ruby

root@debian:/usr/share/doc/apt-xapian-index/examples/ruby# cd

root@debian:~# pwd
/root
```

예제 4-12

디렉터리를 이동할 때 예제 4-12와 같은 방식을 많이 이용하므로 빨리 익숙해지기 바란다.

끝으로 최상위 구조로 이동해보자. 다시 말해 데비안 운영체제의 디렉터리 체계에서 가장 상위로 이동해 해당 내용을 출력한 결과는 예제 4-13과 같다.

```
root@debian:~# pwd
/root

root@debian:~# cd ..
root@debian:/# pwd
/
```

```
root@debian:/# ls -l

합계 84
drwxr-xr-x   2 root root  4096 12월 29 11:41 bin
drwxr-xr-x   3 root root  4096  1월  3 20:14 boot
drwxr-xr-x  13 root root  3120  1월 12 13:08 dev
drwxr-xr-x 133 root root 12288  1월 12 10:46 etc
drwxr-xr-x   4 root root  4096  1월 12 10:19 home
lrwxrwxrwx   1 root root    32 12월 29 10:20 initrd.img -> /boot/initrd.img-3.2.0-4-
686-pae
drwxr-xr-x  16 root root  4096 12월 29 10:34 lib
drwx------   2 root root 16384 12월 29 10:19 lost+found
drwxr-xr-x   3 root root  4096 12월 29 10:19 media
drwxr-xr-x   2 root root  4096  5월 30  2016 mnt
drwxr-xr-x   2 root root  4096 12월 29 10:19 opt
dr-xr-xr-x 143 root root     0  1월 12 13:01 proc
drwx------   5 root root  4096  1월 10 09:09 root
drwxr-xr-x  25 root root  1000  1월 12 13:29 run
drwxr-xr-x   2 root root  4096 12월 29 11:41 sbin
drwxr-xr-x   2 root root  4096  6월 10  2012 selinux
drwxr-xr-x   3 root root  4096  1월  5 16:27 srv
drwxr-xr-x  13 root root     0  1월 12 13:01 sys
drwxrwxrwt  11 root root  4096  1월 12 13:17 tmp
drwxr-xr-x  10 root root  4096 12월 29 10:19 usr
drwxr-xr-x  13 root root  4096  1월  9 17:10 var
lrwxrwxrwx   1 root root    28 12월 29 10:20 vmlinuz -> boot/vmlinuz-3.2.0-4-686-
pae
```

예제 4-13

예제 4-13에서 / 부분을 볼 수 있다. 디렉터리 체계상 최상위에 있음을 알려준다. 모든 디렉터리는 최상위를 기준으로 각각의 디렉터리로 이동한다. 한편 initrd.img@ 등은 예제 4-13에서 initrd.img -> /boot/initrd.img-3.2.0-4-686-pae 등과 같이 나타나며 맨 왼쪽에 d가 아닌 l이 나옴을 볼 수 있다. 지금 단계에서는 참고만 하기 바란다(예제 4-44에서 자세히 설명한다).

다양한 파일 편집 기법

운영체제에서 파일 편집은 대단히 중요한 기법이다. 특히 리눅스 기반에서는 대부분의 작업을 CUI 환경에서 수행하기 때문에 다양한 파일 편집 기법이 있다. 이제부터 차근차근 파일 편집 기법을 소개한다. 입문자라면 더욱 집중하기 바란다.

우선 tmp 디렉터리로 이동한 뒤 예제 4-14와 같이 rm -rf * 명령어를 입력한다. 사실 해당 명령어는 매우 위험하다. 파일이나 디렉터리 등을 강제로 삭제한다는 의미기 때문이다. 그런 만큼 tmp 디렉터리에서만 극히 제한적으로 사용하기 바란다. 다시 한 번 말하지만, 해당 명령어를 절대 다른 디렉터리에서 사용하지 말기 바란다. 또한 이후 모든 실습은 tmp 디렉터리를 기준으로 진행한다.

```
root@debian:~# cd /tmp/

root@debian:/tmp# rm -rf *

root@debian:/tmp# ls -l
합계 0
```

예제 4-14

예제 4-6에서 home 디렉터리는 일반 사용자 계정과 밀접한 관계가 있다고 했다. 파일 편집 기법을 연습하기 위해 이동한 tmp 디렉터리는 임시 파일을 담아 놓은 공간이다. 다시 말해 데비안을 재시작하면 모든 파일과 디렉터리가 사라지는 공간이다. 또한 tmp 디렉터리의 속성이나 특징 등은 무시하고 다양한 일반 사용자들이 공동으로 사용하는 일종의 공유지에 해당한다는 점만 기억하기 바란다.

먼저 예제 4-15와 같이 mkdir 명령어를 이용해 debian이라는 디렉터리를 생성한다.

```
root@debian:/tmp# mkdir debian

root@debian:/tmp# ls -l
```

```
합계 4
drwxr-xr-x 2 root root 4096  1월 12 14:02 debian
```

예제 4-15

예제 4-15에서와 같이 tmp 디렉터리에 debian이라는 서브 디렉터리를 생성했다. 이미 앞에서 접근 권한 내용은 무시한다고 말한 바 있다. 단지 디렉터리 생성 직후 접근 권한은 rwxr-xr-x와 같이 나온다는 것만 기억하기 바란다.

다음으로 debian 서브 디렉터리로 이동해 임의의 파일을 생성해보자. 파일을 새롭게 생성하는 방법은 다양하다. 먼저 touch 명령어를 이용해 예제 4-16처럼 ubuntu.txt와 같은 파일을 새롭게 생성한다.

```
root@debian:/tmp# mkdir debian
root@debian:/tmp# ls -l
합계 4
drwxr-xr-x 2 root root 4096  1월 12 14:02 debian

root@debian:/tmp# cd debian
root@debian:/tmp/debian# touch ubuntu.txt

root@debian:/tmp/debian# ls -l
합계 0
-rw-r--r-- 1 root root 0  1월 12 14:09 ubuntu.txt
```

예제 4-16

예제 4-16에서와 같이 touch 명령어를 이용해 ubuntu.txt 파일을 새롭게 생성했다. 리눅스 기반에서는 원칙적으로 파일에 확장자가 없지만, ubuntu.txt처럼 확장자를 명시해주는 경우도 있다. 한편, 디렉터리 생성 직후의 접근 권한을 기억해야 하는 것처럼 파일 생성 직후의 접근 권한 역시도 기억해야 한다. 디렉터리와 달리 파일의 경우에는 rw-r--r--처럼 잡힌다.

디렉터리와 파일의 생성 직후 접근 권한을 정리하면 표 4-1과 같다.

생성 직후 파일의 접근 권한 상태	rw-r--r--
생성 직후 디렉터리의 접근 권한 상태	rwxr-xr-x

표 4-1

반복해서 말하지만 접근 권한에 대한 세부적인 내용은 무시하라. 단, 표 4-1의 내용만 기억하기 바란다. 그만큼 리눅스 기반에서는 중요한 내용이라 도표까지 제시하며 강조하는 것이다.

다시 본론으로 돌아와 예제 4-16에서 생성한 ubuntu.txt 파일은 현재 빈 파일이다. 아무런 내용이 없다는 뜻이다. 어떻게 알 수 있을까? 바로 cat 명령어를 이용해 확인할 수 있다(이미 예제 2-13에서 cat 명령어를 사용한 적이 있다).

cat 명령어는 기본적으로 파일 내용을 열어보는 기능을 수행하지만 > 또는 >> 플래그를 이용해 좀 더 다양한 기능도 수행한다. 예제 4-17처럼 cat 명령어를 이용해 ubuntu.txt 파일 내용을 확인해보자.

```
root@debian:/tmp/debian# cat ubuntu.txt
root@debian:/tmp/debian#
```

예제 4-17

예제 4-17에서 알 수 있는 바와 같이 아무런 내용이 없다. 이제 ubuntu.txt 파일에 내용을 추가하려면 어떻게 해야 할까? 만약 예제 2-6에서 사용한 나노 편집기를 떠올렸다면 상당히 집중력이 좋다고 말해주고 싶다. 예제 4-18처럼 나노 편집기를 이용하면 빈 파일에 내용을 추가할 수 있다.

```
root@debian:/tmp/debian# nano ubuntu.txt
```

예제 4-18

예제 4-18에서와 같이 나노 편집기를 실행한 상태에서 적당한 내용을 입력한 뒤 cat 명령어를 이용해 예제 4-19와 같이 확인해본다.

```
root@debian:/tmp/debian# cat ubuntu.txt

Ubuntu is a Debian-based Linux operating system for personal computers,tablets
and smartphones, where Ubuntu Touch edition is used.
```

예제 4-19

예제 4-19를 통해 cat 명령어의 의미를 파악했는가? 그럼 이번에는 cat > 명령어를 이용해보자. 예제 4-20과 함께 입력한 뒤 ubuntu.txt 파일의 내용을 다시 확인해보자.

```
root@debian:/tmp/debian# cat > ubuntu.txt
^C
root@debian:/tmp/debian# cat ubuntu.txt
root@debian:/tmp/debian#
```

예제 4-20

예제 4-20에서 ^C 표시는 Ctrl + C를 누른다는 의미다. 결과를 확인해보면 예제 4-17과 같이 다시 빈 파일 상태임을 알 수 있다. 이처럼 cat > 명령어는 기존 파일의 내용을 삭제하는 기능을 수행한다.

한편 cat > 명령어를 이용하면 나노 편집기의 기능을 대신할 수도 있다. 예제 4-22와 같이 작성한 뒤 ubuntu.txt 파일의 내용을 확인해보자.

```
root@debian:/tmp/debian# cat > ubuntu.txt

Ubuntu is a Debian-based Linux operating system for personal computers,tablets
and smartphones, where Ubuntu Touch edition is used.
^C
```

```
root@debian:/tmp/debian# cat ubuntu.txt

Ubuntu is a Debian-based Linux operating system for personal computers,tablets
and smartphones, where Ubuntu Touch edition is used.
root@debian:/tmp/debian#
```

예제 4-21

어떤가? 나노 편집기보다 더 간단하게 편집을 마칠 수 있었다.

그럼 나노 편집기가 아닌 cat 명령어의 속성을 이용해 ubuntu.txt 파일의 내용에 새로
운 내용을 추가할 수도 있을까? 물론 가능하다. 예제 4-22와 같이 cat >> 명령어를 이
용해 새로운 내용을 추가해보자.

```
root@debian:/tmp/debian# cat >> ubuntu.txt

Ubuntu is built on Debian's architecture and infrastructure, to provide Linux server,
desktop, phone, tablet and TV operating systems.
^C

root@debian:/tmp/debian# cat ubuntu.txt

Ubuntu is a Debian-based Linux operating system for personal computers,tablets
 and smartphones, where Ubuntu Touch edition is used.
Ubuntu is built on Debian's architecture and infrastructure, to provide Linux server,
desktop, phone, tablet and TV operating systems.
root@debian:/tmp/debian#
```

예제 4-22

예제 4-22 출력 결과를 보면 예제 4-21 출력 결과에 새로운 내용이 덧붙여진 상태임
을 알 수 있다. 이처럼 cat > 명령어는 기존 파일의 내용을 삭제하지만, cat >> 명령어
는 기존 파일에 새로운 내용을 추가하는 기능이 있음을 예제 4-21과 예제 4-22를 통
해 확인했다. 이를 정리하면 표 4-2와 같다.

cat 〉 명령어	기존 파일의 내용을 삭제
cat 〉〉 명령어	기존 파일에 새로운 내용을 추가

표 4-2

파일 편집에서 나노 편집기만큼 자주 사용하는 기능이다. 익숙해질 때까지 반복해 연습하기 바란다.

파일 편집 기법에는 이 밖에도 echo 명령어를 이용하는 방법도 있다. cat 명령어와 마찬가지로 echo 명령어에서도 > 또는 >> 플래그를 이용해 파일의 내용을 삭제하거나 추가할 수 있다. 일례는 예제 4-23과 같다.

```
root@debian:/tmp/debian# touch kali.txt

root@debian:/tmp/debian# echo Kali Linux is a Debian-derived Linux distribution
designed for digital forensics and penetration testing. > kali.txt

root@debian:/tmp/debian# cat kali.txt

Kali Linux is a Debian-derived Linux distribution designed for digital forensics and
penetration testing.

root@debian:/tmp/debian# echo It is maintained and funded by Offensive Security
Ltd.  >> kali.txt

root@debian:/tmp/debian# cat kali.txt

Kali Linux is a Debian-derived Linux distribution designed for digital forensics and
penetration testing.
It is maintained and funded by Offensive Security Ltd.
root@debian:/tmp/debian#
```

예제 4-23

예제 4-23에서와 같이 echo 명령어를 이용해도 파일 내용 삭제와 추가 등과 같은 편집이 가능함을 알았다.

지금까지 다양한 일례를 통해 nano 명령어와 cat 명령어, 그리고 echo 명령어를 이용해 주어진 파일을 편집할 수 있음을 알았다. tmp 디렉터리에서 충분히 연습하기 바란다.

파일에 대한 복사와 이동

예제 4-24와 같이 touch 명령어를 이용해 4개의 파일을 생성해보자.

```
root@debian:~# touch debian.txt kali.txt xubuntu.txt backbox.txt

root@debian:~# ls -l
합계 0
-rw-r--r-- 1 root root 0  1월 12 19:39 backbox.txt
-rw-r--r-- 1 root root 0  1월 12 19:39 debian.txt
-rw-r--r-- 1 root root 0  1월 12 19:39 kali.txt
-rw-r--r-- 1 root root 0  1월 12 19:39 xubuntu.txt
```

예제 4-24

예제 4-24에서와 같이 4개의 파일이 동시에 생겼다. 예제 4-24에서 생성한 4개의 파일을 tmp 디렉터리로 복사하려면 cp 명령어를 이용해야 한다.

```
root@debian:~# cp *.txt /tmp/

root@debian:~# ls -l
합계 0
-rw-r--r-- 1 root root 0  1월 12 19:39 backbox.txt
-rw-r--r-- 1 root root 0  1월 12 19:39 debian.txt
-rw-r--r-- 1 root root 0  1월 12 19:39 kali.txt
```

```
-rw-r--r-- 1 root root 0  1월 12 19:39 xubuntu.txt

root@debian:~# cd /tmp/
root@debian:/tmp# ls -l

합계 0
-rw-r--r-- 1 root root 0  1월 12 19:43 backbox.txt
-rw-r--r-- 1 root root 0  1월 12 19:43 debian.txt
-rw-r--r-- 1 root root 0  1월 12 19:43 kali.txt
-rw-r--r-- 1 root root 0  1월 12 19:43 xubuntu.txt
```

예제 4-25

예제 4-25에서 핵심은 cp *.txt /tmp/다. 4개 파일의 공통점은 확장자가 txt라는 점
이다. 파일 이름은 다르지만 확장자가 모두 txt인 파일을 *.txt와 같이 표현할 수 있다.
따라서 *.txt란 debian.txt kali.txt xubuntu.txt backbox.txt을 의미한다. 복사가 아
닌 이동은 예제 4-26과 같다. 같은 이름의 파일이 있다면 기존의 파일 위에 새로운 파
일로 덮어쓴다.

```
root@debian:~# mv *.txt /tmp/

root@debian:~# ls -l
합계 0

root@debian:~# cd /tmp/
root@debian:/tmp# ls -l
합계 0
-rw-r--r-- 1 root root 0  1월 12 19:39 backbox.txt
-rw-r--r-- 1 root root 0  1월 12 19:39 debian.txt
-rw-r--r-- 1 root root 0  1월 12 19:39 kali.txt
-rw-r--r-- 1 root root 0  1월 12 19:39 xubuntu.txt
```

예제 4-26

예제 4-26과 같이 이동은 mv 명령어를 이용한다. 복사와 달리 이동은 파일을 목적지 디렉터리로 이동하기 때문에 출발지 디렉터리에는 해당 파일이 없다. 예제 4-25와 예제 4-26의 결과를 비교해보기 바란다.

예제 4-27과 같은 복사도 가능하다.

```
root@debian:~# cd /etc/
root@debian:/etc# cp passwd shadow /tmp/

root@debian:/etc# cd /tmp/
root@debian:/tmp# ls -l
합계 8
-rw-r--r-- 1 root root    0  1월 12 19:39 backbox.txt
-rw-r--r-- 1 root root    0  1월 12 19:39 debian.txt
-rw-r--r-- 1 root root    0  1월 12 19:39 kali.txt
-rw-r--r-- 1 root root 1700  1월 12 20:01 passwd
-rw-r----- 1 root root 1278  1월 12 20:01 shadow
-rw-r--r-- 1 root root    0  1월 12 19:39 xubuntu.txt
```

예제 4-27

예제 4-27과 같이 서로 다른 2개의 파일을 tmp 디렉터리로 복사하기 위해 cp passwd shadow /tmp/처럼 설정할 수 있다. 참고로 /etc/passwd 파일은 리눅스 기반에서 계정 정보를 저장한 파일이고, /etc/shadow 파일은 비밀번호 정보를 저장한 파일이다.

이제 tmp 디렉터리에서 복사한 passwd 파일을 예제 4-28과 같이 열어보자.

```
root@debian:/tmp# cat passwd

root:x:0:0:root:/root:/bin/bash
daemon:x:1:1:daemon:/usr/sbin:/bin/sh
bin:x:2:2:bin:/bin:/bin/sh
sys:x:3:3:sys:/dev:/bin/sh
sync:x:4:65534:sync:/bin:/bin/sync
```

```
games:x:5:60:games:/usr/games:/bin/sh
man:x:6:12:man:/var/cache/man:/bin/sh
lp:x:7:7:lp:/var/spool/lpd:/bin/sh
mail:x:8:8:mail:/var/mail:/bin/sh
news:x:9:9:news:/var/spool/news:/bin/sh
uucp:x:10:10:uucp:/var/spool/uucp:/bin/sh
proxy:x:13:13:proxy:/bin:/bin/sh
www-data:x:33:33:www-data:/var/www:/bin/sh
backup:x:34:34:backup:/var/backups:/bin/sh
list:x:38:38:Mailing List Manager:/var/list:/bin/sh
irc:x:39:39:ircd:/var/run/ircd:/bin/sh
gnats:x:41:41:Gnats Bug-Reporting System (admin):/var/lib/gnats:/bin/sh
nobody:x:65534:65534:nobody:/nonexistent:/bin/sh
libuuid:x:100:101::/var/lib/libuuid:/bin/sh
messagebus:x:101:105::/var/run/dbus:/bin/false
colord:x:102:106:colord colour management daemon,,,:/var/lib/colord:/bin/false
usbmux:x:103:46:usbmux daemon,,,:/home/usbmux:/bin/false
Debian-exim:x:104:110::/var/spool/exim4:/bin/false
statd:x:105:65534::/var/lib/nfs:/bin/false
avahi:x:106:113:Avahi mDNS daemon,,,:/var/run/avahi-daemon:/bin/false
pulse:x:107:114:PulseAudio daemon,,,:/var/run/pulse:/bin/false
speech-dispatcher:x:108:29:Speech Dispatcher,,,:/var/run/speech-dispatcher:/
bin/sh
sshd:x:109:65534::/var/run/sshd:/usr/sbin/nologin
rtkit:x:110:116:RealtimeKit,,,:/proc:/bin/false
saned:x:111:117::/home/saned:/bin/false
Debian-gdm:x:112:118:Gnome Display Manager:/var/lib/gdm3:/bin/false
odj:x:1000:1000:OhDongJin,,,:/home/odj:/bin/bash
ftp:x:113:121:ftp daemon,,,:/srv/ftp:/bin/false
bind:x:114:122::/var/cache/bind:/bin/false
mysql:x:115:124:MySQL Server,,,:/nonexistent:/bin/false
tiger:x:1001:1001:,,,:/home/tiger:/bin/bash
```

예제 4-28

예제 4-28 출력 결과는 passwd 파일 전체 내용에 해당한다. 이 중에서 odj라는 계정만을 확인할 수는 없을까? egrep 명령어를 이용하면 가능하다. 사용 일례는 예제 4-29와 같다.

```
root@debian:/tmp# cat passwd | egrep "odj"

odj:x:1000:1000:OhDongJin,,,:/home/odj:/bin/bash
```

예제 4-29

예제 4-29에서와 같이 cat passwd | egrep "odj"라고 입력하면 passwd 파일 전체 내용 중 odj라는 표기가 들어간 문자열만을 출력해준다. 이처럼 egrep 명령어는 일종의 필터링 기능을 수행한다. 이번에는 odj 계정과 tiger 계정만을 검색해 출력해보자.

```
root@debian:/tmp# cat passwd | egrep "odj|tiger"

odj:x:1000:1000:OhDongJin,,,:/home/odj:/bin/bash
tiger:x:1001:1001:,,,:/home/tiger:/bin/bash
```

예제 4-30

예제 4-30에서는 예제 4-29와 달리 cat passwd | egrep "odj|tiger"라고 입력해 odj와 tiger 2개를 출력해준다. 이때 "odj|tiger"에 주목한다면 "root|odj|tiger"로 설정할 경우 출력 결과를 예측해볼 수 있을 듯하다. 실제 출력 결과는 예제 4-31과 같다.

```
root@debian:/tmp# cat passwd | egrep "root|odj|tiger"

root:x:0:0:root:/root:/bin/bash
odj:x:1000:1000:OhDongJin,,,:/home/odj:/bin/bash
tiger:x:1001:1001:,,,:/home/tiger:/bin/bash
```

예제 4-31

아울러 -n 플래그를 이용하면 해당 문자열이 위치한 번호를 출력해준다. 출력 결과는 예제 4-32와 같다.

```
root@debian:/tmp# cat passwd | egrep "root|odj|tiger" -n

1:root:x:0:0:root:/root:/bin/bash
32:odj:x:1000:1000:OhDongJin,,,:/home/odj:/bin/bash
36:tiger:x:1001:1001:,,,:/home/tiger:/bin/bash
```

예제 4-32

예제 4-32 출력 결과를 보면 root 계정은 1번째 줄에 있고, odj 계정은 32번째 줄에 있으며, tiger 계정은 36번째 줄에 있음을 알 수 있다.

파일 및 디렉터리 삭제

리눅스 기반에서 파일이나 디렉터리 삭제는 rm 명령어를 이용한다. 그런데 클라이언트와 달리 서버에서 삭제는 신중해야 한다. 자칫 중요한 내용을 삭제하면 서버 전체에 영향을 미칠 수 있기 때문이다. 그렇기 때문에 리눅스 기반에서는 삭제 시 유연성보다는 경직성에 입각해 삭제 과정을 통제한다. 예를 통해 하나씩 확인해보자.

```
root@debian:/tmp# ls -l
합계 4
drwxr-xr-x 2 root root 4096  1월 13 09:08 ubuntu
```

예제 4-33

예제 4-33을 보면 ubuntu 디렉터리가 있다(맨 왼쪽에 d라고 표기). 이제 해당 디렉터리를 rm 명령어를 이용해 삭제해보자.

```
root@debian:/tmp# rm ubuntu
rm: cannot remove `ubuntu': 디렉터리입니다
```

예제 4-34

예제 4-34처럼 해당 디렉터리를 삭제할 수 없다고 나온다. 디렉터리는 파일을 담는
공간이다. 자칫 디렉터리를 삭제함으로서 중요한 파일까지 삭제하는 것을 예방하기 위
함이다. 그럼 예제 4-35처럼 해당 디렉터리로 이동해 파일 존재 여부를 확인해보고,
파일이 있다면 해당 파일들을 모두 삭제한 뒤 다시 ubuntu 디렉터리를 삭제해보자.

```
root@debian:/tmp# cd ubuntu
root@debian:/tmp/ubuntu# ls -l
합계 0
-rw-r--r-- 1 root root 0  1월 13 09:08 kubuntu.txt
-rw-r--r-- 1 root root 0  1월 13 09:08 lubuntu.txt
-rw-r--r-- 1 root root 0  1월 13 09:08 xubuntu.txt

root@debian:/tmp/ubuntu# rm *.txt

root@debian:/tmp/ubuntu# cd ..
root@debian:/tmp# rm ubuntu
rm: cannot remove `ubuntu': 디렉터리입니다
```

예제 4-35

예제 4-35의 rm *.txt와 같이 해당 파일 모두를 삭제한 뒤 다시 ubuntu 디렉터리를
삭제하고자 했지만 여전히 해당 디렉터리를 삭제할 수 없다고 나온다. 그만큼 삭제 정
책을 엄격하게 적용한다고 볼 수 있다. 그렇다면 한 번 생성한 디렉터리는 삭제가 불가
능한가? 예제 4-14에서 사용했던 rm -rf 명령어를 이용하면 삭제 가능하다(-rf는 강
제 삭제하겠다는 플래그를 의미한다).

ubuntu 디렉터리 삭제는 예제 4-36과 같다.

```
root@debian:/tmp# rm -rf ubuntu
```

예제 4-36

예제 4-36처럼 rm -rf 명령어 뒤에 ubuntu 이름을 적어주면, 해당 디렉터리만을 삭제할 수 있다.

만약 최상위에서 rm -rf * 명령어를 이용하면 과연 어떤 일이 일어날까? 다시 말해 예제 4-37과 같은 상황을 의미한다(절대 입력하지 말고 그냥 눈으로만 보기 바란다).

```
root@debian:~# pwd
/root

root@debian:~# cd ..

root@debian:/# pwd
/

root@debian:/# rm -rf *
```

예제 4-37

최상위 구조에서 rm -rf * 명령어를 입력하면 이하의 모든 파일과 디렉터리를 강제로 삭제한다. 데비안 운영체제를 사실상 하드 포맷하겠다는 의미와 같다. 이와 같이 rm -rf * 명령어를 사용할 때는 유의해야 한다.

그렇다면 삭제를 좀 더 안전하게 수행할 수는 없을까? 예제 4-38을 살펴보자.

```
root@debian:/tmp# touch kubuntu.txt lubuntu.txt xubuntu.txt
root@debian:/tmp# ls -l
합계 0
-rw-r--r-- 1 root root 0  1월 13 09:38 kubuntu.txt
-rw-r--r-- 1 root root 0  1월 13 09:38 lubuntu.txt
-rw-r--r-- 1 root root 0  1월 13 09:38 xubuntu.txt
```

```
root@debian:/tmp# rm -i lubuntu.txt
rm: remove 일반 빈 파일 `lubuntu.txt'? y
root@debian:/tmp# ls -l
합계 0
-rw-r--r-- 1 root root 0  1월 13 09:38 kubuntu.txt
-rw-r--r-- 1 root root 0  1월 13 09:38 xubuntu.txt
```

예제 4-38

예제 4-38처럼 rm 명령어에 -i 플래그를 붙이면 삭제 여부를 확인해준다.

예제 4-33부터 예제 4-38까지 파일과 디렉터리에 대한 삭제 내용을 소개했다. 서버
에서는 파일이나 디렉터리 생성 시에는 유연성을 제공하지만, 삭제 시에는 엄격하게
통제한다는 정책에 유념하면서 악성코드 등이 아닌 이상 무조건적인 삭제보다는 접근
권한 설정 등을 통해 제어하는 것이 바람직하다.

하드 링크와 소프트 링크

리눅스 기반에서는 하드 링크^{Hard Link}와 소프트 링크^{Soft Link}라는 기능이 있다. 소프트 링
크를 심볼릭 링크^{Symbolic Link}라고도 부른다. 링크란, 하나의 데이터를 두고 이러저러한
각도에서 접근한다는 개념으로, C 언어의 포인터나 윈도우 운영체제에서 사용하는 바
로가기와 같은 개념이라고도 할 수 있다. 링크 설정은 ln 명령어를 이용한다.

이제부터 예제를 통해 하드 링크와 소프트 링크의 차이점을 설명한다. 예제 4-39와
같이 원본에 해당하는 myfile.txt 파일을 생성한 뒤 myfile-copy.txt 파일과 myfile-
hardlink.txt 파일을 각각 생성한다.

```
root@debian:/tmp# touch myfile.txt
root@debian:/tmp# cp myfile.txt myfile-copy.txt
root@debian:/tmp# ln myfile.txt myfile-hardlink.txt
```

```
root@debian:/tmp# ls -l
합계 0
-rw-r--r-- 1 root root 0  1월 13 10:36 myfile-copy.txt
-rw-r--r-- 2 root root 0  1월 13 10:36 myfile-hardlink.txt
-rw-r--r-- 2 root root 0  1월 13 10:36 myfile.txt
```

예제 4-39

예제 4-39와 같이 cp 명령어가 아닌 ln 명령어를 이용해 myfile-hardlink.txt 파일과 같은 하드 링크 파일을 생성했다.

다음으로 예제 4-40과 같이 원본에 해당하는 myfile.txt 파일을 편집한다.

```
root@debian:/tmp# cat > myfile.txt

backtrack backbox
^C
root@debian:/tmp# cat myfile.txt
backtrack backbox
```

예제 4-40

이제 myfile-copy.txt 파일과 myfile-hardlink.txt 파일을 열어보면 어떻게 변했을까? 열어본 결과는 예제 4-41과 같다.

```
root@debian:/tmp# cat myfile-copy.txt
root@debian:/tmp# cat myfile-hardlink.txt
backtrack backbox
```

예제 4-41

예제 4-41에서와 같이 cp 명령어를 이용해 생성한 myfile-copy.txt 파일에는 어떠한 내용도 없지만, ln 명령어를 이용해 생성한 myfile-hardlink.txt 파일에는 myfile.txt 파일과 똑같은 내용이 있다. 다시 말해 myfile.txt 파일의 내용이 고스란히 myfile-hardlink.txt 파일에도 들어가는 동기화가 일어났다.

다음으로 예제 4-42와 같이 myfile-hardlink.txt 파일을 수정해보자.

```
root@debian:/tmp# cat > myfile-hardlink.txt

backbox kali
^C
```

예제 4-42

예제 4-42와 같은 수정이 끝난 뒤 myfile.txt 파일을 열어보면 어떻게 변했을까? 어느 정도 예측했을 듯하다. 결과는 예제 4-43과 같다.

```
root@debian:/tmp# cat myfile.txt

backbox kali
```

예제 4-43

예제 4-43을 보면 예제 4-42의 영향을 받아 myfile.txt 파일의 내용이 myfile-hardlink.txt 파일의 내용과 똑같아졌다. 이것이 단순 복사와 하드 링크의 차이점이다. 그럼 이제 하드 링크와 소프트 링크의 차이를 살펴보자.

예제 4-44와 같이 ln -s 명령어를 이용해 소프트 링크를 생성한다.

```
root@debian:/tmp# ln -s myfile.txt myfile-softlink.txt
root@debian:/tmp# ls -l | egrep "myfile-softlink.txt"
lrwxrwxrwx 1 root root 10  1월 13 10:54 myfile-softlink.txt -> myfile.txt
```

예제 4-44

예제 4-44의 결과를 보면 생성한 myfile-softlink.txt 파일의 맨 왼쪽에 l 표시가 있고, ->와 같은 표시가 보인다. 이제야 비로소 예제 4-13에서 보여준 내용을 이해할 수 있을 듯하다.

다음으로 예제 4-45와 같이 myfile-softlink.txt 파일의 내용을 삭제한 뒤 myfile.txt 파일의 내용과 myfile-hardlink.txt 파일의 내용을 확인해보자.

```
root@debian:/tmp# cat > myfile-softlink.txt
^C

root@debian:/tmp# cat myfile-softlink.txt
root@debian:/tmp# cat myfile.txt
root@debian:/tmp# cat myfile-hardlink.txt
```

예제 4-45

예제 4-45에서 보는 바와 같이 myfile-softlink.txt 파일의 내용이 myfile.txt 파일과 myfile-hardlink.txt 파일에도 영향을 미쳤다.

이번에는 예제 4-46처럼 myfile.txt 파일에서 수정을 해보자.

```
cat > myfile.txt

backtrack backbox kali
^C
```

예제 4-46

어떤 결과가 나왔을까?

```
root@debian:/tmp# cat myfile-hardlink.txt
backtrack backbox kali

root@debian:/tmp# cat myfile-softlink.txt
backtrack backbox kali
```

예제 4-47

예제 4-47에서 보는 바와 같이 myfile-hardlink.txt 파일의 내용과 myfile-softlink.
txt 파일의 내용 모두 myfile.txt 파일의 내용을 동기화했음을 볼 수 있다. 그렇다면 도
대체 하드 링크와 소프트 링크의 차이는 무엇일까? 원본에 해당하는 myfile.txt 파일
이 없어졌을 때 하드 링크와 소프트 링크의 차이가 비로소 드러난다.

```
root@debian:/tmp# ls -l
합계 8
-rw-r--r-- 1 root root  0  1월 13 10:36 myfile-copy.txt
-rw-r--r-- 2 root root 23  1월 13 10:55 myfile-hardlink.txt
lrwxrwxrwx 1 root root 10  1월 13 10:54 myfile-softlink.txt -> myfile.txt
-rw-r--r-- 2 root root 23  1월 13 10:55 myfile.txt

root@debian:/tmp# rm myfile.txt
root@debian:/tmp# ls -l
합계 4
-rw-r--r-- 1 root root  0  1월 13 10:36 myfile-copy.txt
-rw-r--r-- 1 root root 23  1월 13 10:55 myfile-hardlink.txt
lrwxrwxrwx 1 root root 10  1월 13 10:54 myfile-softlink.txt -> myfile.txt

root@debian:/tmp# cat myfile-hardlink.txt
backtrack backbox kali

root@debian:/tmp# cat myfile-softlink.txt
cat: myfile-softlink.txt: 그런 파일이나 디렉터리가 없습니다
```

예제 4-48

예제 4-48에서와 같이 myfile.txt 파일을 삭제했더라도 myfile-hardlink.txt 파일의
내용은 고스란히 남아 있지만, myfile-softlink.txt 파일의 내용은 존재 자체가 없다고
나온다. 이러한 결과를 통해 하드 링크는 복사 기능에 동기화 기능을 추가한 개념임을
알 수 있고, 소프트 링크는 윈도우 운영체제의 바로가기와 같은 개념임을 알 수 있다.

그렇다면 링크의 기능은 언제 사용하는가?

예제 4-13에서 initrd.img -> /boot/initrd.img-3.2.0-4-686-pae와 같이 매우 긴 파일명이 있을 때 사용자가 해당 파일을 다른 디렉터리에 연결해 그 디렉터리에서도 사용하는 경우나 파일의 경로명을 전부 입력하지 않고서도 단지 파일명만을 입력해 해당 파일을 실행하려고 할 때 사용한다. 원래는 boot 디렉터리로 이동해 initrd.img-3.2.0-4-686-pae 파일을 입력해야 하지만, 소프트 링크를 설정하면 단순히 initrd.img 명령어만 입력해도 데비안 운영체제에서는 boot 디렉터리로 이동해 initrd.img-3.2.0-4-686-pae 파일을 실행해준다. 한편 하드 링크는 소프트 링크와 달리 파일을 대상으로만 링크를 설정할 수 있다는 단점 때문에 주로 소프트 링크를 많이 사용한다.

예제를 반복 연습하면서 개념에 익숙해지기 바란다.

통합과 압축

리눅스 기반에서는 morpheus-2.0.tar.gz 등과 같은 파일을 접할 수 있다. tar.gz 등과 같은 표기를 이해하기 위해서는 통합과 압축이라는 개념을 알아야 한다. 통합은 2개 이상의 파일을 1개의 파일로 묶는다는 개념이고, 압축은 파일의 크기를 줄인다는 개념이다. 일반적으로 통합한 뒤 압축을 수행한다.

예제 4-49의 경우를 살펴보자.

```
root@debian:/tmp# touch kubuntu.txt xubuntu.txt
root@debian:/tmp# ls -l
합계 0
-rw-r--r-- 1 root root 0  1월 13 13:32 kubuntu.txt
-rw-r--r-- 1 root root 0  1월 13 13:32 xubuntu.txt
```

예제 4-49

예제 4-49를 보면 kubuntu.txt 파일과 xubuntu.txt 파일이 있다. 이 2개의 파일을 이제 통합해보자. 통합한 결과는 예제 4-50과 같다.

```
root@debian:/tmp# tar cvf ubuntu.tar kubuntu.txt xubuntu.txt
kubuntu.txt
xubuntu.txt

root@debian:/tmp# ls -l
합계 12
-rw-r--r-- 1 root root     0  1월 13 13:32 kubuntu.txt
-rw-r--r-- 1 root root 10240  1월 13 13:34 ubuntu.tar
-rw-r--r-- 1 root root     0  1월 13 13:32 xubuntu.txt

root@debian:/tmp# rm *.txt
root@debian:/tmp# ls -l
합계 12
-rw-r--r-- 1 root root 10240  1월 13 13:34 ubuntu.tar
```

예제 4-50

예제 4-50을 보면 짐작할 수 있겠지만, tar cvf 명령어를 이용해 kubuntu.txt 파일과
xubuntu.txt 파일을 ubuntu.tar라는 파일로 통합했다. 다시 말해 2개의 파일을 1개의
파일로 통합했다. 이번에는 통합한 ubuntu.tar 파일을 다시 원래 상태로 복원해보자.
복원 과정은 예제 4-51과 같다.

```
root@debian:/tmp# tar xvf ubuntu.tar
kubuntu.txt
xubuntu.txt

root@debian:/tmp# ls -l
합계 12
-rw-r--r-- 1 root root     0  1월 13 13:32 kubuntu.txt
-rw-r--r-- 1 root root 10240  1월 13 13:34 ubuntu.tar
-rw-r--r-- 1 root root     0  1월 13 13:32 xubuntu.txt

root@debian:/tmp# rm ubuntu.tar
```

```
root@debian:/tmp# ls -l
합계 0
-rw-r--r-- 1 root root 0  1월 13 13:32 kubuntu.txt
-rw-r--r-- 1 root root 0  1월 13 13:32 xubuntu.txt
```

예제 4-51

예제 4-51에서는 예제 4-50과 달리 tar xvf 명령어를 이용해 2개의 파일로 통합 해제
했다. 이제 다시 kubuntu.txt 파일과 xubuntu.txt 파일로 복구했다. 통합을 수행하는
tar cvf 명령어와 통합 해제를 수행하는 tar xvf 명령어를 반드시 기억해두기 바란다.

이번에는 압축을 수행해보자.

```
root@debian:/tmp# ls -l
합계 0
-rw-r--r-- 1 root root 0  1월 13 13:32 kubuntu.txt
-rw-r--r-- 1 root root 0  1월 13 13:32 xubuntu.txt

root@debian:/tmp# tar cvfz ubuntu.tar.gz kubuntu.txt xubuntu.txt
kubuntu.txt
xubuntu.txt

root@debian:/tmp# ls -l
합계 4
-rw-r--r-- 1 root root   0  1월 13 13:32 kubuntu.txt
-rw-r--r-- 1 root root 123  1월 13 14:05 ubuntu.tar.gz
-rw-r--r-- 1 root root   0  1월 13 13:32 xubuntu.txt
root@debian:/tmp# rm *.txt

root@debian:/tmp# ls -l
합계 4
-rw-r--r-- 1 root root 123  1월 13 14:05 ubuntu.tar.gz
```

예제 4-52

통합하기 위해 사용한 tar cvf 명령어와 달리, 통합한 뒤 압축하려면 tar cvfz 명령어를 사용해야 한다. 통합 후 압축한 결과는 ubuntu.tar.gz와 같다. 그 반대는 어떤 순서로 이뤄질까? 압축 해제한 뒤 통합 해제의 순서일 것이다. 처리 결과는 예제 4-53과 같다.

```
root@debian:/tmp# ls -l
합계 4
-rw-r--r-- 1 root root 123  1월 13 14:05 ubuntu.tar.gz

root@debian:/tmp# tar xvfz ubuntu.tar.gz
kubuntu.txt
xubuntu.txt

root@debian:/tmp# ls -l
합계 4
-rw-r--r-- 1 root root   0  1월 13 13:32 kubuntu.txt
-rw-r--r-- 1 root root 123  1월 13 14:05 ubuntu.tar.gz
-rw-r--r-- 1 root root   0  1월 13 13:32 xubuntu.txt

root@debian:/tmp# rm ubuntu.tar.gz
root@debian:/tmp# ls -l
합계 0
-rw-r--r-- 1 root root 0  1월 13 13:32 kubuntu.txt
-rw-r--r-- 1 root root 0  1월 13 13:32 xubuntu.txt
```

예제 4-53

예제 4-52와 달리 예제 4-53에서는 tar xvfz 명령어를 이용해 반대 과정을 진행했다. 정리하자면 통합 후 압축은 tar cvfz 명령어를 이용하고, 그 반대는 tar xvfz 명령어를 이용한다. 특히 후자의 경우 빈번하게 사용하는 명령어인 만큼 반드시 기억해두기 바란다.

숨긴 파일과 디렉터리

예제 4–3에서 ls –l 명령어를 통해 파일과 디렉터리를 구분해볼 수 있었다. 이제 파일 중에서 숨긴 파일을 확인해보자. 예제 4–54와 같이 ls –a 명령어를 입력해본다.

```
root@debian:~# pwd
/root

root@debian:~# ls -a

.  ..  .aptitude  .bash_history  .bashrc  .gconf  .mysql_history  .profile  .ssh
```

예제 4-54

예제 4–54에서 보는 바와 같이 root 디렉터리에는 .aptitude 파일부터 .ssh 파일까지 총 7개의 항목이 보이는데 한결같이 항목마다 점이 있다(각자 주어진 환경마다 다르게 나타날 수 있다). 이는 숨긴 파일과 디렉터리를 의미한다. 중요한 파일과 디렉터리는 예제 4–54와 같이 숨긴 파일과 디렉터리로 설정해준다.

이번에는 예제 4–55와 함께 입력해본다.

```
root@debian:~# ls -al

합계 36
drwx------  5 root root 4096  1월 12 19:52 .
drwxr-xr-x 22 root root 4096 12월 29 10:20 ..
drwx------  2 root root 4096 12월 29 10:22 .aptitude
-rw-------  1 root root 7053  1월 20 00:56 .bash_history
-rw-r--r--  1 root root  570  1월 31 2010 .bashrc
drwx------  2 root root 4096 12월 29 10:36 .gconf
-rw-------  1 root root    0  1월  9 19:40 .mysql_history
-rw-r--r--  1 root root  140 11월 20 2007 .profile
drwx------  2 root root 4096  1월  8 10:31 .ssh
```

예제 4-55

예제 4-55와 같이 ls -al 명령어를 입력해보면 .aptitude와 .gconf는 숨긴 디렉터리
고, 나머지는 모두 숨긴 파일이다. 이제 예제 4-56과 같이 루트가 아닌 일반 사용자
계정으로 전환해 숨긴 파일과 디렉터리를 확인해보자.

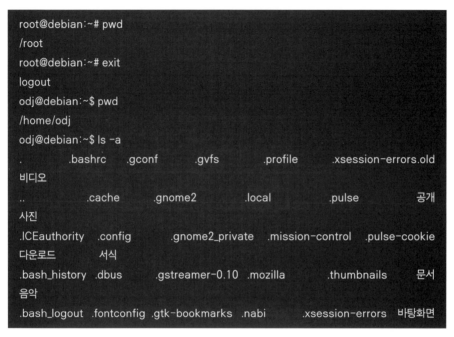

예제 4-56

예제 4-54와 비교할 때보다 많은 숨긴 항목을 볼 수 있다. 이어서 odj 계정에서 tiger
계정으로 변환해 확인해보자.

```
odj@debian:~$ su - tiger
암호:

tiger@debian:~$ pwd
/home/tiger
tiger@debian:~$ ls -a
.  ..  .bash_history  .bash_logout  .bashrc  .profile
```

예제 4-57

118

예제 4-57에서와 같이 su - tiger 명령어를 통해 odj 계정에서 tiger 계정으로 변경한 뒤 숨긴 파일을 확인해보면 odj 계정의 숨긴 항목보다 적게 나온다. tiger 계정은 odj 계정과 달리 설치 이후에서 생성한 계정이기 때문이다.

이제 root 계정, odj 계정, tiger 계정에서 공통 항목을 구해보면 표 4-3과 같이 정리할 수 있다.

root 계정	odj 계정	tiger 계정
	.bash_history .bashrc .profile	

표 4-3

먼저 .bash_history 파일의 정체를 확인하기 위해 cat .bash_history 명령어를 입력해보면 이전에 입력했던 명령어 목록들을 볼 수 있다. 예제 4-58과 같다.

```
odj@debian:~$ cat .bash_history

su -
exit
su -
exit
su -

이하 생략
```

예제 4-58

이를 통해 .bash_history 파일은 이전에 입력한 명령어 기록 저장소임을 알 수 있다.

다음에는 예제 4-59와 함께 입력해 .bashrc 파일 내용을 확인해본다.

```
odj@debian:~$ cat .bashrc

# ~/.bashrc: executed by bash(1) for non-login shells.
```

```
# see /usr/share/doc/bash/examples/startup-files (in the package bash-doc)
# for examples

# If not running interactively, don't do anything
case $- in
  *i*) ;;
    *) return;;
esac

# don't put duplicate lines or lines starting with space in the history.
# See bash(1) for more options
HISTCONTROL=ignoreboth

# append to the history file, don't overwrite it
shopt -s histappend

# for setting history length see HISTSIZE and HISTFILESIZE in bash(1)
HISTSIZE=1000
HISTFILESIZE=2000

이하 생략
```

예제 4-59

예제 4-59의 출력 결과를 보면 하단에서 HISTSIZE and HISTFILESIZE in bash 등과 같은 내용을 볼 수 있다. 이것이 바로 .bash_history 파일에서 기록한 명령어 기록 개수와 파일 크기 설정 정보임을 알 수 있다. 이를 통해 .bashrc 파일의 기능은 배시 셸 환경 설정을 위한 파일임을 추론해볼 수 있다. 해당 파일에서 배시 셸 사용과 관련한 다양한 변경 등이 가능하다. 물론 그렇게 하기 위해서는 상당 정도의 셸 프로그래밍Shell Programming 능력이 있어야 하기 때문에 지금 단계에서는 .bashrc 파일이란 배시 셸 환경 설정을 위한 파일이라는 점만 기억해두기 바란다.

다음에는 예제 4-60처럼 입력해보자.

120

```
odj@debian:~$ cat .profile

# ~/.profile: executed by the command interpreter for login shells.
# This file is not read by bash(1), if ~/.bash_profile or ~/.bash_login
# exists.
# see /usr/share/doc/bash/examples/startup-files for examples.
# the files are located in the bash-doc package.

# the default umask is set in /etc/profile; for setting the umask
# for ssh logins, install and configure the libpam-umask package.
#umask 022

# if running bash
if [ -n "$BASH_VERSION" ]; then
    # include .bashrc if it exists
    if [ -f "$HOME/.bashrc" ]; then
        . "$HOME/.bashrc"
    fi
fi

# set PATH so it includes user's private bin if it exists
if [ -d "$HOME/bin" ] ; then
    PATH="$HOME/bin:$PATH"
Fi
```

예제 4-60

예제 4-60에서도 셸 프로그래밍 내용이 보인다. 또한 본문 중 .bashrc 등과 같은 내용을 통해 .profile 파일 역시 배시 셸 사용과 관련이 있음을 추론해볼 수 있다. .profile 파일은 파일과 디렉터리 생성 시 접근 권한 생성 부여 또는 입력한 명령어 처리 경로 설정 등을 저장한 파일로 지금 단계에서는 .bashrc 파일과 더불어 배시 셸 환경 설정을 위한 파일이라는 점만 기억해두기 바란다.

5

FTP 서비스 구축

FTP^{File Transfer Protocol}란, TCP/IP 응용 계층에 속한 프로토콜 중 하나로, 서버와 클라이언트 사이에서 파일을 주고받는 기능을 수행한다. TCP 방식에 기반을 두고 있으며, 포트 번호 20번과 21번을 사용한다. 20번은 파일을 전송할 때 사용하면서 연결과 해제를 반복하고 21번은 제어를 수행할 때 사용하면서 FTP 서비스 구동 상태를 유지한다. 다시 말해 언제나 열린 상태에 있는 21번 포트 번호를 통해 클라이언트와 연결한 뒤 파일 송·수신이 발생하면서 20번 포트 번호가 열린다. 파일 송·수신이 끝나면 다시 20번 포트 번호는 닫히고, 또다시 파일 송·수신이 발생하면 20번 포트 번호가 열린다. 이와 관련해 FPT 서비스를 사용 중인 어떤 서버를 대상으로 포트 스캔^{Port Scan} 해보면 예제 5-1과 같은 결과를 볼 수 있다. 포트 스캔이란, 운영 중인 서버를 대상으로 TCP/UDP 포트 상태를 검색하는 작업을 의미한다. 대표적인 포트 스캔 도구로는 NMap을 들 수 있다.

```
Starting Nmap 7.01 ( https://nmap.org ) at 2017-01-02 23:59 KST
Nmap scan report for 192.168.10.201
Host is up (0.0021s latency).
Not shown: 970 closed ports


PORT    STATE SERVICE    VERSION


21/tcp  open  ftp          Microsoft ftpd 5.0
```

예제 5-1

FTP 방식에는 능동 모드^{Active Mode}와 수동 모드^{Passive Mode}라는 두 가지 전송 모드가 있다. 능동 모드가 기본 설정으로 동작하며, 클라이언트 측에서 모드를 변경할 수 있다.

능동 모드의 동작 과정은 다음과 같다.

1. 클라이언트 측에서 1,024번 이후의 임시 포트 번호를 이용해 서버 측 21번 포트 번호로 제어 채널을 생성

2. 클라이언트 측에서는 PORT 명령어를 이용해 데이터 전송에 사용할 1,024번 이후의 새로운 임시 포트 번호와 IP 주소를 서버 측에 전달

3. 서버 측에서는 20번 포트 번호를 이용해 클라이언트 측의 새로운 1,024번 이후 임시 포트 번호로 데이터 채널을 생성한 뒤 데이터 전송을 시작

수동 모드는 방화벽을 우회할 용도로 사용하며, 동작 과정은 다음과 같다.

1. 클라이언트 측에서 1,024번 이후의 임시 포트 번호를 이용해 서버 측 21번 포트 번호로 제어 채널을 생성

2. 클라이언트 측에서 서버 측으로 PASV 명령어를 전송

3. 서버 측에서는 데이터 전송에 사용할 1,024번 이후의 임시 포트 번호를 설정해 클라이언트 측에 전달

4. 클라이언트 측에서는 서버 측의 1,024번 이후의 임시 포트 번호로 데이터 채널을 생성
5. 서버 측에서는 1,024번 이후의 임시 포트 번호를 이용해 클라이언트 측의 1,024번 이후의 임시 포트 번호로 데이터 전송

FTP의 내부 동작 과정은 초보자에게 까다로운 내용이다. 지금 당장 이해할 필요는 없다. FTP 서비스를 운영하면서 차분히 고민해보기 바란다.

한편, FTP 방식은 평문에 기반을 둔 탓에 보안에 상당히 취약한 구조를 이룬다. 이런 문제 때문에 최근에는 SSH^Secure Shell 방식에 기반을 둔 SFTP 기능을 구현하기도 한다.

이제 이러한 내용을 염두에 두면서 FTP 서비스를 구축해보자(구축 전 루트 계정으로 전환하도록 한다).

FTP 서버 구축 시 사용할 수 있는 FTP 프로그램에는 CuteFTP · gFTP · ncFTP · proFTP 등이 있지만, 여기서는 리눅스 계열에서 가장 많이 사용하는 vsFTP 프로그램을 설치해보겠다. vsFTP는 예제 5-2와 같이 apt-get install vsftpd 명령어를 이용해 설치할 수 있다.

```
odj@debian:~$ su -
암호:
root@debian:~# apt-get clean
root@debian:~# apt-get update

이하 생략

root@debian:~# apt-get install vsftpd

패키지 목록을 읽는 중입니다... 완료
의존성 트리를 만드는 중입니다
상태 정보를 읽는 중입니다... 완료
다음 새 패키지를 설치할 것입니다:
```

```
vsftpd
0개 업그레이드, 1개 새로 설치, 0개 제거 및 0개 업그레이드 안 함.
165 k바이트 아카이브를 받아야 합니다.

이하 생략

vsftpd (2.3.5-5) 설정하는 중입니다 ...
Starting FTP server: vsftpd.
root@debian:~# clear
```

예제 5-2

예제 5-2와 같이 Starting FTP server: vsftpd. 표시가 나타나면 vsFTP 프로그램을 성공적으로 설치한 것이다. 마지막 줄에서 clear 명령어를 입력하면 화면을 초기 상태로 변경할 수 있다. 실제로 확인해보기 바란다.

예제 5-3과 같이 netstat -tanp | grep vsftpd 명령어를 입력해 vsFTP 동작 여부를 확인해본다.

```
root@debian:~# netstat -tanp | grep vsftpd

tcp    0    0 0.0.0.0:21        0.0.0.0:*     LISTEN    4455/vsftpd
```

예제 5-3

예제 5-3에서 보면 21번이 보인다. 21번 포트 번호가 열린 상태라는 의미다. 다시 말해 FTP 서비스를 사용할 수 있다는 의미다.

실제 사용 가능 여부를 확인하기 위해 예제 5-4에서 보는 바와 같이 ftp 127.0.0.1 명령어를 입력해본다.

```
root@debian:~# ftp 127.0.0.1
Connected to 127.0.0.1.
```

```
220 (vsFTPd 2.3.5)

Name (127.0.0.1:odj): odj
530 This FTP server is anonymous only.
Login failed.

ftp> bye
221 Goodbye.
root@debian:~# clear
```

예제 5-4

예제 5-4에서 127.0.0.1번은 데비안 자기 자신을 의미한다. 접속이 이뤄진 뒤 데비안에서 사용하는 일반 사용자 계정인 odj를 입력하면 This FTP server is anonymous only라는 표시와 Login failed이라는 표시가 나타난다. 계정 접속이 불가능하다는 의미다. 다시 말해 vsFTP를 설치한 직후에는 익명Anonymous 접속이 기본 설정이라는 의미다.

기본 설정 내역을 확인하기 위해 예제 5-5와 같이 확인해본다. vsftpd.conf 내용은 보안 설정과도 관련이 깊다. 정보 보안 기사 시험에서 자주 다루는 내용이기도 하다. 그런 만큼 틈날 때마다 각각의 내용을 이해하기 위해 노력할 필요가 있다.

```
root@debian:~# cat /etc/vsftpd.conf

# Example config file /etc/vsftpd.conf
#
# The default compiled in settings are fairly paranoid. This sample file
# loosens things up a bit, to make the ftp daemon more usable.
# Please see vsftpd.conf.5 for all compiled in defaults.
#
# READ THIS: This example file is NOT an exhaustive list of vsftpd options.
# Please read the vsftpd.conf.5 manual page to get a full idea of vsftpd's
# capabilities.
```

```
#
# Run standalone?  vsftpd can run either from an inetd or as a standalone
# daemon started from an initscript.
listen=YES
#
# Run standalone with IPv6?
# Like the listen parameter, except vsftpd will listen on an IPv6 socket
# instead of an IPv4 one. This parameter and the listen parameter are mutually
# exclusive.
#listen_ipv6=YES
#
# Allow anonymous FTP? (Beware – allowed by default if you comment this out).
anonymous_enable=YES
#
# Uncomment this to allow local users to log in.
#local_enable=YES
#
# Uncomment this to enable any form of FTP write command.
#write_enable=YES
#
# Default umask for local users is 077. You may wish to change this to 022,
# if your users expect that (022 is used by most other ftpd's)
#local_umask=022
#
# Uncomment this to allow the anonymous FTP user to upload files. This only
# has an effect if the above global write enable is activated. Also, you will
# obviously need to create a directory writable by the FTP user.
#anon_upload_enable=YES
#
# Uncomment this if you want the anonymous FTP user to be able to create
# new directories.
#anon_mkdir_write_enable=YES
#
# Activate directory messages – messages given to remote users when they
# go into a certain directory.
```

```
dirmessage_enable=YES
#
# If enabled, vsftpd will display directory listings with the time
# in  your  local  time  zone.  The default is to display GMT. The
# times returned by the MDTM FTP command are also affected by this
# option.
use_localtime=YES
#
# Activate logging of uploads/downloads.
xferlog_enable=YES
#
# Make sure PORT transfer connections originate from port 20 (ftp-data).
connect_from_port_20=YES
#
# If you want, you can arrange for uploaded anonymous files to be owned by
# a different user. Note! Using "root" for uploaded files is not
# recommended!
#chown_uploads=YES
#chown_username=whoever
#
# You may override where the log file goes if you like. The default is shown
# below.
#xferlog_file=/var/log/vsftpd.log
#
# If you want, you can have your log file in standard ftpd xferlog format.
# Note that the default log file location is /var/log/xferlog in this case.
#xferlog_std_format=YES
#
# You may change the default value for timing out an idle session.
#idle_session_timeout=600
#
# You may change the default value for timing out a data connection.
#data_connection_timeout=120
#
# It is recommended that you define on your system a unique user which the
```

ftp server can use as a totally isolated and unprivileged user.
#nopriv_user=ftpsecure
#
Enable this and the server will recognise asynchronous ABOR requests. Not
recommended for security (the code is non-trivial). Not enabling it,
however, may confuse older FTP clients.
#async_abor_enable=YES
#
By default the server will pretend to allow ASCII mode but in fact ignore
the request. Turn on the below options to have the server actually do ASCII
mangling on files when in ASCII mode.
Beware that on some FTP servers, ASCII support allows a denial of service
attack (DoS) via the command "SIZE /big/file" in ASCII mode. vsftpd
predicted this attack and has always been safe, reporting the size of the
raw file.
ASCII mangling is a horrible feature of the protocol.
#ascii_upload_enable=YES
#ascii_download_enable=YES
#
You may fully customise the login banner string:
#ftpd_banner=Welcome to blah FTP service.
#
You may specify a file of disallowed anonymous e-mail addresses. Apparently
useful for combatting certain DoS attacks.
#deny_email_enable=YES
(default follows)
#banned_email_file=/etc/vsftpd.banned_emails
#
You may restrict local users to their home directories. See the FAQ for
the possible risks in this before using chroot_local_user or
chroot_list_enable below.
#chroot_local_user=YES
#
You may specify an explicit list of local users to chroot() to their home
directory. If chroot_local_user is YES, then this list becomes a list of

```
# users to NOT chroot().
# (Warning! chroot'ing can be very dangerous. If using chroot, make sure that
# the user does not have write access to the top level directory within the
# chroot)
#chroot_local_user=YES
#chroot_list_enable=YES
# (default follows)
#chroot_list_file=/etc/vsftpd.chroot_list
#
# You may activate the "-R" option to the builtin ls. This is disabled by
# default to avoid remote users being able to cause excessive I/O on large
# sites. However, some broken FTP clients such as "ncftp" and "mirror" assume
# the presence of the "-R" option, so there is a strong case for enabling it.
#ls_recurse_enable=YES
#
# Customization
#
# Some of vsftpd's settings don't fit the filesystem layout by
# default.
#
# This option should be the name of a directory which is empty.  Also, the
# directory should not be writable by the ftp user. This directory is used
# as a secure chroot() jail at times vsftpd does not require filesystem
# access.
secure_chroot_dir=/var/run/vsftpd/empty
#
# This string is the name of the PAM service vsftpd will use.
pam_service_name=vsftpd
#
# This option specifies the location of the RSA certificate to use for SSL
# encrypted connections.
rsa_cert_file=/etc/ssl/private/vsftpd.pem
```

예제 5-5

예제 5-5에서와 같이 cat /etc/vsftpd.conf 명령어를 통해 vsFTP의 기본 설정 상태를 확인할 수 있다. # 표시는 주석을 의미하기 때문에 실제 실행에는 영향을 미치지 않는다.

지금 현재 FTP 서비스가 익명 상태인 이유는 기본 설정 내역에서 익명 허용 상태이기 때문이다. 기본 설정 내역을 좀 더 자세히 확인해보자. 예제 5-6과 같이 입력해본다.

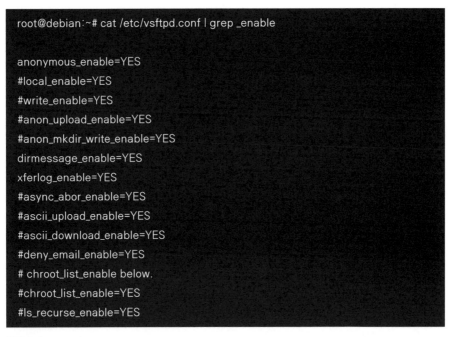

```
root@debian:~# cat /etc/vsftpd.conf | grep _enable

anonymous_enable=YES
#local_enable=YES
#write_enable=YES
#anon_upload_enable=YES
#anon_mkdir_write_enable=YES
dirmessage_enable=YES
xferlog_enable=YES
#async_abor_enable=YES
#ascii_upload_enable=YES
#ascii_download_enable=YES
#deny_email_enable=YES
# chroot_list_enable below.
#chroot_list_enable=YES
#ls_recurse_enable=YES
```

예제 5-6

예제 5-6과 같이 cat /etc/vsftpd.conf | grep _enable 명령어를 입력하면 기본 설정 내역 중 _enable 문자열이 들어간 부분만 출력해준다. 이처럼 grep 명령어는 특정 문자열을 필터링하는 기능을 수행함을 알 수 있다.

이중 anonymous_enable=YES 부분과 #local_enable=YES 부분이 현재 vsFTP 서버의 설정 상태를 의미한다. 이제 해당 부분을 표 5-1과 같이 수정해보자.

수정 전	anonymous_enable=YES	#local_enable=YES
수정 후	#anonymous_enable=YES	local_enable=YES

표 5-1

기본 설정 내역을 수정하기 전 예제 5-7과 같이 사본을 준비한다. 수정 작업 중 발생할 수 있는 사고를 대비하기 위한 조치다. 항상 기본 설정 내역을 수정할 때에는 예제 5-7과 같은 사본을 준비한다.

```
root@debian:~# cp /etc/vsftpd.conf /root/
```

예제 5-7

이제 나노 편집기를 이용해 표 5-1 내용과 같이 기본 설정 내역을 수정한다.

```
root@debian:~# nano /etc/vsftpd.conf
```

예제 5-8

수정한 뒤 예제 5-9와 같이 service vsftpd restart 명령어를 이용해 FTP 서비스를 재시작한다.

```
root@debian:~# service vsftpd restart

Stopping FTP server: vsftpd.
Starting FTP server: vsftpd.

root@debian:~# netstat -tanp | grep vsftpd

tcp    0    0 0.0.0.0:21         0.0.0.0:*      LISTEN    4455/vsftpd
```

예제 5-9

예제 5-9와 같이 FTP 서비스를 재시작한 뒤 다시 예제 5-4와 같이 일반 사용자 계정으로 접속을 시도해본다. 접속 결과는 예제 5-10과 같다.

```
root@debian:~# ftp 127.0.0.1

Connected to 127.0.0.1.
220 (vsFTPd 2.3.5)

Name (127.0.0.1:odj): odj
331 Please specify the password.
Password:
230 Login successful.

Remote system type is UNIX.
Using binary mode to transfer files.

ftp> bye
221 Goodbye.
root@debian:~# clear
```

예제 5-10

예제 5-10과 같이 일반 사용자 계정으로 FTP 접속에 성공했다. 이때 odj 계정을 이용해 접속하면 /home/odj/ 디렉터리로 진입한다. 이제 데비안의 모든 사용자 계정은 예제 5-10처럼 FTP 서버를 이용해 자신의 디렉터리 공간으로 접속할 수 있다(local_enable=YES 설정이 바로 이런 기능을 수행하기 때문이다).

좀 더 구체적인 FTP 서버 사용법을 확인해보자. 예제 5-11과 같이 일련의 작업을 수행해보자(접근 권한을 변경하는 chmod 명령어는 후반부에서 자세히 설명한다).

```
root@debian:~# cd /home/odj/
root@debian:/home/odj# touch debian.txt kali.txt xubuntu.txt backbox.txt
root@debian:/home/odj# chmod 777 *.txt
root@debian:/home/odj# clear
```

예제 5-11

이제 예제 5-12와 같이 FTP 서버에 접속한다.

```
root@debian:~# cd /tmp/

root@debian:/tmp# ftp 127.0.0.1

Connected to 127.0.0.1.
220 (vsFTPd 2.3.5)

Name (127.0.0.1:odj): odj
331 Please specify the password.
Password:
230 Login successful.

Remote system type is UNIX.
Using binary mode to transfer files.

ftp> dir
200 PORT command successful. Consider using PASV.
150 Here comes the directory listing.
-rwxrwxrwx   1 0        0              0 Jan 05 18:45 backbox.txt
-rwxrwxrwx   1 0        0              0 Jan 05 18:45 debian.txt
-rwxrwxrwx   1 0        0              0 Jan 05 18:45 kali.txt
-rwxrwxrwx   1 0        0              0 Jan 05 18:45 xubuntu.txt

이하 생략
```

예제 5-12

예제 5-12에서 보는 바와 같이 FTP 서버에 접속하기 전에 cd /tmp/처럼 파일을 다운로드할 디렉터리로 먼저 이동해야 한다. FTP 서버에 접속하기 전 언제나 다운로드한 디렉터리로 먼저 이동해야 한다는 점을 기억하기 바란다.

예제 5-11에서 생성한 4개의 파일을 다운로드하기 위해서는 예제 5-13과 같이 순서대로 작업해야 한다. 각각의 명령어 의미는 실행할 때마다 화면에 모두 나타나기 때문에 자세한 설명은 생략한다. 사용 순서에만 집중하기 바란다.

```
ftp> prompt
Interactive mode off.

ftp> bi
200 Switching to Binary mode.

ftp> ha
Hash mark printing on (1024 bytes/hash mark).

ftp> mget *.txt

local: backbox.txt remote: backbox.txt
200 PORT command successful. Consider using PASV.
150 Opening BINARY mode data connection for backbox.txt (0 bytes).
226 Transfer complete.

local: debian.txt remote: debian.txt
200 PORT command successful. Consider using PASV.
150 Opening BINARY mode data connection for debian.txt (0 bytes).
226 Transfer complete.

local: kali.txt remote: kali.txt
200 PORT command successful. Consider using PASV.
150 Opening BINARY mode data connection for kali.txt (0 bytes).
226 Transfer complete.

local: xubuntu.txt remote: xubuntu.txt
200 PORT command successful. Consider using PASV.
150 Opening BINARY mode data connection for xubuntu.txt (0 bytes).
```

```
226 Transfer complete.

ftp> bye
221 Goodbye.


root@debian:/tmp# ls
backbox.txt debian.txt kali.txt xubuntu.txt
```

예제 5-13

그럼 반대로 tmp 디렉터리에 있는 4개의 파일을 업로드할 수도 있을까? 예제 5-14와
같이 업로드를 시도해보자.

```
root@debian:/tmp# ftp 127.0.0.1

Connected to 127.0.0.1.
220 (vsFTPd 2.3.5)

Name (127.0.0.1:odj): odj
331 Please specify the password.
Password:
230 Login successful.

Remote system type is UNIX.
Using binary mode to transfer files.

ftp> prompt
Interactive mode off.

ftp> bi
200 Switching to Binary mode.

ftp> ha
Hash mark printing on (1024 bytes/hash mark).
```

```
ftp> mput *.txt

local: backbox.txt remote: backbox.txt
200 PORT command successful. Consider using PASV.
550 Permission denied.

local: debian.txt remote: debian.txt
200 PORT command successful. Consider using PASV.
550 Permission denied.

local: kali.txt remote: kali.txt
200 PORT command successful. Consider using PASV.
550 Permission denied.

local: xubuntu.txt remote: xubuntu.txt
200 PORT command successful. Consider using PASV.
550 Permission denied.
```

예제 5-14

예제 5-13에서 mget *.txt 명령어를 이용해 4개의 파일을 다운로드할 수 있었다. 그러나 예제 5-14에서 mput *.txt 명령어를 이용해 4개의 파일을 업로드하려고 했지만, Permission denied와 같이 실패했다. 다시 말해 다운로드는 가능하지만 업로드는 불가능하다는 의미다. 그렇다면 어떻게 하면 업로드가 가능해질까?

예제 5-6에서 기본 설정 내역을 보면 #write_enable=YES 부분이 주석 처리한 상태임을 알 수 있다. 업로드 기능을 차단했다는 의미다. 나노 편집기를 이용해 해당 부분의 주석을 제거하고 예제 5-9와 같이 FTP 서비스를 재시작한 뒤 다시 업로드를 시도해보자.

```
root@debian:/tmp# ftp 127.0.0.1

Connected to 127.0.0.1.
```

```
220 (vsFTPd 2.3.5)

Name (127.0.0.1:odj): odj
331 Please specify the password.
Password:
230 Login successful.

Remote system type is UNIX.
Using binary mode to transfer files.

ftp> prompt
Interactive mode off.

ftp> bi
200 Switching to Binary mode.

ftp> ha
Hash mark printing on (1024 bytes/hash mark).

ftp> mput *.txt

local: backbox.txt remote: backbox.txt
200 PORT command successful. Consider using PASV.
150 Ok to send data.
226 Transfer complete.

local: debian.txt remote: debian.txt
200 PORT command successful. Consider using PASV.
150 Ok to send data.
226 Transfer complete.

local: kali.txt remote: kali.txt
200 PORT command successful. Consider using PASV.
150 Ok to send data.
```

```
226 Transfer complete.

local: xubuntu.txt remote: xubuntu.txt
200 PORT command successful. Consider using PASV.
150 Ok to send data.
226 Transfer complete.
```

예제 5-15

예제 5-14와 달리 예제 5-15에서는 Ok to send data와 같은 표시를 볼 수 있다. 업로드를 수행 완료했다는 의미다.

이제 FTP 서버의 기본 사용법에 감이 오는가?

한편 본격적으로 FTP 서비스를 외부에 제공하기 위해서는 몇 가지 추가 설정이 필요하다.

예제 5-16과 같이 FTP 서비스를 IPTables라는 내장 방화벽 설정에서 제외할 필요가 있다(IPTables 방화벽에 대한 개념과 설정 등은 후반부에서 설명하기 때문에 자세한 내용은 무시하고 넘어가길 바란다).

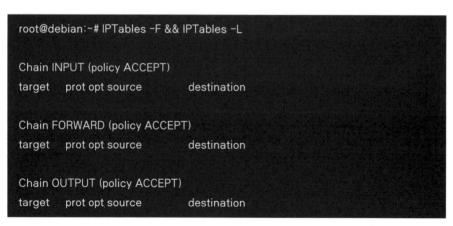

```
root@debian:~# IPTables -F && IPTables -L

Chain INPUT (policy ACCEPT)
target    prot opt source          destination

Chain FORWARD (policy ACCEPT)
target    prot opt source          destination

Chain OUTPUT (policy ACCEPT)
target    prot opt source          destination
```

예제 5-16

예제 5-16에서 IPTables -F 명령어는 IPTables 방화벽의 설정 내용을 삭제하는 명령어고, IPTables -L 명령어는 IPTables 방화벽의 설정 내용을 확인하는 명령어다.

다음으로 예제 5-17과 같이 sysv-rc-conf 명령어를 실행한다. sysv-rc-conf 프로그램을 이용하면 데비안 시작과 동시에 구동할 서비스 목록을 등록시킬 수 있다.

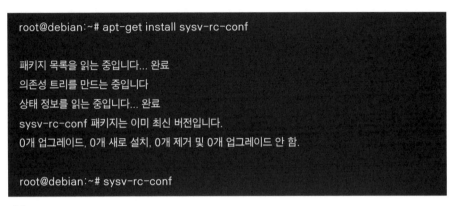

예제 5-17

예제 5-17에서 보는 바와 같이 데비안에는 이미 sysv-rc-conf 프로그램이 내장 상태이기 때문에 따로 설치할 필요가 없다.

sysv-rc-conf 실행 화면은 그림 5-1과 같다.

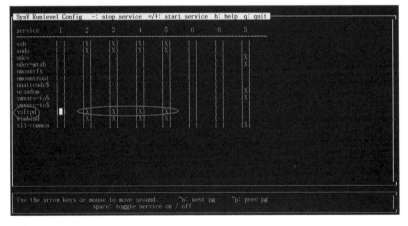

그림 5-1

그림 5-1에서 보면 vsFTP 프로그램이 이미 등록 상태임을 알 수 있다. 참고로 레드햇에서는 chkconfig --level 2345 vsftpd on 명령어를 이용해 등록시킬 수 있다. SpaceBar를 이용해 2~5번까지 등록한다. 종료 시 q를 누른다.

마지막으로 로그 관리를 위해 예제 5-18과 같은 순서로 작업한다.

```
root@debian:~# cat /dev/null > /var/log/vsftpd.log
root@debian:~# cat /var/log/vsftpd.log
root@debian:~# tail -f /var/log/vsftpd.log &
[1] 4982
```

예제 5-18

예제 5-18에서 cat /dev/null > /var/log/vsftpd.log 명령어는 vsftpd.log 파일을 초기화시킨다는 의미고, tail -f /var/log/vsftpd.log & 명령어는 vsftpd.log 파일에서 저장하는 로그 내역을 실시간으로 발생시키겠다는 의미다. 끝에 붙은 & 명령어는 해당 기능을 백 그라운드^{Back Ground}에서 실행시키겠다는 의미다.

예제 5-18 설정을 끝내고 다시 FTP 서버에 접속하면 예제 5-19와 같은 결과를 볼 수 있다.

```
root@debian:~# ftp 127.0.0.1

Connected to 127.0.0.1.
Thu Jan  5 19:55:06 2017 [pid 2] CONNECT: Client "127.0.0.1"
220 (vsFTPd 2.3.5)

Name (127.0.0.1:odj): root
331 Please specify the password.
Password:
Thu Jan  5 19:55:15 2017 [pid 1] [root] FAIL LOGIN: Client "127.0.0.1"
530 Login incorrect.
Login failed.
```

```
ftp> bye
221 Goodbye.

root@debian:~# cat /var/log/vsftpd.log

Thu Jan  5 19:55:06 2017 [pid 2] CONNECT: Client "127.0.0.1"
Thu Jan  5 19:55:15 2017 [pid 1] [root] FAIL LOGIN: Client "127.0.0.1"
```

예제 5-19

예제 5-19에서 보는 바와 같이 FTP 서버에 접속하자 CONNECT: Client와 같은 로그를 출력하고, 인증에 실패하자 FAIL LOGIN: Client와 같은 로그를 실시간으로 출력함을 알 수 있다. cat /var/log/vsftpd.log 명령어를 이용해 vsftpd.log 파일을 열어보면 작업한 로그를 볼 수 있다.

한편 예제 5-19에서와 같이 일반 사용자 계정이 아닌 root 계정으로는 vsFTP 서버에 접속할 수 없다. root 계정도 사용할 수 있도록 설정할 필요가 있다면 어디에서 어떤 작업을 수행해야 할까? 먼저 예제 5-20처럼 cat /etc/ftpusers 명령어를 입력해보자.

```
root@debian:~# cat /etc/ftpusers

# /etc/ftpusers: list of users disallowed FTP access. See ftpusers(5).

root
daemon
bin
sys
sync
games
man
lp
mail
news
```

```
uucp
nobody
```

예제 5-20

예제 5-20에서 보면 list of users disallowed FTP access라고 나온다. ftpusers 파일의 정체를 파악할 수 있을 듯하다. 예제 5-19에서와 같이 root 계정으로 vsFTP 서버에 접속할 수 없는 이유는 바로 ftpusers 파일에 root 계정이 있기 때문이다. 즉, 차단 목록에 root 계정이 올라갔기 때문이다.

나노 편집기를 이용해 root 앞에 주석 처리해보자(수정 전 예제 5-7에서와 같이 사본을 준비한다). 처리 결과는 예제 5-21과 같다.

```
root@debian:~# cp /etc/ftpusers /root/
root@debian:~# cat /etc/ftpusers

# /etc/ftpusers: list of users disallowed FTP access. See ftpusers(5).

#root
daemon
bin
sys
sync
games
man
lp
mail
news
uucp
nobody
```

예제 5-21

144

이제 다시 예제 5−19에서와 같이 root 계정을 이용해 접속해보자. 접속 결과는 예제 5−22와 같다.

```
root@debian:~# ftp 127.0.0.1

Connected to 127.0.0.1.
Fri Jan  6 10:00:22 2017 [pid 2] CONNECT: Client "127.0.0.1"
220 (vsFTPd 2.3.5)

Name (127.0.0.1:odj): root
331 Please specify the password.
Password:
Fri Jan  6 10:00:25 2017 [pid 1] [root] OK LOGIN: Client "127.0.0.1"
230 Login successful.

Remote system type is UNIX.
Using binary mode to transfer files.

ftp> dir
200 PORT command successful. Consider using PASV.
150 Here comes the directory listing.
-rw-r--r--   1 0      0          5528 Jan 05 17:27 vsftpd.conf
226 Directory send OK.

ftp> bye
221 Goodbye.
root@debian:~#
```

예제 5−22

예제 5−22의 결과를 보면, ftpusers 파일의 기능은 결국 계정 기반의 FTP 방화벽에 해당하다고 할 수 있다. odj 계정을 FTP 서버에서 차단하려면 ftpusers 파일에 odj 계정을 추가해야 함을 알 수 있다.

이번에는 익명 접속까지 허용해보자(익명 접속 시에는 anonymous 계정을 이용한다).

익명 접속 허용은 vsftpd.conf 파일에서 anonymous_enable=YES처럼 설정해주면 바로 가능하다(현재는 표 5–1에 따라 주석 처리한 상태). 이 경우, 익명 접속 기본 경로는 /srv/ftp/ 디렉터리다. 즉, odj 계정으로 접속하면 /home/odj/ 디렉터리로 진입하지만, anonymous 계정(익명 접속을 의미)으로 접속하면 /srv/ftp/ 디렉터리로 진입한다 (익명 접속 경로를 기억하자). 다시 말해 표 5–2와 같이 정리할 수 있다.

odj 계정으로 FTP 접속 시	기본 접속 경로는 /home/odj/
root 계정으로 FTP 접속 시	기본 접속 경로는 /root/
anonymous 계정으로 FTP 접속 시	기본 접속 경로는 /srv/ftp/

표 5–2

실습을 통해 일련의 내용을 확인해보자.

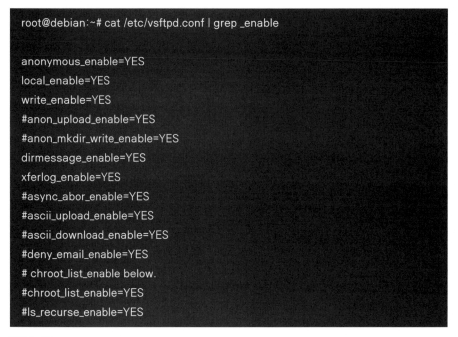

```
root@debian:~# cat /etc/vsftpd.conf | grep _enable

anonymous_enable=YES
local_enable=YES
write_enable=YES
#anon_upload_enable=YES
#anon_mkdir_write_enable=YES
dirmessage_enable=YES
xferlog_enable=YES
#async_abor_enable=YES
#ascii_upload_enable=YES
#ascii_download_enable=YES
#deny_email_enable=YES
# chroot_list_enable below.
#chroot_list_enable=YES
#ls_recurse_enable=YES
```

예제 5–23

예제 2–23에서와 같이 익명 접속과 계정 접속을 허용하도록 변경했다. 또한 계정 접속에서는 업로드도 가능한 상태다. 만약 anon_upload_enable=YES 부분에서 주석 처리를 해제하면 익명 접속에서도 업로드가 가능해진다.

이제 익명 접속 기본 경로인 /srv/ftp/ 디렉터리에 임의의 파일 2개를 생성한 뒤 익명으로 접속해보자. 접속 결과는 예제 5–24와 같다.

```
root@debian:~# cd /srv/ftp/
root@debian:/srv/ftp# touch kubuntu.txt xubuntu.txt
root@debian:/srv/ftp# chmod 777 *.txt

root@debian:/srv/ftp# service vsftpd restart
Stopping FTP server: vsftpd.
Starting FTP server: vsftpd.

root@debian:/srv/ftp# ftp 127.0.0.1
Connected to 127.0.0.1.
Fri Jan  6 10:42:38 2017 [pid 2] CONNECT: Client "127.0.0.1"
220 (vsFTPd 2.3.5)
Name (127.0.0.1:odj): anonymous
331 Please specify the password.
Password:
Fri Jan  6 10:42:45 2017 [pid 1] [ftp] OK LOGIN: Client "127.0.0.1", anon password "?"
230 Login successful.

Remote system type is UNIX.
Using binary mode to transfer files.

ftp> dir
200 PORT command successful. Consider using PASV.
150 Here comes the directory listing.
-rwxrwxrwx    1 0        0               0 Jan 06 10:42 kubuntu.txt
-rwxrwxrwx    1 0        0               0 Jan 06 10:42 xubuntu.txt
```

```
226 Directory send OK.

ftp> bye
221 Goodbye.

root@debian:/srv/ftp#
```

예제 5-24

예제 5-24에서와 같이 익명으로 접속한 경우, 비밀번호 입력 부분에서 그냥 Enter를
누르면 해당 디렉터리로 진입한다. 진입 후 kubuntu.txt xubuntu.txt 등을 볼 수 있
다. 이를 통해 익명 접속 기본 경로가 /srv/ftp/ 디렉터리임을 명확히 알 수 있다.

원활한 실습 결과가 나온 만큼 예제 5-25처럼 원상 복구한다.

```
root@debian:~# cp /root/vsftpd.conf /etc/
root@debian:~# cp /root/ftpusers /etc/
root@debian:~# service vsftpd restart
Stopping FTP server: vsftpd.
Starting FTP server: vsftpd.
```

예제 5-25

이제 vsftpd.conf 파일 내용 중 listen=YES 부분을 설명한다. 해당 부분은 데몬daemon
동작과 관련이 깊다. 중요한 내용인 만큼 집중하기 바란다.

프로그램을 실행하면 프로세스 상태로 전환한다. 데비안에서 현재 동작 중인 프로세스
목록을 확인하려면 예제 5-26과 같이 ps -x 명령어를 입력하면 된다.

```
root@debian:~# ps -x

warning: bad ps syntax, perhaps a bogus '-'?
See http://gitorious.org/procps/procps/blobs/master/Documentation/FAQ
```

148

```
PID TTY     STAT  TIME COMMAND
1 ?      Ss    0:01 init [2]
2 ?      S     0:00 [kthreadd]
3 ?      S     0:00 [ksoftirqd/0]


이하 생략
```

예제 5-26

그런데 프로세스 중 외부로부터 접속을 기다리는 프로세스를 특별히 데몬이라고 한다.
다시 말해 클라이언트로부터 연결 요청을 기다리는 서버 프로세스를 데몬이라고 한다.
vsFTP의 경우도 외부로부터 연결 요청을 기다리는 대기 상태이기 때문에 데몬에 해당
한다. 예제 5-27처럼 vsFTP 데몬을 확인할 수 있다.

```
root@debian:~# ps -x | grep vsftpd

warning: bad ps syntax, perhaps a bogus '-'?
See http://gitorious.org/procps/procps/blobs/master/Documentation/FAQ
3255 ?       S     0:00 /usr/sbin/vsftpd
4024 pts/0   S+    0:00 grep vsftpd
```

예제 5-27

예제 5-27에서 /usr/sbin/vsftpd 부분이 vsFTP 데몬이다. 물론 이는 예제 5-3과 관
련이 있다.

그런데 데몬에도 두 가지 종류가 있다. 바로 스탠드얼론Standalone 방식과 슈퍼 데몬xinetd
방식이다. 다시 말해 vsftpd.conf 파일 내용 중에서 listen=YES인 경우라면 스탠드얼
론 방식에 해당하고, listen=NO인 경우라면 슈퍼 데몬 방식에 해당한다. 좀 더 자세
히 설명해보겠다.

서버에서 A 데몬과 B 데몬과 C 데몬이 동작 중이다. A 클라이언트로부터 접속이 들
어오면 대기 중이던 A 데몬이 처리하고, B 클라이언트로부터 접속이 들어오면 B 데몬

이 처리하고, C 클라이언트로부터 접속이 들어오면 C 데몬이 처리한다. 이것이 바로 스탠드얼론 방식이다. 그런데 A, B, C 데몬은 외부로부터 접속 요청이 자주 없는 경우라면 그만큼 서버 측에 불필요한 부하를 줄 수밖에 없다. 왜냐하면 A, B, C 데몬은 언제 발생할지 모르는 접속 요청을 처리하기 위해 대기 상태를 유지해야 하기 때문이다. 이런 스탠드얼론 방식의 문제점을 개선하기 위해 등장한 방식이 바로 슈퍼 데몬이다.

슈퍼 데몬 방식으로 변경하면 모든 데몬은 대기 상태가 아닌 수면 상태로 전환하고 오직 슈퍼 데몬만이 대기 상태를 유지하면서 외부로부터 접속을 기다린다. 서버 입장에서 보면 1개의 데몬만을 유지하기 때문에 그만큼 부하를 줄일 수 있다. 이때 A 클라이언트로부터 접속 요청이 발생하면 슈퍼 데몬이 이것을 받아 수면 상태에 있는 A 데몬을 깨운다. A 데몬은 A 클라이언트 요청을 처리한 뒤 다시 수면 상태에 들어간다. 다시 B 클라이언트로부터 접속 요청이 발생하면 슈퍼 데몬이 또한 이것을 받아 수면 상태에 있는 B 데몬을 깨우고, B 데몬은 B 클라이언트 요청을 처리하고 A 데몬처럼 수면 상태로 들어간다.

스탠드얼론 방식과 슈퍼 데몬 방식의 차이점을 이해했는가? 각자 임무를 부여받은 병사들 모두 야간 경계 근무 중인 상태가 스탠드얼론 방식이라면, 병사 대표자 혼자 야간 경계 근무 중인 상태를 유지한 채 남은 병사들은 수면을 취하다 해당 임무가 발생하면 대표자가 해당 병사를 깨우는 상황이 슈퍼 데몬 방식이다. 확실히 이해했는가?

이런 내용을 염두에 두면서 vsFTP 서버를 기본 설정인 스탠드얼론 방식에서 슈퍼 데몬 방식으로 변경해보자.

나노 편집기를 이용해 vsftpd.conf 파일에서 listen=YES를 listen=NO로 변경한 뒤 예제 5-28처럼 슈퍼 데몬을 설치한다.

```
root@debian:~# cat /etc/vsftpd.conf | grep listen=YES

이하 생략
```

```
#listen=YES

이하 생략

root@debian:~# apt-get install xinetd

패키지 목록을 읽는 중입니다... 완료
의존성 트리를 만드는 중입니다
상태 정보를 읽는 중입니다... 완료
다음 새 패키지를 설치할 것입니다:
xinetd
0개 업그레이드, 1개 새로 설치, 0개 제거 및 1개 업그레이드 안 함.
146 k바이트 아카이브를 받아야 합니다.
이 작업 후 252 k바이트의 디스크 공간을 더 사용하게 됩니다.
받기:1 http://ftp.daum.net/debian/ wheezy/main xinetd i386 1:2.3.14-7.1+deb7u1
[146 kB]
내려받기 146 k바이트, 소요시간 0초 (746 k바이트/초)
Selecting previously unselected package xinetd.
(데이터베이스 읽는중 ...현재 106354개의 파일과 디렉터리가 설치돼 있습니다.)
xinetd 패키지를 푸는 중입니다 (.../xinetd_1%3a2.3.14-7.1+deb7u1_i386.deb에서) ...
man-db에 대한 트리거를 처리하는 중입니다 ...
xinetd (1:2.3.14-7.1+deb7u1) 설정하는 중입니다 ...
[ ok ] Stopping internet superserver: xinetd.
[ ok ] Starting internet superserver: xinetd.
```

예제 5-28

예제 5-28처럼 슈퍼 데몬을 설치했다면 예제 5-29처럼 사본을 준비한 뒤 나노 편집
기를 이용해 예제 5-30처럼 편집한다. 편집 시 형식에 어긋나지 않도록 정확히 작업
해야 오류가 없다(예제 5-30에 나온 내용과 똑같이 설정해야 한다).

```
root@debian:~# cp /etc/xinetd.conf /root/
```

예제 5-29

```
root@debian:~# cat /etc/xinetd.conf

service ftp
{
        flags          = REUSE
        socket_type    = stream
        wait           = no
        user           = root
        server         = /usr/sbin/vsftpd
        log_on_failure += USERID
        disable        = no
}
includedir /etc/xinetd.d
```

예제 5-30

슈퍼 데몬의 설치와 설정이 끝났으면 예제 5-31과 같이 FTP 데몬과 슈퍼 데몬 모두
재시작한 뒤 대기 상태를 확인해보자.

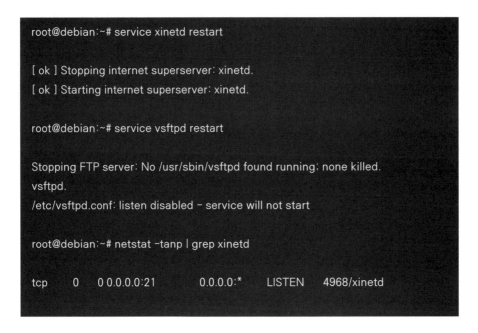

```
root@debian:~# service xinetd restart

[ ok ] Stopping internet superserver: xinetd.
[ ok ] Starting internet superserver: xinetd.

root@debian:~# service vsftpd restart

Stopping FTP server: No /usr/sbin/vsftpd found running: none killed.
vsftpd.
/etc/vsftpd.conf: listen disabled - service will not start

root@debian:~# netstat -tanp | grep xinetd

tcp    0    0 0.0.0.0:21        0.0.0.0:*      LISTEN    4968/xinetd
```

```
root@debian:~# netstat -tanp | grep vsftpd

(아무런 내용이 안 나온 상태임)
```

예제 5-31

예제 5-31에서 보면 예제 5-3과 달리 netstat -tanp | grep xinetd 부분에서 21번
포트 번호가 보인다. xinetd 데몬이 vsftpd 데몬 역할을 수행하고 있다.

이제 예제 5-32처럼 FTP 서버에 접속해본다.

```
root@debian:~# ftp 127.0.0.1

Connected to 127.0.0.1.
220 (vsFTPd 2.3.5)

Name (127.0.0.1:root): anonymous
331 Please specify the password.
Password:
230 Login successful.

Remote system type is UNIX.
Using binary mode to transfer files.
```

예제 5-32

예제 5-24가 스탠드얼론 방식에 따른 익명 접속이라고 한다면, 예제 5-32는 슈퍼 데
몬 방식에 따른 익명 접속이다. 접속 상태에서 예제 5-33처럼 확인해보면 예제 5-31
에서와 달리 netstat -tanp | grep vsftpd 부분에서도 21번 포트 번호가 보인다. 슈
퍼 데몬이 vsFTP 데몬을 깨웠기 때문이다.

```
root@debian:~# netstat -tanp | grep xinetd
```

```
tcp     0    0 0.0.0.0:21          0.0.0.0:*        LISTEN     4968/xinetd

root@debian:~# netstat -tanp | grep vsftpd
tcp     0    0 127.0.0.1:21     127.0.0.1:40263  ESTABLISHED  5022/vsftpd
```

예제 5-33

vsftpd.conf 파일에서 listen=YES와 listen=NO의 차이점에 대한 설명을 마친다.

끝으로 FTP 데비안 서버를 포트 스캔해보자. 칼리 운영체제에서 데비안 서버를 대상
으로 포트 스캔한 결과는 예제 5-34와 같다. 이때 칼리 운영체제는 없어도 무관하다.
단지 출력 결과의 내용만 이해하면 그만이다.

```
root@kali:~# nmap 192.168.10.213 -sT -sV -O

Starting Nmap 7.40 ( https://nmap.org ) at 2017-01-07 18:42 KST
Nmap scan report for 192.168.10.213
Host is up (0.00037s latency).
Not shown: 995 closed ports

PORT    STATE SERVICE      VERSION
21/tcp  open  ftp          vsftpd 2.3.5
22/tcp  open  ssh          OpenSSH 6.0p1 Debian 4+deb7u6 (protocol 2.0)
111/tcp open  rpcbind 2-4 (RPC #100000)MAC Address: 00:0C:29:E5:69:0C
(VMware)

Warning: OSScan results may be unreliable because we could not find at least 1
open and 1 closed port
Device type: general purpose
Running: Linux 3.X
OS CPE: cpe:/o:linux:linux_kernel:3
OS details: Linux 3.2 - 3.10, Linux 3.2 - 3.16
Network Distance: 1 hop
Service Info: OS: Unix
```

```
OS and Service detection performed. Please report any incorrect results at https://
nmap.org/submit/ .
Nmap done: 1 IP address (1 host up) scanned in 2.36 seconds
```

예제 5-34

예제 2-34에서 보는 바와 같이 21/tcp open ftp처럼 해당 포트 번호가 열린 상태임을 알 수 있다. 설치한 vsFTP 프로그램이 2.3.5 버전인 것도 알 수 있다. 참고로 22/tcp open ssh는 그림 1-34에서 SSH 서버를 선택했기 때문에 생긴 것이다.

이상으로 FTP 서비스 구축을 마무리한다.

6

DNS 서비스 구축

DNS^{Domain Name System}란, FTP와 마찬가지로 TCP/IP 응용 계층에 속한 프로토콜 중 하나다. 사용자가 입력한 도메인 네임을 IP 주소로 변환해주는 기능을 수행한다. 경우에 따라서는 IP 주소를 도메인 네임으로 변환해주기도 한다. 전화번호부에서 인명과 전화번호를 연결하는 개념이 DNS 기능을 가장 정확히 표현한 것이다. 예제 6-1처럼 이런 관계를 확인해볼 수 있다.

```
root@debian:~# host police.go.kr

police.go.kr has address 116.67.118.148
police.go.kr mail is handled by 0 mail.police.go.kr.
```

예제 6-1

예제 6-1에서 보는 바와 같이 police.go.kr이라는 도메인 네임은 IP 주소 116.67.118.148과 연동 중임을 알 수 있다. 다시 말해 사용자가 도메인 네임을 입력하면, 운영체제는 이것을 곧바로 116.67.118.148번으로 바꾼다는 것이다.

FTP가 TCP 방식에 기반해 20/21번 포트 번호를 이용한다면 DNS는 53번 포트 번호를 이용한다. 다만 DNS는 UDP 방식과 TCP 방식 모두를 사용하는 특징이 있다. 더불어 일반인들은 해당 서버로 접근할 때 오직 도메인 네임만을 기억하기 때문에 도메인 네임과 IP 주소 사이의 연결 관계는 무척 중요하다는 점도 명심할 필요가 있다. 일반 사용자가 police.go.kr라는 도메인 네임을 입력했음에도 DNS에서 203.232.224.4번으로 변환했다면 무슨 일이 일어날까? 더구나 203.232.224.4번 웹 페이지가 경찰청 웹 페이지와 똑같다면? 이러한 속성을 악용한 공격이 바로 파밍 Pharming 공격이다. 그런 만큼 DNS 서비스를 운영하는 경우라면 도메인 네임과 IP 주소 사이의 무결성에 특히 중점을 둬야 한다.

이제부터 데비안을 DNS 서버로 구축해보자(FTP 서버 구축과 마찬가지로 구축 전 루트 계정으로 변환하자). DNS 서비스는 FTP 서비스를 구축할 때와 비교할 때 상당히 많은 단계가 필요하다. 그만큼 많은 개념과 용어가 있다. 그러나 여기에서는 이러저러한 이론 설명은 지양하고, 실제 구현 과정에 중점을 두고 설명한다. DNS에 대한 많은 개념과 용어는 DNS 서버를 구축한 뒤 차근차근 확인해보는 편이 더 효과적이라고 판단했기 때문이다.

제일 먼저 가상 도메인 네임을 준비하자. 이 책에서는 public.go.kr이라는 가상 도메인 네임을 이용한다. 다시 말해 public.go.kr과 192.168.10.213을 연동시키는 작업이 이 장의 핵심이다.

다음으로 현재 시간과 데비안 서버 내부 시간을 동기화하기 위해 예제 6-2와 함께 입력한다. 이것은 반드시 필요한 작업은 아니지만, 가급적 입력하기 바란다.

```
root@debian:~# rdate -s time.bora.net
```

예제 6-2

이어 예제 2-18과 예제 2-19를 다시 확인해본다. 특히 예제 2-19에서 1차 DNS 서버 IP 주소가 데비안 서버 IP 주소인지 다시 한 번 확인해보고, 아니라면 나노 편집기를 이용해 1차 DNS 서버 IP 주소를 데비안 서버 IP 주소 192.168.10.213으로 변경한다(DNS 서버 구축 실패의 주요한 원인 중 하나인 만큼 놓치지 말기 바란다).

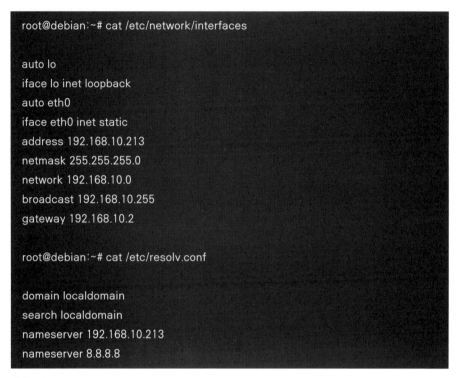

```
root@debian:~# cat /etc/network/interfaces

auto lo
iface lo inet loopback
auto eth0
iface eth0 inet static
address 192.168.10.213
netmask 255.255.255.0
network 192.168.10.0
broadcast 192.168.10.255
gateway 192.168.10.2

root@debian:~# cat /etc/resolv.conf

domain localdomain
search localdomain
nameserver 192.168.10.213
nameserver 8.8.8.8
```

예제 6-3

1차 DNS 서버란, 입력받은 도메인 네임을 제일 먼저 IP 주소로 변환해주는 DNS 서버를 의미한다. 만약 1차 DNS 서버에 장애가 발생하면 데비안 운영체제는 2차 DNS 서버에게 도메인 네임에 해당하는 IP 주소를 질의한다. 지금 데비안 서버를 DNS 서버로 구축하는 만큼 마땅히 1차 DNS 서버 IP 주소를 자기 자신으로 설정해야 한다.

다음으로 예제 6-4와 같이 확인한다.

```
root@debian:~# cat /etc/hosts

127.0.0.1       localhost
127.0.1.1       debian
# The following lines are desirable for IPv6 capable hosts
::1     localhost ip6-localhost ip6-loopback
ff02::1 ip6-allnodes
ff02::2 ip6-allrouters

root@debian:~# cat /etc/host.conf

multi on
```

예제 6-4

예제 6-4에서 hosts 파일은 윈도우 운영체제의 hosts 파일과 같은 기능을 수행한다. 참고로 윈도우 운영체제에서 hosts 파일은 다음 경로에 있다.

```
C:\Windows\System32\drivers\etc\hosts
```

데비안과 윈도우에서는 입력받은 도메인 네임을 가장 먼저 hosts 파일에서 검색한다. hosts 파일에 해당 IP 주소가 없다면, 비로소 DNS 서버에게 질의를 던진다(파밍 공격 예방 차원에서 보안을 요구하는 사이트에 접속할 경우, hosts 파일에 도메인 네임과 해당 IP 주소를 적어두는 것도 한 가지 임시 방편이라고 할 수 있다).

host.conf에서 multi on이란, 1개의 도메인 네임에 2개 이상의 IP 주소를 설정할 수 있다는 의미다.

다음으로 예제 6-5와 같이 bind9 프로그램과 dnsutils 프로그램을 설치한다. bind9 프로그램이 DNS 구축을 위한 핵심적인 프로그램이고, dnsutils 프로그램은 nslookup 명령어와 dig 명령어 등을 지원하기 위한 부가 프로그램이다.

```
root@debian:~# apt-get install bind9 dnsutils

패키지 목록을 읽는 중입니다... 완료
의존성 트리를 만드는 중입니다
상태 정보를 읽는 중입니다... 완료
dnsutils 패키지는 이미 최신 버전입니다.
제안하는 패키지:
bind9-doc resolvconf ufw
다음 새 패키지를 설치할 것입니다:
bind9 bind9utils
0개 업그레이드, 2개 새로 설치, 0개 제거 및 0개 업그레이드 안 함.
483 k바이트 아카이브를 받아야 합니다.
이 작업 후 1,100 k바이트의 디스크 공간을 더 사용하게 됩니다.


이하 생략


완료.
Adding system user `bind' (UID 114) ...
Adding new user `bind' (UID 114) with group `bind' ...
Not creating home directory `/var/cache/bind'.
wrote key file "/etc/bind/rndc.key"
#
[ ok ] Starting domain name service...: bind9.
```

예제 6-5

설치 후 예제 6-6처럼 netstat -tanp | grep named 명령어를 이용하면 DNS 서버
가 구동 중임을 확인할 수 있다.

```
root@debian:~# netstat -tanp | grep named

tcp   0   0 192.168.10.213:53   0.0.0.0:*   LISTEN   4805/named
tcp   0   0 127.0.0.1:53        0.0.0.0:*   LISTEN   4805/named
tcp   0   0 127.0.0.1:953       0.0.0.0:*   LISTEN   4805/named
```

```
tcp6      0    0 :::53            :::*         LISTEN      4805/named
tcp6      0    0 ::1:953          :::*         LISTEN      4805/named
```

예제 6-6

모의침투운영체제인 칼리에서 데비안 서버를 대상으로 포트 스캔해보면 예제 6-7과
같다.

```
root@kali:~# nmap 192.168.10.213 -p 53 -sU -sV -O

Starting Nmap 7.40 ( https://nmap.org ) at 2017-01-08 10:33 KST
Nmap scan report for 192.168.10.213
Host is up (0.00048s latency).

PORT    STATE SERVICE VERSION
53/udp open  domain  ISC BIND (Fake version: 9.8.4-rpz2+rl005.12-P1)

MAC Address: 00:0C:29:E5:69:0C (VMware)
Too many fingerprints match this host to give specific OS details
Network Distance: 1 hop

OS and Service detection performed. Please report any incorrect results at https://
nmap.org/submit/ .
Nmap done: 1 IP address (1 host up) scanned in 4.37 seconds
```

예제 6-7

예제 6-7에서와 같이 53/udp open 등과 같은 내용을 통해 DNS 서비스가 정상적으
로 구동 중임을 확인할 수 있다.

다음으로 예제 6-8과 같이 host.conf 파일에 order hosts,bind 내용을 추가한다.

```
root@debian:~# cat >> /etc/host.conf
order hosts,bind
```

```
^C

root@debian:~# cat /etc/host.conf

multi on
order hosts,bind
```

예제 6-8

order hosts,bind 내용은 예제 6-4에서 설명한 바와 같이 먼저 hosts 파일에서 검색하고 hosts 파일에 해당 IP 주소가 없다면 DNS 서버에게 질의를 던지겠다는 의미다. 만약 order bind,hosts처럼 설정하면 질의 순서는 역으로 일어난다.

다음으로 예제 6-9와 같이 named.conf.local 파일을 확인해보자.

```
root@debian:~# cat /etc/bind/named.conf.local

//
// Do any local configuration here
//

// Consider adding the 1918 zones here, if they are not used in your
// organization
//include "/etc/bind/zones.rfc1918";
```

예제 6-9

예제 6-9에서 보이는 // 표시는 주석이다. 모든 내용이 주석 처리 상태이기 때문에 사실상 해당 파일은 공백이다. 나노 편집기를 이용해 예제 6-10과 같이 작성한다. 신중하게 오류 없이 작성해야 한다(DNS 서버 구축 실패 원인 중 하나다).

```
root@debian:~# cat /etc/bind/named.conf.local

zone "public.go.kr" {type master;file "/etc/bind/public.go.kr.zone";allow-transfer
```

```
{any;};};
```

예제 6-10

예제 6-10과 같이 public.go.kr에 대한 존^{Zone}을 작성했다(세부적인 내용은 모두 무시하고 오직 성공적인 존 생성에만 집중하자).

다음으로 예제 6-11과 같이 문법 검사를 실행한다.

```
root@debian:~# named-checkconf /etc/bind/named.conf.local
root@debian:~#
```

예제 6-11

예제 6-11처럼 named-checkconf 명령어를 이용해 오류 여부를 검색하고, 오류가 있다면 오류 내용을 출력해준다. 이 경우에는 아무런 표시가 안 떴다. 오류가 없다는 의미다.

다음으로 예제 6-12처럼 나노 편집기를 이용해 /etc/bind/ 디렉터리에 public.go.kr.zone 파일을 새롭게 생성해 작성한다(nano /etc/bind/public.go.kr.zone처럼 입력한 뒤 작성한다).

```
root@debian:~# cat /etc/bind/public.go.kr.zone

$TTL 86400
@      IN SOA public.go.kr. root.public.go.kr. (
1      ; Serial
10800   ; Refresh
3600    ; Retry
432000 ; Expire
86400   ; Minimum
)
    IN    NS           ns.public.go.kr.
    IN    MX 10        public.go.kr.
```

```
ns      IN   A       192.168.10.213
@       IN   A       192.168.10.213
ftp     IN   A       192.168.10.213
ssh     IN   A       192.168.10.213
telnet  IN   A       192.168.10.213
smtp    IN   A       192.168.10.213
mail    IN   CNAME   smtp
www     IN   A       192.168.10.213
```

예제 6-12

입문자들이 DNS 서비스를 구축하면서 어려워하는 이유는 바로 예제 6-12 내용 때문이다. 그러나 지금 단계에서 해당 내용을 세부적으로 이해할 필요는 없다. 어차피 구축한 뒤 시간이 흐르면 자연스럽게 터득할 내용들이기 때문이다. 지금 단계에서 가장 중요한 것은 정확한 설정이다.

다음으로 예제 6-13처럼 예제 6-12에서 작성한 존 파일을 DNS 서버에 로드해보자.

```
root@debian:~# named-checkzone public.go.kr /etc/bind/public.go.kr.zone

zone public.go.kr/IN: loaded serial 1
OK
```

예제 6-13

예제 6-13에서와 같이 OK 표시가 나타나면 성공적으로 로드했다는 의미다. 물론 예제 6-12에서 작성한 형식이 정확해야 OK 표시가 나타난다. 만약 오류 표시가 나타나면 예제 6-12를 다시 작성하자.

다음으로 예제 6-14와 함께 입력한다.

```
root@debian:~# IPTables -F && IPTables -L
```

```
이하 생략

root@debian:~# service bind9 restart

[....] Stopping domain name service...: bind9waiting for pid 2576 to die
. ok
[ ok ] Starting domain name service...: bind9.
```

예제 6-14

이제 public.go.kr에 대한 존 파일을 대상으로 정상 동작 여부를 확인해보자.

```
root@debian:~# host public.go.kr

public.go.kr has address 192.168.10.213
public.go.kr mail is handled by 10 public.go.kr.

root@debian:~# ping -c 1 public.go.kr
PING public.go.kr (192.168.10.213) 56(84) bytes of data.
64 bytes from debian.local (192.168.10.213): icmp_req=1 ttl=64 time=0.023 ms

--- public.go.kr ping statistics ---
1 packets transmitted, 1 received, 0% packet loss, time 0ms
rtt min/avg/max/mdev = 0.023/0.023/0.023/0.000 ms

root@debian:~# ping -c 1 ns.public.go.kr
PING ns.public.go.kr (192.168.10.213) 56(84) bytes of data.
64 bytes from debian.local (192.168.10.213): icmp_req=1 ttl=64 time=0.023 ms

--- ns.public.go.kr ping statistics ---
1 packets transmitted, 1 received, 0% packet loss, time 0ms
rtt min/avg/max/mdev = 0.023/0.023/0.023/0.000 ms

root@debian:~# ping -c 1 ftp.public.go.kr
```

```
PING ftp.public.go.kr (192.168.10.213) 56(84) bytes of data.
64 bytes from debian.local (192.168.10.213): icmp_req=1 ttl=64 time=0.020 ms

--- ftp.public.go.kr ping statistics ---
1 packets transmitted, 1 received, 0% packet loss, time 0ms
rtt min/avg/max/mdev = 0.020/0.020/0.020/0.000 ms

root@debian:~# ping -c 1 ssh.public.go.kr
PING ssh.public.go.kr (192.168.10.213) 56(84) bytes of data.
64 bytes from debian.local (192.168.10.213): icmp_req=1 ttl=64 time=0.022 ms

--- ssh.public.go.kr ping statistics ---
1 packets transmitted, 1 received, 0% packet loss, time 0ms
rtt min/avg/max/mdev = 0.022/0.022/0.022/0.000 ms

root@debian:~# ping -c 1 www.public.go.kr
PING www.public.go.kr (192.168.10.213) 56(84) bytes of data.
64 bytes from debian.local (192.168.10.213): icmp_req=1 ttl=64 time=0.020 ms

--- www.public.go.kr ping statistics ---
1 packets transmitted, 1 received, 0% packet loss, time 0ms
rtt min/avg/max/mdev = 0.020/0.020/0.020/0.000 ms
```

예제 6-15

예제 6-15에서 보는 바와 같이 ftp.public.go.kr 등과 같은 내용은 예제 6-12에 설정한 항목과 일치한다. 이제 예제 6-12에서 설정한 각각의 항목들이 무엇인지 감이 잡힐 것이다.

이번에는 또 다른 가상 도메인 네임인 private.go.kr을 이용해 구성해보자. 설정 과정을 반복하는 동안 DNS 서버 구축 순서를 자연스럽게 익힐 듯하다.

기존 named.conf.local 파일에 예제 6-16과 같은 내용을 추가해보자.

```
zone "private.go.kr" {type master;file "/etc/bind/private.go.kr.zone";allow-transfer
{localhost;};};
```

예제 6-16

예제 6-10에서는 {any;}였지만, 예제 6-16에서는 {localhost;}처럼 바뀠다(둘의 차이
점은 예제 6-30에서 확인한다).

이제 예제 6-17과 같이 예제 6-16 내용을 추가한다.

```
root@debian:~# cat >> /etc/bind/named.conf.local

zone "private.go.kr" {type master;file "/etc/bind/private.go.kr.zone";allow-transfer
{localhost;};};
^C

root@debian:~# cat /etc/bind/named.conf.local

zone "public.go.kr" {type master;file "/etc/bind/public.go.kr.zone";allow-transfer
{any;};};
zone "private.go.kr" {type master;file "/etc/bind/private.go.kr.zone";allow-transfer
{localhost;};};
```

예제 6-17

추가 작업을 끝냈으면 예제 6-11과 같이 문법 검사를 실행한 뒤 예제 6-12와 같이 존
파일을 작성한다. 예제 6-18은 이러한 일련의 작업 내용을 보여준다.

```
root@debian:~# cat /etc/bind/private.go.kr.zone

$TTL 86400
@      IN SOA private.go.kr. root.private.go.kr. (
1      ; Serial
10800  ; Refresh
```

168

168

```
3600    ; Retry
432000  ; Expire
86400   ; Minimum
)
        IN    NS        ns.private.go.kr.
        IN    MX 10     private.go.kr.
ns      IN    A         192.168.10.213
@       IN    A         192.168.10.213
ftp     IN    A         192.168.10.213
ssh     IN    A         192.168.10.213
telnet  IN    A         192.168.10.213
smtp    IN    A         192.168.10.213
mail    IN    CNAME     smtp
www     IN    A         192.168.10.213

root@debian:~# named-checkzone private.go.kr.zone /etc/bind/private.go.kr.zone

zone private.go.kr.zone/IN: private.go.kr.zone/MX 'private.go.kr' (out of zone) has
no addresses records (A or AAAA)
zone private.go.kr.zone/IN: loaded serial 1
OK

root@debian:~# service bind9 restart

[....] Stopping domain name service...: bind9waiting for pid 2604 to die
. ok
[ ok ] Starting domain name service...: bind9.
```

예제 6-18

예제 6-18과 같은 작업을 무사히 마쳤다면, 예제 6-19와 같은 결과를 얻을 수 있다.

```
root@debian:~# host private.go.kr
```

```
private.go.kr has address 192.168.10.213
private.go.kr mail is handled by 10 private.go.kr.
```

예제 6-19

예제 6-19와 같은 결과가 나왔다면, 당연히 예제 6-20과 같은 결과가 나온다.

```
root@debian:~# ping -c 1 private.go.kr

PING private.go.kr (192.168.10.213) 56(84) bytes of data.
64 bytes from debian.local (192.168.10.213): icmp_req=1 ttl=64 time=0.019 ms

--- private.go.kr ping statistics ---
1 packets transmitted, 1 received, 0% packet loss, time 0ms
rtt min/avg/max/mdev = 0.019/0.019/0.019/0.000 ms

root@debian:~# ping -c 1 ns.private.go.kr

PING ns.private.go.kr (192.168.10.213) 56(84) bytes of data.
64 bytes from debian.local (192.168.10.213): icmp_req=1 ttl=64 time=0.019 ms

--- ns.private.go.kr ping statistics ---
1 packets transmitted, 1 received, 0% packet loss, time 0ms
rtt min/avg/max/mdev = 0.019/0.019/0.019/0.000 ms

root@debian:~# ping -c 1 ftp.private.go.kr

PING ftp.private.go.kr (192.168.10.213) 56(84) bytes of data.
64 bytes from debian.local (192.168.10.213): icmp_req=1 ttl=64 time=0.020 ms

--- ftp.private.go.kr ping statistics ---
1 packets transmitted, 1 received, 0% packet loss, time 0ms
rtt min/avg/max/mdev = 0.020/0.020/0.020/0.000 ms
```

```
root@debian:~# ping -c 1 ssh.private.go.kr

PING ssh.private.go.kr (192.168.10.213) 56(84) bytes of data.
64 bytes from debian.local (192.168.10.213): icmp_req=1 ttl=64 time=0.020 ms

--- ssh.private.go.kr ping statistics ---
1 packets transmitted, 1 received, 0% packet loss, time 0ms
rtt min/avg/max/mdev = 0.020/0.020/0.020/0.000 ms

root@debian:~# ping -c 1 www.private.go.kr

PING www.private.go.kr (192.168.10.213) 56(84) bytes of data.
64 bytes from debian.local (192.168.10.213): icmp_req=1 ttl=64 time=0.020 ms

--- www.private.go.kr ping statistics ---
1 packets transmitted, 1 received, 0% packet loss, time 0ms
rtt min/avg/max/mdev = 0.020/0.020/0.020/0.000 ms
```

예제 6-20

사실상 DNS 서버 구축을 완료했다. 이제 남은 부분은 로그 출력 설정이다. DNS 서비스에서 로그 출력은 FTP 서비스와 달리 여러 단계의 설정이 필요하다. 순서대로 하나씩 따라 해보기 바란다.

먼저 예제 6-21처럼 named.conf 파일을 확인해본다.

```
root@debian:~# cat /etc/bind/named.conf

// This is the primary configuration file for the BIND DNS server named.
//
// Please read /usr/share/doc/bind9/README.Debian.gz for information on the
// structure of BIND configuration files in Debian, *BEFORE* you customize
// this configuration file.
//
```

```
// If you are just adding zones, please do that in /etc/bind/named.conf.local

include "/etc/bind/named.conf.options";
include "/etc/bind/named.conf.local";
include "/etc/bind/named.conf.default-zones";
```

예제 6-21

다음으로 나노 편집기를 이용해 예제 6-22와 같이 설정한다.

```
root@debian:~# cat /etc/bind/named.conf

logging {channel query_logging {file "/var/log/named/query.log" versions 3 size
10m;severity debug 3;print-time yes;print-severity yes;print-category
yes;};category queries {query_logging;};};

include "/etc/bind/named.conf.options";
include "/etc/bind/named.conf.local";
include "/etc/bind/named.conf.default-zones";
```

예제 6-22

예제 6-22에서 보는 바와 같이 /var/log/named/query.log 파일을 DNS 서비스 로그 파일로 설정한다는 내용이다.

다음으로 예제 6-22 설정에 따라 /var/log/named/ 디렉터리를 생성한다.

```
root@debian:~# mkdir /var/log/named/

root@debian:~# ls -l /var/log/ | grep named
drwxr-xr-x 2 root        root        4096  1월  8 15:25 named
```

예제 6-23

다음으로 예제 6-24와 같이 소유자와 접근 권한을 변경한다.

```
root@debian:~# chown -R bind:bind /var/log/named/

root@debian:~# chmod 700 /var/log/named/

root@debian:~# ls -l /var/log/ | grep named
drwx------ 2 bind        bind        4096 1월 8 15:25 named
```

예제 6-24

예제 6-23과 달리 예제 6-24에서와 같이 소유자와 접근 권한이 바뀌었다(소유자와 접근 변경에 대한 내용은 후반부에서 자세히 설명한다).

다음으로 예제 6-25와 같이 rndc querylog on 명령어를 입력해 로그 기록을 저장하겠다는 것을 알린다.

```
root@debian:~# rndc querylog on
```

예제 6-25

참고로 RNDC는 원격에서 DNS 서비스를 재시작하거나 재갱신할 수 있는 제어 도구로서 TCP 기반의 953번 포트 번호를 사용한다.

다음으로 service bind9 restart 명령어를 입력해 DNS 서비스를 재시작한 뒤 예제 6-26처럼 순서대로 설정한다.

```
root@debian:~# service bind9 restart

[ ok ] Stopping domain name service...: bind9.
[ ok ] Starting domain name service...: bind9.

root@debian:~# cat /dev/null > /var/log/syslog

root@debian:~# cat /dev/null > /var/log/named/query.log
```

```
root@debian:~# cat /var/log/named/query.log

root@debian:~# tail -f /var/log/named/query.log &
[2] 4095
```

예제 6-26

이제 로그 설정까지 완료했다. 남은 부분은 DNS 서버를 운영하면서 세부적인 내용들을 하나씩 익히는 일만 남았다.

이하의 내용은 칼리 운영체제가 있는 경우에 해당한다. 단지 읽고 참고만 해도 충분한 내용이다.

칼리 운영체제에서 예제 6-27과 같이 1차 DNS 서버 IP 주소를 데비안 DNS 서버로 설정한다.

```
root@kali:~# cat /etc/resolv.conf

domain localdomain
search localdomain
nameserver 192.168.10.213
nameserver 8.8.8.8
```

예제 6-27

다음으로 예제 6-28과 같이 칼리에서 데비안으로 DNS 질의를 던져본다.

```
root@kali:~# host public.go.kr
public.go.kr has address 192.168.10.213
public.go.kr mail is handled by 10 public.go.kr.

root@kali:~# host private.go.kr
private.go.kr has address 192.168.10.213
private.go.kr mail is handled by 10 private.go.kr.
```

예제 6-28

이때 데비안 DNS 서버에서는 예제 6-29와 같은 로그가 생긴다.

```
public.go.kr IN A + (192.168.10.213)
08-Jan-2017 16:00:00.526 queries: info: client 192.168.10.220#47959: query:
public.go.kr IN AAAA + (192.168.10.213)
08-Jan-2017 16:00:00.528 queries: info: client 192.168.10.220#38966: query:
public.go.kr IN MX + (192.168.10.213)
08-Jan-2017 16:00:11.323 queries: info: client 192.168.10.220#55521: query:
private.go.kr IN A + (192.168.10.213)
08-Jan-2017 16:00:11.325 queries: info: client 192.168.10.220#46075: query:
private.go.kr IN AAAA + (192.168.10.213)
08-Jan-2017 16:00:11.326 queries: info: client 192.168.10.220#56371: query:
private.go.kr IN MX + (192.168.10.213)
```

예제 6-29

마지막으로 칼리에서 예제 6-30과 같이 dig 도구를 이용해 데비안 DNS 서버의 레코드 현황을 검색해보자.

```
root@kali:~# dig @192.168.10.213 public.go.kr axfr

; <<>> DiG 9.10.3-P4-Debian <<>> @192.168.10.213 public.go.kr axfr
; (1 server found)
;; global options: +cmd
public.go.kr.          86400  IN    SOA     public.go.kr. root.public.go.kr. 1 10800
3600 432000 86400
public.go.kr.          86400  IN    NS      ns.public.go.kr.
public.go.kr.          86400  IN    MX      10 public.go.kr.
public.go.kr.          86400  IN    A       192.168.10.213
ftp.public.go.kr.      86400  IN    A       192.168.10.213
mail.public.go.kr.     86400  IN    CNAME   smtp.public.go.kr.
ns.public.go.kr.       86400  IN    A       192.168.10.213
smtp.public.go.kr.     86400  IN    A       192.168.10.213
```

```
ssh.public.go.kr.        86400  IN    A      192.168.10.213
telnet.public.go.kr.     86400  IN    A      192.168.10.213
www.public.go.kr.        86400  IN    A      192.168.10.213
public.go.kr.            86400  IN    SOA    public.go.kr. root.public.go.kr. 1 10800
3600 432000 86400
;; Query time: 6 msec
;; SERVER: 192.168.10.213#53(192.168.10.213)
;; WHEN: Sun Jan 08 16:03:03 KST 2017
;; XFR size: 12 records (messages 1, bytes 295)


root@kali:~# dig @192.168.10.213 private.go.kr axfr

; <<>> DiG 9.10.3-P4-Debian <<>> @192.168.10.213 private.go.kr axfr
; (1 server found)
;; global options: +cmd
; Transfer failed.
```

예제 6-30

예제 6-30에서 설정한 @192.168.10.213 부분은 192.168.10.213 DNS 서버를 이용하겠다는 의미다. 또한 결과를 확인해보면 public.go.kr 도메인 네임에서는 각종 레코드 현황을 볼 수 있지만, private.go.kr 도메인 네임에서는 현황을 볼 수 없다. 보안 측면에서 볼 때 public.go.kr 도메인 네임은 많은 문제가 있다.

이러한 차이는 예제 6-16에서 본 바와 같이 public.go.kr 도메인 네임에서 설정한 allow-transfer {any;}과 allow-transfer {localhost;}의 차이다. any는 모든 IP 주소로부터 들어오는 존 파일 출력 요청을 허용하겠다는 의미인 반면, localhost은 오직 자기 IP 주소로부터 들어오는 존 파일 출력 요청을 허용하겠다는 의미다.

한편, DNS 서비스는 UDP 방식과 TCP 방식 모두를 사용한다고 말한 적이 있다. 예제 6-28처럼 칼리 운영체제와 데비안 운영체제 사이에서 실시간적으로 질의와 응답을 주고받는 경우에는 UDP 방식으로 동작한다. 그러나 질의문의 길이가 512바이트를 넘어가면 신뢰성을 중시하면서 TCP 방식에 따라 동작한다. 물론 이처럼 512바이트 이상의 질의문을 거의 없기 때문에 사실상 DNS 서비스를 UDP 방식으로 간주할 수 있다. 또한 1차 DNS 서버와 2차 DNS 서버 사이에 존 파일 등을 교환할 경우에도 TCP 방식을 사용한다. 시간성보다는 안정성을 중시하기 때문이다.

이제 남은 부분은 구동 중인 DNS 서버의 내역을 차분히 확인해보면서 정리하기 바란다.

이상으로 DNS 서비스 구축을 마무리한다.

7

DHCP 서비스 구축

DHCP^{Dynamic Host Configuration Protocol}란, TCP/IP 응용 계층에 속한 프로토콜 중 하나로, 우리가 흔히 유동 IP 주소라고 부르는 개념이다. 초고속 인터넷 가입자는 기본적으로 DHCP 방식으로 동작한다. 다시 말해 전원을 끈 상태라면 컴퓨터 본체에는 IP 주소가 없다. 전원을 넣는 순간 IP 주소가 생기고, 전원을 끄는 순간 IP 주소가 없어진다. 그만큼 DHCP 방식은 우리 일상과도 밀접하다. 이 책에서 사용하는 VM조차 DHCP로 동작한다. 그림 1-11을 자세히 보면 Use local DHCP service to distribute IP address to VMs라는 구절을 볼 수 있다. VM 자체가 DHCP 서버라는 의미다. 그렇기 때문에 VM 안에서 동작하는 모든 게스트 OS는 유동 IP 주소 체계이고, 그에 따라 데비안 설치 직후 예제 2-4와 같은 IP 주소를 동적으로 할당받은 것이다.

DHCP도 DNS와 마찬가지로 UDP 기반에 의해 구현한다. 전원을 넣는 순간, IP 주소를 빠르게 받아야 하기 때문이다. 사용하는 포트 번호는 67번과 68번이다.

DHCP 클라이언트와 DHCP 서버 사이의 동작을 좀 더 자세히 알아보자. 이때 서버는 VM이고, 클라이언트는 게스트 OS다.

전원이 꺼진 클라이언트에는 오직 맥 주소만이 있다. 데비안의 경우 예제 2−4에서와 같이 맥 주소가 00:0c:29:e5:69:0c다.

전원을 넣는 순간, 클라이언트는 자신의 맥 주소를 자신의 LAN 영역을 대상으로 브로드캐스트^{Broadcast} 방식에 따라 전송한다. 이때 출발지 포트 번호는 68번이고, 목적지 포트 번호는 67번이다. 서버는 브로드캐스트 방식에 따라 클라이언트의 맥 주소를 수신하면 DHCP 요청이 들어온 것으로 판단하고, 자신의 로그 파일을 검색한다. 이전에 할당한 기록이 있는지 확인하기 위한 과정이다. 없다면 여분의 IP 주소 중 임의의 IP 주소를 선택해 클라이언트에게 유니캐스트^{Unicast} 방식으로 IP 주소를 비롯한 여타의 정보를 전송해준다. 이때 출발지 포트 번호는 67번이고, 목적지 포트 번호는 68번이다. 또한 맥 주소와 IP 주소 사이의 연결 상태를 자신의 로그에 남긴다.

클라이언트에서 전원을 끄면, 서버는 즉시 해당 IP 주소를 회수한다.

다시 클라이언트에서 전원을 넣으면 자신의 맥 주소를 자신의 LAN 영역을 대상으로 브로드캐스트 방식에 따라 전송하고, 서버는 자신의 로그 파일을 검색해 이전 기록을 검색한다. 이전 기록이 있기 때문에 일전에 할당했던 IP 주소가 있는지 검색해보고, 있다면 해당 IP 주소를 다시 클라이언트에게 할당해준다. 클라이언트 입장에서 유동 IP 주소임에도 불구하고 고정 IP 주소를 사용하는 기분이 드는 이유는 바로 서버의 이러한 로그 관리 때문이다. 물론 클라이언트에서 맥 주소를 변경하거나(랜 카드 교체의 경우) 서버에서 로그 기록을 삭제하면 이전과 다른 새로운 IP 주소를 할당받는다.

이제 DHCP 동작 원리를 이해했는가? 그렇다면 이러한 이해를 바탕으로 데비안을 DHCP 서버로 구축해보자. DHCP는 그 어떤 서비스보다도 IP 주소 체계를 직접 다루는 만큼, 설치 전 TCP/IP 이론을 충분히 익히기 바란다. TCP/IP 이론만 알면 구축 방법은 DNS 서비스 구축과 비교할 때 단순한 편이다. 또한 그림 1−11에서 Use local DHCP service to distribute IP address to VMs 부분의 설정을 설치 전에 반드시 해제하도록 한다. 이는 VM 대신 데비안이 DHCP 서버 역할을 수행하도록 하기 위한 조치다. 물론 DHCP 실습이 끝나면 다시 원래대로 설정해야 한다. 그래야만 이후 VM을 사용하는 데 지장이 없다.

예제 7-1과 같이 설치한다. 물론 루트 계정으로 작업해야 한다.

```
root@debian:~# rdate -s time.bora.net

root@debian:~# apt-get install isc-dhcp-server

패키지 목록을 읽는 중입니다... 완료
의존성 트리를 만드는 중입니다
상태 정보를 읽는 중입니다... 완료
제안하는 패키지:
isc-dhcp-server-ldap
다음 새 패키지를 설치할 것입니다:
isc-dhcp-server
0개 업그레이드, 1개 새로 설치, 0개 제거 및 0개 업그레이드 안 함.
935 k바이트 아카이브를 받아야 합니다.
이 작업 후 2,225 k바이트의 디스크 공간을 더 사용하게 됩니다.

이하 생략
```

예제 7-1

예제 7-1에서 설치 이후 오류 표시가 나타나는 경우가 있다. 이는 dhcpd.conf 파일을 구성하지 않았기 때문이다. 무시하고 이후 작업을 계속 진행한다.

설치 후 예제 7-2와 같이 사본을 준비한다.

```
root@debian:~# cp /etc/dhcp/dhcpd.conf /root/
```

예제 7-2

DHCP 구성 내역은 예제 7-3과 같다. 주석 처리한 부분을 읽어보면 형식을 가늠해 볼 수 있다.

```
root@debian:~# cat /etc/dhcp/dhcpd.conf
#
# Sample configuration file for ISC dhcpd for Debian
#
#
# The ddns-updates-style parameter controls whether or not the server will
# attempt to do a DNS update when a lease is confirmed. We default to the
# behavior of the version 2 packages ('none', since DHCP v2 didn't
# have support for DDNS.)
ddns-update-style none;
# option definitions common to all supported networks...
option domain-name "example.org";
option domain-name-servers ns1.example.org, ns2.example.org;
default-lease-time 600;
max-lease-time 7200;
# If this DHCP server is the official DHCP server for the local
# network, the authoritative directive should be uncommented.
#authoritative;
# Use this to send dhcp log messages to a different log file (you also
# have to hack syslog.conf to complete the redirection).
log-facility local7;
# No service will be given on this subnet, but declaring it helps the
# DHCP server to understand the network topology.
#subnet 10.152.187.0 netmask 255.255.255.0 {
#}
# This is a very basic subnet declaration.
#subnet 10.254.239.0 netmask 255.255.255.224 {
#  range 10.254.239.10 10.254.239.20;
#  option routers rtr-239-0-1.example.org, rtr-239-0-2.example.org;
#}
# This declaration allows BOOTP clients to get dynamic addresses,
```

```
# which we don't really recommend.
#subnet 10.254.239.32 netmask 255.255.255.224 {
#   range dynamic-bootp 10.254.239.40 10.254.239.60;
#   option broadcast-address 10.254.239.31;
#   option routers rtr-239-32-1.example.org;
#}
# A slightly different configuration for an internal subnet.
#subnet 10.5.5.0 netmask 255.255.255.224 {
#   range 10.5.5.26 10.5.5.30;
#   option domain-name-servers ns1.internal.example.org;
#   option domain-name "internal.example.org";
#   option routers 10.5.5.1;
#   option broadcast-address 10.5.5.31;
#   default-lease-time 600;
#   max-lease-time 7200;
#}
# Hosts which require special configuration options can be listed in
# host statements.  If no address is specified, the address will be
# allocated dynamically (if possible), but the host-specific information
# will still come from the host declaration.
#host passacaglia {
#   hardware ethernet 0:0:c0:5d:bd:95;
#   filename "vmunix.passacaglia";
#   server-name "toccata.fugue.com";
#}
# Fixed IP addresses can also be specified for hosts.   These addresses
# should not also be listed as being available for dynamic assignment.
# Hosts for which fixed IP addresses have been specified can boot using
# BOOTP or DHCP.   Hosts for which no fixed address is specified can only
# be booted with DHCP, unless there is an address range on the subnet
# to which a BOOTP client is connected which has the dynamic-bootp flag
# set.
#host fantasia {
#   hardware ethernet 08:00:07:26:c0:a5;
```

```
#   fixed-address fantasia.fugue.com;
#}
# You can declare a class of clients and then do address allocation
# based on that.   The example below shows a case where all clients
# in a certain class get addresses on the 10.17.224/24 subnet, and all
# other clients get addresses on the 10.0.29/24 subnet.
#class "foo" {
#   match if substring (option vendor-class-identifier, 0, 4) = "SUNW";
#}
#shared-network 224-29 {
#   subnet 10.17.224.0 netmask 255.255.255.0 {
#     option routers rtr-224.example.org;
#   }
#   subnet 10.0.29.0 netmask 255.255.255.0 {
#     option routers rtr-29.example.org;
#   }
#   pool {
#     allow members of "foo";
#     range 10.17.224.10 10.17.224.250;
#   }
#   pool {
#     deny members of "foo";
#     range 10.0.29.10 10.0.29.230;
#   }
#}
```

예제 7-3

우리는 실습을 위해 예제 7-4와 같이 설정할 계획이다. 모두 한 줄로 이어서 작성해
야 한다.

```
subnet 192.168.10.0 netmask 255.255.255.0 {range 192.168.10.200
192.168.10.250;option domain-name-servers 192.168.10.213;option domain-
name-servers 8.8.8.8;option routers 192.168.10.2;option broadcast-address
```

```
192.168.10.255;default-lease-time 600;max-lease-time 7200;}
```

예제 7-4

예제 7-4의 subnet 192.168.10.0 netmask 255.255.255.0 부분은 유동 IP 주소
로 할당할 범위를 지정하는 내용이다. 다시 말해 192.168.10.0/24 대역에서 유동
IP 주소를 할당하도록 구성하겠다는 것이다. range 192.168.10.200 192.168.10.250
부분은 192.168.10.0/24 대역에서 실제 클라이언트에게 할당할 IP 주소 범위를 설
정하겠다는 의미다. 다시 말해 실제 클라이언트에게 할당해주는 IP 주소의 범위는
192.168.10.200부터 192.168.10.250까지에 있는 임의의 IP 주소다. domain-
name-servers 192.168.10.213/8.8.8.8 부분과 routers 192.168.10.2 부분은 클라
이언트에게 IP 주소와 함께 할당해줄 DNS 서버 IP 주소와 기본 게이트웨이 IP 주소
다. 흔히 DHCP로 IP 주소만 받는다고 착각하지만, 이와 같이 DNS 서버 IP 주소와 기
본 게이트웨이 IP 주소도 같이 할당해준다. default-lease-time 600 부분과 max-
lease-time 7200 부분은 IP 주소의 임대 시간을 의미한다. 이때의 단위는 초다.

이번에는 dhcpd.conf 파일을 편집할 때 나노 편집기가 아닌 cat 명령어의 속성을 이
용해 예제 7-5와 같이 작업해보자. 이때 라우터의 IP 주소 192.168.10.2에서 호스트
IP 주소 2번은 VM에서 라우팅을 위해 예약한 IP 주소다. 따라서 VM 환경을 이용하는
경우라면 반드시 기억해둬야 한다.

```
root@debian:~# cat > /etc/dhcp/dhcpd.conf

subnet 192.168.10.0 netmask 255.255.255.0 {range 192.168.10.200
192.168.10.250;option domain-name-servers 192.168.10.213;option domain-
name-servers 8.8.8.8;option routers 192.168.10.2;option broadcast-address
192.168.10.255;default-lease-time 600;max-lease-time 7200;}

^C
```

예제 7-5

편집한 결과는 예제 7-6과 같다.

```
root@debian:~# cat /etc/dhcp/dhcpd.conf

subnet 192.168.10.0 netmask 255.255.255.0 {range 192.168.10.200
192.168.10.250;option domain-name-servers 192.168.10.213;option domain-
name-servers 8.8.8.8;option routers 192.168.10.2;option broadcast-address
192.168.10.255;default-lease-time 600;max-lease-time 7200;}
```

예제 7-6

곧이어 예제 7-7과 같이 DCHP 데몬을 시작하면 DHCP 서버에 의해 유동 IP 주소를
할당받을 수 있다. 물론 이를 확인하기 위해서는 또 다른 게스트 OS를 준비해야 한다.

```
root@debian:~# IPTables -F && IPTables -L

이하 생략

root@debian:~# service isc-dhcp-server start

[ ok ] Starting ISC DHCP server: dhcpd.

root@debian:~# netstat -uanp | grep dhcpd
udp     0    0 0.0.0.0:67        0.0.0.0:*        4408/dhcpd
udp     0    0 0.0.0.0:50335     0.0.0.0:*        4408/dhcpd
udp6    0    0 :::22328          :::*             4408/dhcpd
```

예제 7-7

예제 7-7에서와 같이 service isc-dhcp-server start 명령어를 입력하면, UDP 기반
의 포트 번호 67번이 열리면서 DHCP 서비스를 시작한다.

DHCP 로그 관리는 예제 7-8과 같은 순서로 작업한다.

```
root@debian:~# cat /dev/null > /var/lib/dhcp/dhcpd.leases

root@debian:~# tail -f /var/lib/dhcp/dhcpd.leases &
[1] 4434
```

예제 7-8

예제 7-8과 같은 작업을 마친 뒤 DHCP로 설정한 게스트 OS가 재시작하면 데비안에서는 유동 IP 주소를 던지면서 예제 7-9와 같이 화면에 로그를 출력해준다(별도의 게스트 OS를 마련할 여력이 없는 경우라면 해당 내용만 보기 바란다).

```
lease 192.168.10.201 {
  starts 1 2017/01/09 02:52:42;
  ends 1 2017/01/09 03:02:42;
  cltt 1 2017/01/09 02:52:42;
  binding state active;
  next binding state free;
  rewind binding state free;
  hardware ethernet 00:0c:29:22:1f:bc;
  uid "\001\000\014)\"\037\274";
  client-hostname "c201";
}
```

예제 7-9

만약 특정 호스트 측에 고정 IP 주소로 설정하려면, 해당 호스트의 맥 주소를 이용해 예제 7-10과 같이 설정한다.

```
subnet 192.168.10.0 netmask 255.255.255.0 {range 192.168.10.200
192.168.10.250;option domain-name-servers 192.168.10.213;option domain-
name-servers 8.8.8.8;option routers 192.168.10.2;option broadcast-address
192.168.10.255;default-lease-time 600;max-lease-time 7200;host ns {hardware
Ethernet 00:0C:29:22:1F:BC;fixed-address 192.168.10.201;}}
```

예제 7-10

예제 7-5와 비교해볼 때 host ns {hardware Ethernet 00:0C:29:22:1F:BC;fixed-address 192.168.10.201;} 부분이 고정 IP 주소로 설정하는 내용이다. 물론 여기서 맥 주소는 특정 호스트의 맥 주소다.

끝으로 칼리에서 데비안으로 포트 스캔한 결과는 예제 7-11과 같다.

```
root@kali:~# nmap 192.168.10.213 -p 53,67 -sU -sV -O

Starting Nmap 7.40 ( https://nmap.org ) at 2017-01-09 12:12 KST
Nmap scan report for 192.168.10.213
Host is up (0.00039s latency).

PORT            STATE       SERVICE VERSION
53/udp open     domain      ISC BIND (Fake version: 9.8.4-rpz2+rl005.12-P1)
67/udp open|filtered dhcps

MAC Address: 00:0C:29:E5:69:0C (VMware)
Too many fingerprints match this host to give specific OS details
Network Distance: 1 hop

OS and Service detection performed. Please report any incorrect results at https://
nmap.org/submit/ .
Nmap done: 1 IP address (1 host up) scanned in 104.58 seconds
```

예제 7-11

이상으로 DHCP 서비스 구축을 마무리한다.

8

HTTP 서비스 구축

HTTP^{HyperText Transfer Protocol}란, TCP/IP 응용 계층에 속한 프로토콜 중 하나로, 우리가 월드 와이드 웹^{World Wide Web}과 혼동하는 개념이기도 하다. 위키 백과에 따르면 월드 와이드 웹이란, 인터넷에 연결한 호스트를 통해 사람들이 정보를 공유하는 전 세계적인 정보 공간으로, 간단히 웹^{Web}이라고 부른다. 웹은 1989년 3월 영국 출신의 소프트웨어 공학자인 팀 버너스 리^{Tim Berners-Lee}가 처음 제안한 통신 방식이다. 그는 웹의 구성 요소로서 HTML^{HyperText Markup Language}과 HTTP^{yperText Transfer Protocol}, 그리고 URL^{Uniform Resource Locator} 등을 설계했다. 이런 점에서 HTTP는 웹의 하위 개념에 속한다. HTML 이란 웹에서 정보를 담은 특수한 형태의 문서를 의미하고, HTTP란 서버와 클라이언트 사이에서 HTML을 송·수신이 가능하도록 해주는 프로토콜로, TCP 방식에 기반을 두고 80번 포트 번호를 사용한다. URL은 흔히 웹 사이트 주소 형식이라고 부른다.

현재 웹 서비스는 그 어떤 서비스보다 인기가 많다. 모든 서비스가 웹 서비스를 중심으로 이뤄진다고 해도 과언이 아닐 정도다. 사실 웹 서버 구축은 별도의 책으로 설명해야 할 만큼 방대한 규모다. HTML 코딩을 시작으로 CSS^{Cascading Style Sheets}와 자바스크립트^{JavaScript}까지 다뤄야 하며, 인증 정보를 저장하기 위한 DBMS^{DataBase Management System}도 다뤄야 한다. DBMS의 경우 MS-SQL 등과 같은 종류가 있다. 그뿐만 아니라 웹과 DBMS를 연동하기 위한 웹 언어도 다뤄야 한다. 웹 언어 역시 ASP와 JSP 등처럼 다양한 종류가 있다.

이 책은 웹 서비스 완성을 목표로 하는 것이 아니기 때문에 APM(Apache PHP My-SQL)을 대상으로 설치와 설정에만 집중한다.

먼저 아파치^{Apache} 프로그램부터 시작해보자. 아파치는 아파치 소프트웨어 재단에서 관리하는 오픈소스 기반의 HTTP 프로그램이다. 클라이언트에 설치한 웹 프로그램(웹 브라우저)과 대응하는 서버 웹 프로그램이 바로 아파치다. 클라이언트 웹 프로그램에도 파이어폭스나 크롬 등이 있는 것과 마찬가지로 서버 웹 프로그램에는 아파치뿐만 아니라 엔진엑스^{Nginx}, IIS^{Internet Information Service} 등이 있다. 아파치는 리눅스 기반뿐만 아니라 윈도우 기반에서도 사용이 가능할 만큼 확장성이 탁월하다. 예제 8-1과 같이 설치한다.

```
root@debian:~# apt-get install apache2

패키지 목록을 읽는 중입니다... 완료
의존성 트리를 만드는 중입니다
상태 정보를 읽는 중입니다... 완료
다음 패키지를 더 설치할 것입니다:
apache2-mpm-worker apache2-utils apache2.2-common ssl-cert
제안하는 패키지:
apache2-doc apache2-suexec apache2-suexec-custom openssl-blacklist
다음 새 패키지를 설치할 것입니다:
apache2 apache2-mpm-worker apache2-utils apache2.2-common ssl-cert
0개 업그레이드, 5개 새로 설치, 0개 제거 및 0개 업그레이드 안 함.
480 k바이트 아카이브를 받아야 합니다.
이 작업 후 1,037 k바이트의 디스크 공간을 더 사용하게 됩니다.
```

```
계속하시겠습니까 [Y/n]? y
```

예제 8-1

예제 8-1에서 보는 바와 같이 아파치뿐만 아니라 아파치와 관련이 있는 모든 프로그램을 동시에 설치한다. 아파치를 모두 설치했으면 예제 8-2와 같이 사본을 준비한다.

```
root@debian:~# cp /etc/apache2/apache2.conf /root/

root@debian:~# cp /var/www/index.html /root/
```

예제 8-2

예제 8-2에서 apache2.conf는 아파치 구성 내역을 담은 파일이고, index.html 문서는 리눅스 계열에서 사용하는 기본 페이지, 즉 홈 페이지다. 웹 서버에 접속했을 때 가장 먼저 보여주는 문서 화면이 바로 index.html이다. 변경 사항이 가장 많은 문서인만큼 미리 사본을 준비할 필요가 있다. 데비안에서 기본 페이지는 /var/www/ 디렉터리에 위치하지만, 우분투 등에서는 /var/www/html/ 디렉터리에 위치한다.

다음으로 아파치 동작 여부를 예제 8-3과 같이 확인해보자.

```
root@debian:~# IPTables -F && IPTables -L

이하 생략

root@debian:~# service apache2 restart

[....] Restarting web server: apache2apache2: Could not reliably determine the
server's fully qualified domain name, using 127.0.1.1 for ServerName
 ... waiting apache2: Could not reliably determine the server's fully qualified
domain name, using 127.0.1.1 for ServerName
. ok
```

```
root@debian:~# netstat -tanp | grep apache2

tcp6    0    0 :::80          :::*        LISTEN    4809/apache2
```

예제 8-3

이번에는 My-SQL 서버 프로그램을 설치한다. My-SQL 서버는 오픈소스 형태의 관계형 RDBMS다. TCP 방식에 기반을 두고 포트 번호 3306번을 사용한다. 현재 오라클 (Oracle Co.)에서 관리한다. My-SQL 서버는 리눅스 기반뿐만 아니라 윈도우 기반에서도 설치가 가능하다. 설치는 예제 8-4와 같다.

```
root@debian:~# apt-get install mysql-server mysql-client

패키지 목록을 읽는 중입니다... 완료
의존성 트리를 만드는 중입니다
상태 정보를 읽는 중입니다... 완료
다음 패키지를 더 설치할 것입니다:
libaio1 libdbd-mysql-perl libdbi-perl libhtml-template-perl libmysqlclient18
mysql-client-5.5 mysql-common mysql-server-5.5 mysql-server-core-5.5
제안하는 패키지:
libipc-sharedcache-perl tinyca
다음 새 패키지를 설치할 것입니다:
libaio1 libdbd-mysql-perl libdbi-perl libhtml-template-perl libmysqlclient18
mysql-client mysql-client-5.5 mysql-common mysql-server mysql-server-5.5
mysql-server-core-5.5
0개 업그레이드, 11개 새로 설치, 0개 제거 및 0개 업그레이드 안 함.
8,589 k바이트/8,599 k바이트 아카이브를 받아야 합니다.
이 작업 후 92.4 M바이트의 디스크 공간을 더 사용하게 됩니다.
계속하시겠습니까 [Y/n]? y
```

예제 8-4

혹시 설치 중 예제 8-5와 같은 내용이 나타나는 경우가 있다.

```
미디어 바꾸기: '/media/cdrom/' 드라이브에 다음 레이블이 달린 디스크를 넣고 Enter를 누르십시오
'Debian GNU/Linux 7.11.0 _Wheezy_ - Official i386 CD Binary-1 20160605-16:15'
```

예제 8-5

예제 8-5와 같은 내용이 나타나면 나노 편집기를 이용해 저장소를 열고 해당 내용이
있는 부분을 주석 처리한 뒤 업데이트를 진행하고 다시 예제 8-4를 진행한다. 주석 처
리한 저장소는 예제 8-6과 같다.

```
root@debian:~# cat /etc/apt/sources.list
#

# deb cdrom:[Debian GNU/Linux 7.11.0 _Wheezy_ - Official i386 CD Binary-1
20160605-16:15]/ wheezy main

#deb cdrom:[Debian GNU/Linux 7.11.0 _Wheezy_ - Official i386 CD Binary-1
20160605-16:15]/ wheezy main

이하 생략

root@debian:~# apt-get clean
root@debian:~# apt-get update

기존 http://ftp.daum.net wheezy Release.gpg
기존 http://ftp.daum.net wheezy-updates Release.gpg
기존 http://ftp.daum.net wheezy Release
기존 http://ftp.daum.net wheezy-updates Release
기존 http://security.debian.org wheezy/updates Release.gpg
기존 http://ftp.daum.net wheezy/main Sources
기존 http://ftp.daum.net wheezy/main i386 Packages
기존 http://ftp.daum.net wheezy/main Translation-ko
기존 http://ftp.daum.net wheezy/main Translation-en
기존 http://ftp.daum.net wheezy-updates/main Sources
기존 http://ftp.daum.net wheezy-updates/main i386 Packages/DiffIndex
```

```
기존 http://ftp.daum.net wheezy-updates/main Translation-en/DiffIndex
기존 http://security.debian.org wheezy/updates Release
기존 http://security.debian.org wheezy/updates/main Sources
기존 http://security.debian.org wheezy/updates/main i386 Packages
기존 http://security.debian.org wheezy/updates/main Translation-en
패키지 목록을 읽는 중입니다... 완료
```

예제 8-6

My-SQL 설치 중 그림 8-1, 그림 8-2와 같이 My-SQL 관리자 계정에 해당하는 비밀번호 설정 창이 나타난다. 적당한 비밀번호를 입력한다.

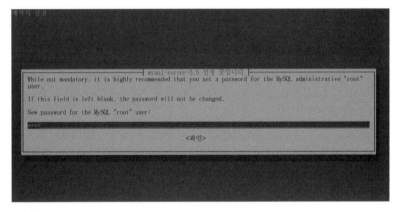

그림 8-1

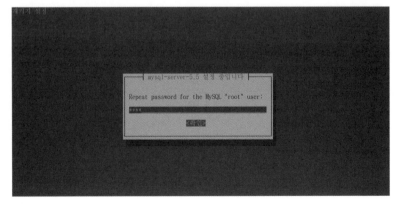

그림 8-2

194

다음으로 My-SQL 동작 여부를 예제 8-7과 같이 확인해본다.

```
root@debian:~# service mysql restart

[ ok ] Stopping MySQL database server: mysqld.
[ ok ] Starting MySQL database server: mysqld ..
[info] Checking for tables which need an upgrade, are corrupt or were
not closed cleanly..

root@debian:~# netstat -tanp | grep mysqld
tcp    0    0 127.0.0.1:3306      0.0.0.0:*    LISTEN    6503/mysqld
```

예제 8-7

예제 8-7과 같이 성공적으로 My-SQL 데몬이 올라왔다.

이제 그림 8-1에서와 같이 sysv-rc-conf 명령어를 통해 My-SQL 서버를 등록시킨 뒤 예제 8-8과 같이 My-SQL 서버에 접속해보자.

```
root@debian:~# mysql -u root -p

Enter password:
Welcome to the MySQL monitor.  Commands end with ; or \g.
Your MySQL connection id is 37
Server version: 5.5.53-0+deb7u1 (Debian)

Copyright (c) 2000, 2016, Oracle and/or its affiliates. All rights reserved.

Oracle is a registered trademark of Oracle Corporation and/or its
affiliates. Other names may be trademarks of their respective
owners.

Type 'help;' or '\h' for help. Type '\c' to clear the current input statement.
```

```
mysql> exit
Bye
```

예제 8-8

예제 8-8에서와 같이 mysql -u root -p 명령어를 입력하면 관리자 비밀번호를 묻는다. 올바르게 입력하면 비로소 My-SQL 서버에 접속할 수 있다. 종료 시 exit 명령어를 입력한다.

이제 APM의 마지막 단계인 PHP를 설치해보자.

```
root@debian:~# apt-get install php5 libapache2-mod-php5 php5-gd php5-mysql

패키지 목록을 읽는 중입니다... 완료
의존성 트리를 만드는 중입니다
상태 정보를 읽는 중입니다... 완료
다음 패키지를 더 설치할 것입니다:
apache2-mpm-prefork libonig2 libqdbm14 php5-cli php5-common
제안하는 패키지:
php-pear
다음 패키지를 지울 것입니다:
apache2-mpm-worker
다음 새 패키지를 설치할 것입니다:
apache2-mpm-prefork libapache2-mod-php5 libonig2 libqdbm14 php5 php5-cli
php5-common php5-gd php5-mysql
0개 업그레이드, 9개 새로 설치, 1개 제거 및 0개 업그레이드 안 함.
6,343 k바이트 아카이브를 받아야 합니다.
이 작업 후 19.0 M바이트의 디스크 공간을 더 사용하게 됩니다.
계속하시겠습니까 [Y/n]? y
```

예제 8-9

참고로 우분투 등에서는 다음과 같이 설정해야 설치할 수 있다는 것에 유의하자.

```
root@kali:~# apt-get install php libapache2-mod-php php-xml php-gd php-mysql

패키지 목록을 읽는 중입니다... 완료
의존성 트리를 만드는 중입니다
상태 정보를 읽는 중입니다... 완료
libapache2-mod-php is already the newest version (1:7.0+47).
libapache2-mod-php 패키지는 수동설치로 지정합니다.
php is already the newest version (1:7.0+47).
php 패키지는 수동설치로 지정합니다.
php-mysql is already the newest version (1:7.0+47).
php-mysql 패키지는 수동설치로 지정합니다.
The following additional packages will be installed:
php7.0-gd php7.0-xml
다음 새 패키지를 설치할 것입니다:
php-gd php-xml php7.0-gd php7.0-xml
0개 업그레이드, 4개 새로 설치, 0개 제거 및 0개 업그레이드 안 함.
157 k바이트 아카이브를 받아야 합니다.
이 작업 후 591 k바이트의 디스크 공간을 더 사용하게 됩니다.
계속하시겠습니까? [Y/n] y
```

다음으로 예제 8-10과 같이 작성한다.

```
root@debian:~# echo "<?php phpinfo();?>" > /var/www/phpinfo.php
```

예제 8-10

예제 8-10은 phpinfo.php 파일을 생성한 뒤 〈?php phpinfo();?〉라는 내용을 작
성하라는 의미다. 이로써 PHP가 아파치, My-SQL 등과 성공적으로 연동했는지의
여부를 확인해볼 수 있다. 이제 호스트 OS의 웹 브라우저 창에서 192.168.10.213/
phpinfo.php라고 입력해본다. 이때 띄어쓰기가 없어야 한다는 것에 유의하자.

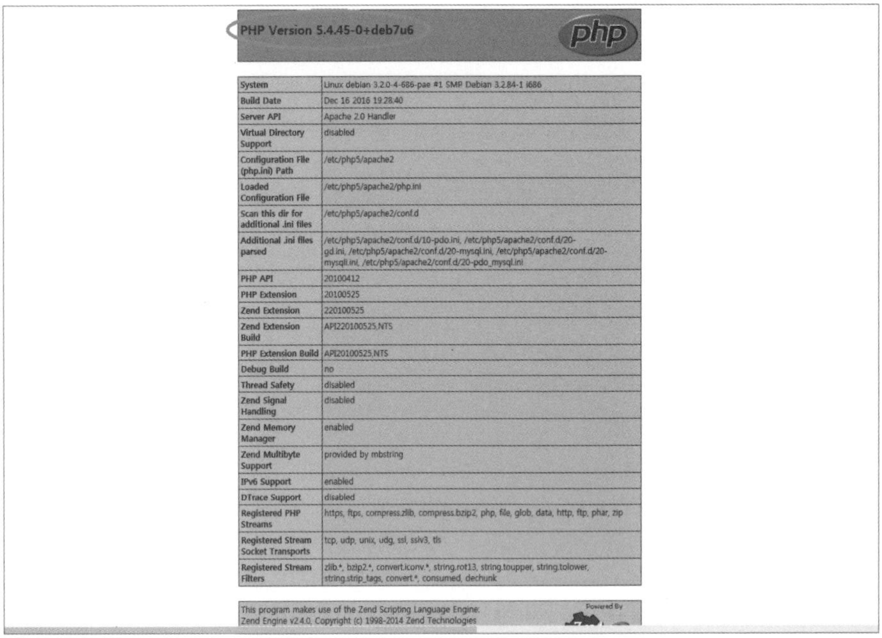

System	Linux debian 3.2.0-4-686-pae #1 SMP Debian 3.2.84-1 i686
Build Date	Dec 16 2016 19:28:40
Server API	Apache 2.0 Handler
Virtual Directory Support	disabled
Configuration File (php.ini) Path	/etc/php5/apache2
Loaded Configuration File	/etc/php5/apache2/php.ini
Scan this dir for additional .ini files	/etc/php5/apache2/conf.d
Additional .ini files parsed	/etc/php5/apache2/conf.d/10-pdo.ini, /etc/php5/apache2/conf.d/20-gd.ini, /etc/php5/apache2/conf.d/20-mysql.ini, /etc/php5/apache2/conf.d/20-mysqli.ini, /etc/php5/apache2/conf.d/20-pdo_mysql.ini
PHP API	20100412
PHP Extension	20100525
Zend Extension	220100525
Zend Extension Build	API220100525,NTS
PHP Extension Build	API20100525,NTS
Debug Build	no
Thread Safety	disabled
Zend Signal Handling	disabled
Zend Memory Manager	enabled
Zend Multibyte Support	provided by mbstring
IPv6 Support	enabled
DTrace Support	disabled
Registered PHP Streams	https, ftps, compress.zlib, compress.bzip2, php, file, glob, data, http, ftp, phar, zip
Registered Stream Socket Transports	tcp, udp, unix, udg, ssl, sslv3, tls
Registered Stream Filters	zlib.*, bzip2.*, convert.iconv.*, string.rot13, string.toupper, string.tolower, string.strip_tags, convert.*, consumed, dechunk

This program makes use of the Zend Scripting Language Engine:
Zend Engine v2.4.0, Copyright (c) 1998-2014 Zend Technologies

그림 8-3

그림 8-3과 같은 화면이 나타난다면 모든 설치를 성공적으로 마친 것이다.

아파치와 My-SQL에 대한 로그를 예제 8-11과 같이 설정하면 실시간으로 확인할 수 있다. 예제 5-18 등에서 설정했던 내용과 거의 같은 방식이기 때문에 이제는 어느 정도 익숙해졌을 것이다.

```
root@debian:~# cat /dev/null > /var/log/apache2/access.log
root@debian:~# cat /dev/null > /var/log/apache2/error.log
root@debian:~# cat /dev/null > /var/log/mysql.err
root@debian:~# cat /dev/null > /var/log/mysql.log

root@debian:~# tail -f /var/log/apache2/access.log &
[1] 8264
root@debian:~# tail -f /var/log/apache2/error.log &
[2] 8265
```

```
root@debian:~# tail -f /var/log/mysql.err &
[3] 8267
root@debian:~# tail -f /var/log/mysql.log &
[4] 8268
```

예제 8-11

예제 8-2에서 구성 내역 사본을 준비한 것처럼 My-SQL과 PHP도 설정 변경을 대비해 예제 8-12와 같이 각각의 사본을 준비한다.

```
root@debian:~# cp /etc/mysql/my.cnf /root/
root@debian:~# cp /etc/php5/apache2/php.ini /root/
```

예제 8-12

한편 예제 8-2의 apache2.conf 파일, 예제 8-12의 my.cnf 파일, php.ini 파일은 아주 중요한 내용인 만큼, 중반 이후에 보안 설정을 다룰 때 다시 설명한다.

끝으로 칼리 운영체제를 통해 데비안 서버를 포트 스캔해보자.

```
root@kali:~# nmap 192.168.10.213 -p 21,53,80,3306 -sT -sV -O

Starting Nmap 7.40 ( https://nmap.org ) at 2017-01-09 19:38 KST
192.168.10.220 - - [09/Jan/2017:19:34:25 +0900] "GET / HTTP/1.0" 200 454 "-" "-"

192.168.10.220 - - [09/Jan/2017:19:34:31 +0900] "GET / HTTP/1.0" 200 454 "-" "-"
                        192.168.10.220 - - [09/Jan/2017:19:34:31 +0900] "GET
/ HTTP/1.1" 200 461 "-" "-"
   Nmap scan report for 192.168.10.213
Host is up (0.00046s latency).
PORT    STATE  SERVICE VERSION
21/tcp  open   ftp     vsftpd 2.3.5
53/tcp  open   domain
80/tcp  open   http    Apache httpd 2.2.22 ((Debian))
```

```
3306/tcp open  mysql    MySQL 5.6.30-1

이하 생략
```

예제 8-13

예제 8-13에서 보는 바와 같이 데비안에는 아파치 2.2 버전과 My-SQL 5.6 버전이
구동 중임을 알 수 있다.

이상으로 HTTP 서비스 구축을 마무리한다.

9

Samba 서비스 구축

삼바samba는 여타 서비스와 달리 TCP/IP 응용 계층의 표준 프로토콜이 아니다. 삼바는 윈도우 운영체제에서 리눅스 기반의 운영체제에 접속해 디렉터리나 프린터를 공유할 수 있도록 해주는 프로그램이다. 다시 말해 리눅스 기반의 운영체제와 윈도우 기반의 운영체제 사이에서 디렉터리와 프린터 등이 공유 가능하도록 구현해주는 프로그램이다. 삼바는 TCP 방식에 기반을 두고 포트 번호 139번과 445번 등을 사용한다.

이 책에서는 데비안을 삼바 서버로 설정해 윈도우 운영체제에서 데비안의 tmp 디렉터리로 접근할 수 있는 환경을 구성해본다.

예제 9-1과 같은 순서에 따라 설치해보자.

```
root@debian:~# rdate -s time.bora.net

root@debian:~# apt-get install samba smbclient cifs-utils
```

```
이하 생략

root@debian:~# smbd --version

Version 3.6.6

root@debian:~# cp /etc/samba/smb.conf /root/
```

예제 9-1

예제 9-1에서와 같이 삼바 버전은 3.6이다. smb.conf 파일의 사본까지 준비했으면
예제 9-2와 같이 설정한다. cat 명령어의 > 속성을 이용해 편집해보자.

```
root@debian:~# cat > /etc/samba/smb.conf

[global]

workgroup = WORKGROUP
server string = Samba Server %v
netbios name = debian
security = user
map to guest = bad user
dns proxy = no

[anonymous]

path = /tmp/
browsable =yes
writable = yes
guest ok = yes
read only = no
^C
```

예제 9-2

예제 9-2의 설정 내용은 삼바 설정 표준에 해당한다. 그런 만큼 정확하게 작성해야 한다. 설정 내용을 통해 짐작했겠지만, [anonymous] 항목을 설정한 뒤 path = /tmp/처럼 경로를 지정했다. [anonymous] 항목의 세부 설정을 잘 보면 알겠지만, 모든 접근 권한을 부여한 상태다.

다음으로 예제 9-3과 같이 삼바 구성 상태를 점검한다.

```
root@debian:~# testparm

Load smb config files from /etc/samba/smb.conf
rlimit_max: increasing rlimit_max (1024) to minimum Windows limit (16384)
Processing section "[anonymous]"
Loaded services file OK.
Server role: ROLE_STANDALONE
Press enter to see a dump of your service definitions

[global]
      server string = Samba Server %v
      map to guest = Bad User
      dns proxy = No
      idmap config * : backend = tdb

[anonymous]
      path = /tmp/
      read only = No
      guest ok = Yes
```

예제 9-3

예제 9-3과 같은 출력을 볼 수 있다면 모든 부분이 정상이다.

다음으로 방화벽 설정 등을 해제하고 삼바를 다시 구동한 뒤 데몬 상태 등을 확인한다.

```
root@debian:~# IPTables -F && IPTables -L

이하 생략

root@debian:~# service samba restart

[ ok ] Stopping Samba daemons: nmbd smbd.
[ ok ] Starting Samba daemons: nmbd smbd.

root@debian:~# netstat -tanp | grep smbd
tcp      0    0 0.0.0.0:139      0.0.0.0:*      LISTEN      4792/smbd
tcp      0    0 0.0.0.0:445      0.0.0.0:*      LISTEN      4792/smbd
tcp6     0    0 :::139           :::*           LISTEN      4792/smbd
tcp6     0    0 :::445           :::*           LISTEN      4792/smbd
```

예제 9-4

예제 9-4에서와 같이 service samba restart 명령어를 통해 재시작한 뒤 삼바 데몬을 확인해보면 139번과 445번이 올라온 것을 볼 수 있다. 우분투 등에서는 삼바를 재시작할 경우 service smbd restart 명령어를 입력해야 한다.

이제 윈도우 운영체제를 사용하는 호스트 OS에서 실행 창을 실행한 뒤 예제 9-5와 함께 입력하면 데비안의 tmp 디렉터리에 바로 진입할 수 있다.

```
\\192.168.10.213
```

예제 9-5

예제 9-5와 같이 진입하면 데비안의 tmp 디렉터리에 있는 임시 파일들을 볼 수 있을 것이다. 해당 디렉터리의 파일 접근 권한에 따라 복사와 이동이 가능하다.

윈도우에서 데비안으로 진입한 상태를 확인하기 위해 예제 9-6처럼 smbstatus 명령어를 입력한다.

```
root@debian:~# smbstatus

Samba version 3.6.6
PID             Username        Group           Machine
----------------------------------------------------------------


Service         pid             machine         Connected at
----------------------------------------------------------------

anonymous       4879                            python-pc       Tue Jan 10 10:01:13 2017
IPC$            4879                            python-pc       Tue Jan 10 10:01:11 2017

이하 생략
```

예제 9-6

예제 9-6에서 python-pc란, 게스트 OS의 이름을 의미한다.

이로써 익명에 의한 삼바 공유를 마치고 이제는 특정 사용자에게만 접근을 허용하도록 설정해보자. 여기서는 odj 계정 사용자가 윈도우 운영체제를 통해 데비안의 /home/odj/ 디렉터리에 접근하도록 설정해본다.

먼저 예제 9-7과 같이 /home/odj/ 디렉터리에 몇 가지 빈 파일을 생성한다.

```
root@debian:~# cd /home/odj/

root@debian:/home/odj# touch debian.txt kali.txt xubuntu.txt backbox.txt

root@debian:/home/odj# chmod 777 *.txt
```

예제 9-7

다음으로 예제 9-8과 같이 수정한다.

```
root@debian:~# cat /etc/samba/smb.conf
```

```
[global]

workgroup = WORKGROUP
server string = Samba Server %v
netbios name = debian
security = user
map to guest = bad user
dns proxy = no

[homes]

path = /home/odj/
browseable = yes
writable = yes
guest ok = no
read only = yes
```

예제 9-8

예제 9-2와 예제 9-8에서 [global] 항목을 제외하고 남은 내용을 비교해보면 차이점
을 금방 알 수 있을 것이다. 표 9-1에서 차이점을 정리한 것이다.

수정 전(예제 9-2)	수정 후(예제 9-8)
Anonymous	homes
path = /tmp/	path = /home/odj/
guest ok = yes	guest ok = no

표 9-1

다음으로 삼바에서 사용할 비밀번호를 예제 9-9와 같이 설정한 뒤 삼바 데몬을 다시
시작한다.

```
root@debian:~# smbpasswd -a odj
```

```
New SMB password:
Retype new SMB password:
Added user odj.

root@debian:~# service samba restart

[ ok ] Stopping Samba daemons: nmbd smbd.
[ ok ] Starting Samba daemons: nmbd smbd.
```

예제 9-9

이제 예제 9-10과 같이 접속한다. 예제 9-5와 달리 odj 계정이 있어야 한다는 것에
유의하자.

```
\\192.168.10.213\odj
```

예제 9-10

접속에 성공하면 인증 창이 나타난다. 익명 접속이 아니기 때문이다. 이제 예제 9-9
에서 생성한 계정과 비밀번호를 입력하면 /home/odj/ 디렉터리에 진입할 수 있다.

아울러 삼바 서비스의 실시간 로그 출력 설정은 예제 9-11과 같다.

```
root@debian:~# cat /dev/null > /var/log/samba/log.smbd

root@debian:~# cat /var/log/samba/log.smbd

root@debian:~# tail -f /var/log/samba/log.smbd &
[1] 5175
```

예제 9-11

끝으로 데비안 삼바 서버의 포트 번호 상태를 확인해보자. 이번에는 칼리 운영체제를
통한 점검이 아니라 데비안에 NMap 도구를 직접 설치해 점검해본다. 서비스 운영 시

자주 사용하는 도구인 만큼 가급적 설치해 필요할 때마다 활용하자. 설치 방법은 예제 9-12와 같다.

```
root@debian:~# apt-get install nmap
```

예제 9-12

점검 결과는 예제 9-13과 같다.

```
root@debian:~# nmap 127.0.0.1 -p 139,445 -sT -sV -O

Starting Nmap 6.00 ( http://nmap.org ) at 2017-01-10 10:35 KST
[2017/01/10 10:36:08.068131, 0] smbd/process.c:244(read_packet_remainder)
  read_fd_with_timeout failed for client 127.0.0.1 read error = NT_STATUS_END_
OF_FILE.
Nmap scan report for localhost (127.0.0.1)
Host is up (0.000048s latency).

PORT    STATE SERVICE    VERSION
139/tcp open  netbios-ssn Samba smbd 3.X (workgroup: WORKGROUP)
445/tcp open  netbios-ssn Samba smbd 3.X (workgroup: WORKGROUP)

이하 생략
```

예제 9-13

이상으로 Samba 서비스 구축을 마무리한다.

10

로그 파일

시스템 관리자의 임무는 자신이 관리하는 시스템에 장애가 생기지 않게 안정적으로 운영하는 일이다. 각종 침해 사고가 생기지 않도록 최신 보안 동향도 잘 파악해야 하고, 신규 출시된 deb 패키지나 보안 패치를 설치해 서버가 항상성을 지니도록 힘써야 한다. 회사와 고객의 첫 번째 접점인 웹 서버에서 비즈니스 기회가 중단되지 않고, 지속되도록 서버 운영에 만전을 기하는 임무도 수행한다.

인터넷 쇼핑몰 업체의 시스템 다운은 곧 회사의 심각한 손해로 이어진다. 2017년 3월 롯데 인터넷 면세점은 중국발 디페이스 공격에 3시간 동안 홈페이지의 운영이 중단되면서 약 5억 원 수준의 손해를 본 걸로 추정된다. 아시아나 항공도 DNS 등록 대행업체의 취약점으로 인해 핵티비즘 사이트로 디페이스되면서 국제 항공사로서의 신뢰도에 큰 데미지를 입었다.

국내 은행 사이트는 하루에 100만 여 건 이상 들어오는 해킹 공격을 방어하고 있다. 아무리 최신 보안 장비가 넘쳐나도 침입 차단 및 관제 인력은 언제나 부족하다. 고양이 손이라도 빌리고 싶을 정도다. 침해 사고를 미연에 방지하기 위해 협력 기업들도 같이 노력한다. 만에 하나 침해 사고가 발생하면 시스템 전문가, 보안 전문가, 협력 업체의 경험이 풍부한 전설의 노장 엔지니어들까지 가장 먼저 찾아보는 건 바로 로그 파일이다.

그림 10-1의 스팸차단 서버 하나에 저장되는 로그 종류만 보더라도 정상 메일 로그, 차단 메일 로그, 랜섬웨어 탐지 로그, 수신 거부 로그, 바이러스 메일 로그, 웹 어드민 접속 로그까지 다양한 로그들을 저장한다. 용량 때문에 무한정 저장은 하지 않고, 보통 90일 ~ 6개월 정도의 운영 기간을 정해 저장한다.

시스템 관리자는 혹시 장애가 발생하면 로그 파일이 원인 분석에 필요하다는 걸 잘 알고 있다. 하지만 방대한 로그 파일의 종류와 무시무시한 용량에 치어 무슨 내용이 담겼는지 쳐다보는 것조차 싫어지고, 한 줄 한 줄 로그를 들여다 보지 못하고 건성으로 대충대충 훑어보다 보니 분석 자체도 쉽지 않다. 로그 파일은 전산실 담당자에겐 최대 애물단지다.

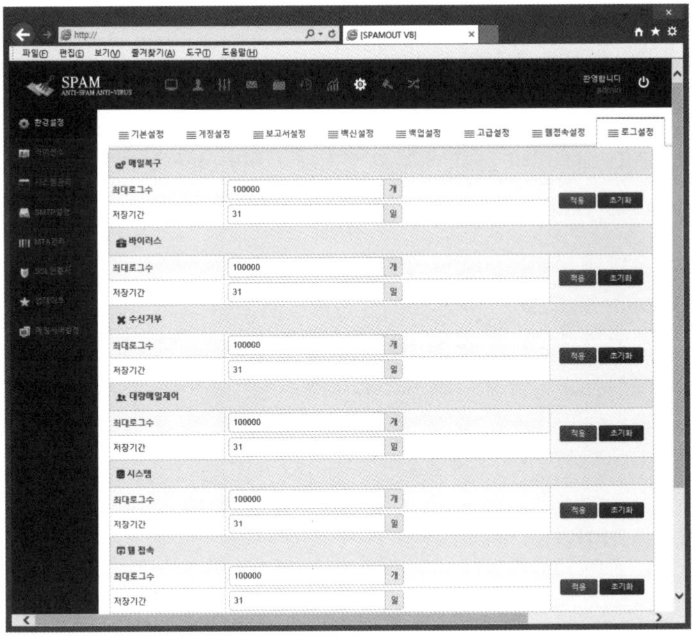

그림 10-1

로그 파일은 서버 사용자의 행동을 전부 기록하는 특성이 있다. 해커가 불법 침입 과정에 어떠한 파일을 만들고 숨겨놓았는지, 어떤 명령어를 사용했는지가 다양한 로그 파일들에 실시간으로 기록된다. 해커도 이 점을 잘 알기에 해킹 행위가 담긴 로그 파일들을 전부 삭제하고 도주하기도 한다.

```
root@debian:/home/tiger# cp dev/null > /var/log/mail/smtp.log
해당 smtp.log 로그 파일을 0 바이트로 만든다
```

예제 10-1

null copy 방법은 mail 서버에서 보내는 메일을 기록하는 smtp.log 파일을 단순 0바이트로 만든다. 해커가 메일 첨부 파일을 통해 무언가 빼돌리려 했던 증거물인 메일 송신 기록을 아예 없애 버리려는 시도다. 0바이트로 표시되어 있더라도 디스크에 물리적인 용량은 아직 남아 있기 때문에 진짜 0바이트로 만들려면 해당 메일 서버의 프로세스가 한 번 내려갔다가 올라와야 된다. 시스템 관리자들은 rm -rf 명령어로 파일을 지우는 것보다 편리하다는 이유로 null copy 방법을 많이 사용한다.

다음은 메일 서버 로그 일부다. 메일 로그에 기록된 한 줄을 통해서도 64.104.xxx로 시작하는 다른 네트워크 대역에서 생긴 이상 여부까지 눈치챌 수 있다.

```
2007/07/10/07:19:27 64.104.234.4 8865 192.168.110.33 25
VIRUS SWEN.A Worm detected

2007/07/10/07:18:55 64.104.234.4 8865 192.168.110.33 25
VIRUS SWEN.A Worm detected
```

mail.log의 일부

mail.log 파일에 남은 "VIRUS SWEN.A Worm…"이라는 문장 덕분에 64.104.234.4라는 공격 IP 대역은 지금 웜 바이러스가 돌면서 해당 엔드포인트 PC들이 감염돼 있고, 네트워크 대역으로 웜 바이러스가 첨부된 스팸 메일을 무차별로 보내고 있다는 사실을 관리자가 바로 알아챘다.

데비안 리눅스 dmesg 파일 맨 뒷부분에서 읽어낸 파일 시스템 관련 메시지 로그들은 리눅스의 EXT3 파일 시스템에 e2fsck 명령어로 시스템 체크를 해야 할 시간이 도래했음을 짐작할 수 있다.

```
EXT3-fs warning: checktime reached, running e2fsck is recommended
EXT3 FS on cciss/c0d1p1, internal journal
EXT3-fs: mounted filesystem with ordered data mode.
kjournald starting. Commit interval 5 seconds
EXT3-fs warning: checktime reached, running e2fsck is recommended
EXT3 FS on cciss/c0d2p1, internal journal
EXT3-fs: mounted filesystem with ordered data mode.
```

dmesg 로그의 일부

시스템 관리자는 위 몇줄의 로그만 보고도 저널링 시스템 오류를 알아채고, 명령어로 EXT3 파일 시스템 저널링 오류를 수리한 뒤 파일 시스템을 정상화시킬수 있는 힌트를 제공한다.

```
# e2fsck -j ext3 /dev/cciss/c0d1p1
```

EXT3 저널링 오류 수리하기

통합 로그 및 ESM 시스템

상용으로 판매하는 로그 저장 제품 중에는 "통합 로그 저장 시스템"이 있다. 이는 별도의 원격 하드웨어 장비에 여러 대 웹 서버, DB 서버 등에서 생성되는 로그를 옮겨 저장하면서 절대로 지워지지 않게 처리하는 제품으로, 관공서에서 특히 많이 사용한다.

아무리 실력이 좋은 해커라도 원격 장비에 지워지지 않게 저장해둔 로그라면 꼼짝 못할 증거가 되고, 지워지지 않게 처리해둔 덕분에 사이버 포렌식 수사관들의 훌륭한 참고 자료가 된다. 여러 대의 서버들과 보안 장비로부터 로그 파일들을 전부 모아 저장해두기 때문에 나중에 통합 분석 용도로도 쓸 수 있다. 해커들이 설 자리가 점점 좁아지고 있는 것이다.

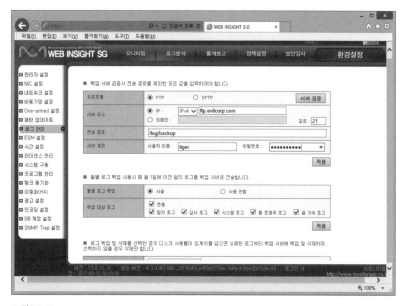

그림 10-2

그림 10-2에서는 ftp.evilcorp.com이라는 FTP 서버에 유저명 tiger, 21번 포트로 접속하도록 설정했다. 월별 로그 백업은 탐지 로그, 감사 로그, 시스템 로그, 웹 트래픽 로그, 웹 가속 로그를 선택해 월 단위로 저장한다. 장비 내부의 저장 디스크가 용량이 부족해지는 임계치(보통 80% 정도)에 도달하면 오래된 로그부터 순차적으로 지워진다.

주로 로그 파일을 FTP, SFTP 프로토콜을 사용하는 스토리지 저장 장치로 넘겨준다. SFTP^{SecureFTP}는 22번 포트를 사용하는 sshd 서비스라서 21번 포트를 쓰는 FTP와 포트가 다르니 포트 설정 부분을 주의한다.

모니터랩 사의 WebInsightSG 웹 방화벽 장비에 내장된 로그 관리 기능 가운데 로그 백업 서버를 설정하는 부분을 보고 있다. 앞의 5장에서 vsFTP 서버를 구축하는 방법을 실습했으므로 이번에는 데비안 리눅스로 FTP 저장 서버를 임시로 1대 구축해 /log/backup이란 특정 디렉터리에 웹 방화벽 로그가 계속 쌓이도록 설정 작업을 해보자.

ESM^{Enterprise Security Management} 장비에서 UDP 포트를 통해 방화벽, 침입 방지^{IPS}, 침입 탐지^{IDS} 등 다양한 보안 장비들이 가진 로그와 이벤트들을 하나로 모은다. 로그 파일 포맷은 매우 다양하므로 ESM 보안 장비에서 공통적으로 사용하는 포맷들만 취사선택해서 보낼 수 있도록 로그 관리 기능을 제작해야 한다. 그림 10-3은 탐지 시간, 탐지 유형, 클라이언트 IP, 클라이언트 포트, 서버 IP, 서버 포트, 탐지 근거만 내보내는 모습을 나타낸 것이다.

ESM은 원격 관제 + 통합 보안 관리 + 로그 분석을 담당하므로 여러 대의 각각 다른 보안 장비들의 로그 파일들을 따로따로 들여다볼 필요 없이 ESM 장비 한군데에서 볼 수 있어서 통합 모니터링의 이점이 가장 크다. 불법 시스템 침입 등 특수 이벤트가 발생하면 경보가 울리도록 설정하기도 한다.

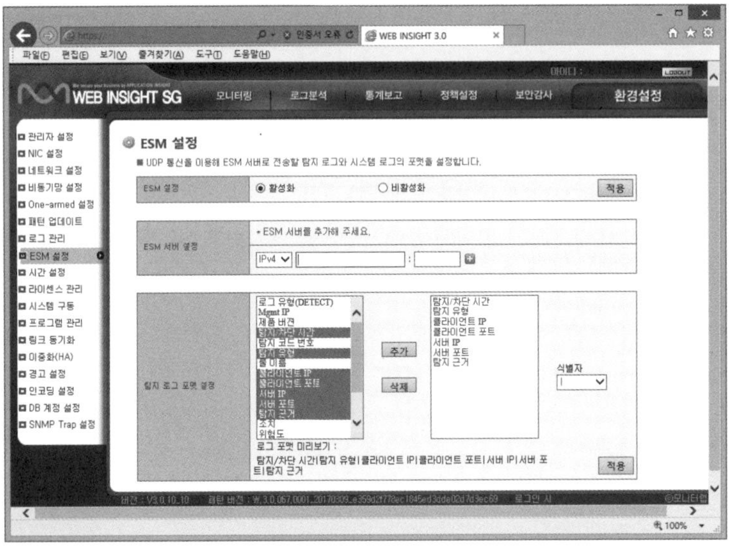

그림 10-3

구글 검색봇의 로그 위협

구글 검색봇의 강제 침입은 활성화된 서버인지, 지하실 구석에 처박혀 잊혀진 서버인지 가리지 않는다. 랜 카드만 연결돼 있으면 국방 기관의 백신 배포 서버까지 구글 검색봇이 치고 들어가는 세상이다. robots.txt 파일을 만들어 항상 구글 검색봇을 막아두길 권장한다.

은행 웹 서버는 인터넷 뱅킹 이체 거래 이용자의 행위를 데이터베이스에 일일이 기록하지만, 로그 파일로도 기록해 놓는다. 은행은 온라인 서비스 이용자가 VPN을 이용한 접속인지, 외국에서 국내 사용자로 IP를 위장한 사용자인지, 접속한 PC의 MAC 주소가 진짜인지까지 이상 금융 거래 탐지 시스템[FDS]을 통해 전부 파악하고 있다.

로그 파일에는 고객의 아이디, 패스워드, 계좌, 보안카드의 비밀번호까지 전부 기록돼 남아 있기 때문에 은행 내부에서도 해당 로그 파일을 볼 수 있는 사람은 CTO 및 IT 부서 등 몇 명으로 제한된다. 하지만 실수로 구글 검색봇에게 웹 서버의 로그 파일이 저장되는 디렉터리의 접근 권한을 통째로 안겨주면 어떤 일이 벌어질까?

민감한 정보들이 구글 데이터베이스에 일단 저장됨과 동시에 데이터베이스에서 절대로 지워지지 않는다. 구글 본사에 검색 결과를 지워달라는 삭제 요청을 여러 번 하지 않는 한, 구글 데이터베이스에 남아 하드디스크의 마그네틱이 열화될 때까지 전 지구인들에게 쉬지 않고 노출 서비스를 제공한다. 다음 링크의 WS_FTP 클라이언트 전송 기록이 좋은 예다. 아마도 이 WS_FTP 프로그램을 사용한 사람은 단 한 번 은행 개발 서버에 ActiveX cab 파일을 전송하면서 FTP 클라이언트가 전송 로그 파일을 만들어 저장해두는지, 구글 검색봇이 이 파일의 저장 위치를 들고 가서 데이터베이스화해 놓는지 지금까지 까맣게 몰랐을 거라고 추측한다.

단 한 번 cab 파일을 테스트 서버로 전송하고 오랜 시간이 흘렀지만, WS_FTP.LOG 파일은 아직도 OO은행 웹 서버 로그에서 지워지지 않고, 계속 존재감을 과시한다.

cab 파일이 전송된 해당 서버 IP는 개발용 테스트 웹 서버로 보이는데, 개발 서버라고 해서 구글 검색봇의 위협에서 자유로울 수는 없다.

```
102.10.10 15:41 B C:\GAUCE_Install\업체관리\OO은행\Component\
NewPacket(OO은행)\cabfiles\toinbbind.cab
--> 172.16.1.220 /gibs/web/ibank/webapp/jsp/gauce/gauceocx toinbbind.cab
102.10.10 15:41 B C:\GAUCE_Install\업체관리\OO은행
```

WS_FTP.LOG의 유출

나는 구글 코리아에서 회사의 robots.txt의 구글 검색봇 차단을 풀어달라는 전화까지 받았지만, 유출되면 되돌리기 힘든 검색봇의 무서움을 아는 터라 사이트의 웹 페이지 자료 검색이 잘되는 것보단 개인정보보호가 더 강화되는 쪽에 더 마음을 쏟을 수밖에 없었다.

두 번째 사례는 구글 검색 창에서 단순히 웹 서버에 저장된 로그 파일을 한정해서 검색한 내용이다. 두 가지 모두 테스트해보면 놀랄 만한 결과가 나타난다.

```
카드    filetype:log
card   filetype:log
```

구글사이트에서 키워드 검색

OO기업의 콜 센터가 목록에 나오는데 국민카드, 외환카드, 현대카드 등의 카드번호 와 사업자등록번호 등이 구글 데이터베이스에 저장된 로그 파일에서 여과 없이 전부 노출된다.

개인정보보호 때문에 카드번호 마지막 네 자리는 XXXX로 처리했다.

0311-101628 - 28125 - H09423BAGS37EdhD - MSG : PG_서버_응답_수신_정상
0311-101628 - 28125 - H09423BAGS37EdhD - MSG : TX_ENDED - res=(res_
cd=0000 res_msg=정상처리 card_cd=CCKM card_name=국민카드 acqu_
cd=CCKM acqu_name=국민카드 card_no=540947010000XXXX mcht_
taxno=1138521083 mall_taxno=1321562404-
tno=20090311462528 amount=20500 escw_yn=N van_cd=VNKC app_
time=20090311101627-van_apptime=20090311101627 app_
no=30020785 bizx_numb=00013219101 quota=00 noinf=N-pg_txid=031
1101627MP01CJRD0CSY000000205000030020785 join_cd=0000)

0311-152500 - 24258 - H09423BFOn9fAjcR - MSG : TX_START - site_
cd=(H0942)+tx_cd=(00100000)+ordr_idxx=(0903110002)+log_level=(3)
0311-152500 - 24258 - H09423BFOn9fAjcR - MSG : PG_서버_접속_정상
0311-152500 - 24258 - H09423BFOn9fAjcR - MSG : PG_서버_요청_전문_
전송_정상
0311-152504 - 24258 - H09423BFOn9fAjcR - MSG : PG_서버_응답_전문_
수신_정상
0311-152504 - 24258 - H09423BFOn9fAjcR - MSG : TX_ENDED - res=(res_
cd=0000 res_msg=정상처리 card_cd=CCKE card_name=외환카드 acqu_
cd=CCKE acqu_name=**외환카드-card_no=411904420000XXXX** mcht_
taxno=1138521083 mall_taxno=1321562404-
tno=20090311513253 amount=20500 escw_yn=N van_cd=VNCS app_
time=20090311152459-van_apptime=20090311152459 app_
no=01248002 bizx_numb=00909776395 quota=00 noinf=N-pg_txid=031
1152459MP01CBRO14GP0000000000001248002 join_cd=0000)
0311-191136 - 18408 - H09423BJBW807dOf - MSG : TX_START - site_
cd=(H0942)+tx_cd=(00100000)+ordr_idxx=(0903110003)+log_level=(3)
0311-191136 - 18408 - H09423BJBW807dOf - MSG : PG_서버_접속_정상
0311-191136 - 18408 - H09423BJBW807dOf - MSG : PG_서버_요청_전문_
전송_정상
0311-191139 - 18408 - H09423BJBW807dOf - MSG : PG_서버_응답_전문_
수신_정상

0311-191139 - 18408 - H09423BJBW807dOf - MSG : TX_ENDED - res={res_
cd=0000 res_msg=정상처리 card_cd=CCDI card_name=현대카드 acqu_
cd=CCDI acqu_name=현대카드-card_no=402857050000XXXX mcht_
taxno=1138521083 mall_taxno=1321562404-
tno=20090311558789 amount=92000 escw_yn=N van_cd=VNCS app_
time=20090311191134-van_apptime=20090311191134 app_
no=00289033 bizx_numb=103452513 quota=03 noinf=Y-pg_txid=03111
91134MP01CJRW4IED0000000920300289033 join_cd=0000}

카드 filetype: *.log 키워드로 노출된 로그 파일

세 번째는 C 신발 쇼핑몰이다. 상단 우측에 한국 지부가 나오는데, 이 사이트를 개발한 웹 소프트웨어 개발자는 정말 큰일을 낼 사람이다. Apache 서버의 로그 레벨을 너무 낮춰 놓아 [DEBUG] 라고 표시되는 웹 개발 도중에나 봐야 할 각종 디버그 정보를 웹 서버의 로그 파일에 처음부터 끝까지 일일이 다 찍어 놓았다. 거기다 검색로봇에 노출까지 시켰다. 이건 명백히 서버 관리자의 설정상 실수다. Apache.conf 파일에 LogLevel을 debug로 지정해둔 탓이 크다. 그러면 로그 파일 노출이라도 잘 막아 놓아야 하는데, 구글 검색봇이 민감한 개인정보가 표시된 로그 파일을 전부 퍼갈 수 있게 검색봇을 차단하지도 않고, 대문을 활짝 열어 놓았다. 보안이 전혀 준비되지 않은 중소 규모 쇼핑몰 사이트는 카드 결제를 이용하기가 사실 겁난다. 예제에서 민감한 개인정보들은 임의로 삭제했다.

INSERT INTO ppay_return으로 시작하는 SQL 쿼리문이 그대로 로그 파일에 찍혀 나온다. 지불 관련 데이터베이스 구조와 필드 이름까지 로그 파일을 통해 정보를 알 수 있게 만들어 놓아서 칼리 리눅스 공격 도구인 Sqlmap 공격 한 번이면 언제든 사이트가 뚫려도 전혀 놀랍지 않을 정도로 심각한 데이터베이스 보안 허점을 가진 사이트다.

{¨LGD_RESPCODE¨:¨C111¨,¨LGD_RESPMSG¨:¨보안 카드 입력 오류 횟수 3회 초과
¨LGD_PAYDATE¨:¨20150917145512¨,¨LGD_PRODUCTINFO¨:¨구두¨,
¨LGD_PRODUCTCODE¨:¨¨,¨LGD_HASHDATA¨:¨d0a949414b82d9cb4f78e706ab3f
2162¨,¨LGD_BUYERADDRESS¨:¨¨,¨LGD_RECEIVER¨:¨¨,¨LGD_RESPCODE¨:¨C111

20160510 110748 PPAY insert kv : insert into ppay_return (`Psys_shopid`,
`Psys_order_no`,`Psys_resultcode`,`Psys_resultdate`,`Psys_pmember_id`,
`Psys_resultmsg`,`Psys_approvalno`,`Psys_**totalamt**`,`Psys_shopingmall_order_
no`input_date`) values ('ufound','ufound2016051011055451','0434','','lim','카드
코드 조회 오류입니다. OO으로 연락하시기 바랍니다.','','28000','','','', NOW())

로그 파일에서 쿼리문의 유출

네 번째로 apache hadoop으로 만들어진 빅데이터 사이트의 로그 디렉터리들도 구
글 사이트에 모두 노출됐다. 이름부터 "빅데이터"라면 도대체 얼마나 많은 로그 파일
이 노출됐다는 의미인가? 기업에서는 중요한 로그 파일이 유출되지 않도록 매월 점검
해야 한다.

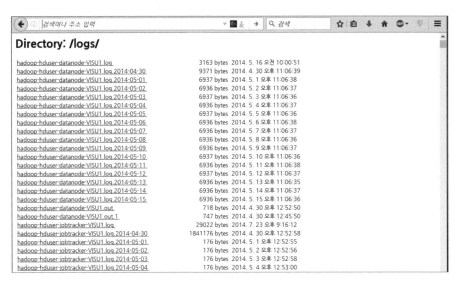

그림 10-4

예제 5-18에서 vsftpd.log 로그 파일의 맨 뒷부분을 실시간으로 확인하기 위해 tail -f 명령어를 실습해봤다. 보통 시스템 관리자가 메일 서버를 점검하는 경우, 여러 포털 계정들과 메일 송·수신 테스트도 한다. gmail.com이나 naver.com에서 송신한 메일을 받자마자 로그 리스트가 뜨기 때문에 tail -f는 실시간으로 파일의 내용을 확인해야 하는 경우에 많이 쓰이는 명령어다. 여기서도 ftp 서버의 로그를 실시간 확인하는 예제를 복습해본다.

```
root@debian:~# tail -f /var/log/vsftpd.log &
[1] 4982
```

예제 10-2

12장에서는 방화벽 기능의 IPTables를 세세하게 다루는데, 시스템 메시지와 방화벽 로그가 /var/log/messages 파일과 함께 뒤섞여 나타나면 추적 작업이 엄청 어려워진다.

그래서 messages 로그의 각 행 앞부분에 보기 쉽도록 prefix를 붙여주는 옵션이 미리 준비돼 있다. 여기서는 옵션 명령어 체계만 살펴보고, 실습은 12장에서 한다.

```
iptables -A INPUT -p icmp -j LOG —log-level 0   —log-prefix  PING-DROP:
```

로그 파일에 Log-prefix 붙이기

통합 로그란, 모아 놓아서 보기에 좋다는 의미이지, 분석까지 쉽다는 의미는 아니다. messages 파일에 이것 저것 닥치는 대로 합쳐버리면 들쭉날쭉한 로그 줄들이 오히려 보기에 번잡스럽다.

ufw^Uncomplicated FireWall에선 ufw logging on이란 간단한 명령으로 별도의 /var/log/ufw.log 파일에 방화벽 차단 로그가 저장되도록 한다. [UFW]라는 큰 접두사까지 앞에 붙여준다. 아직 ufw가 설치되지 않은 상태이기 때문에 실습은 12장에서 한다.

```
root@debian:/home/tiger# ufw  logging  on
Logging enabled
```

예제 10-3

Apache Error.log 파일

웹 서버 운영 중에 발생하는 에러들은 모두 이 파일에 모인다. Apache 웹 서버에는 php 스크립트 등 CGI 실행의 에러가 발생하면 일일이 기록하는 error.log 파일이 별도로 준비돼 있다.

다음 예제는 .conf 설정 파일 안에서 warning 이상의 로그 레벨들만 error.log 파일에 기록하게 설정한 Apache 설정 파일의 내용이다. 로그 레벨에는 debug, info, notice, warn, error, crit, alert, emerg 등이 있다.

```
ErrorLog  ${APACHE_LOG_DIR}/error.log
LogLevel warn
```

error.log 파일 로그 레벨

Apache2 웹 서버에서 CGI 에러가 발생해도 굳이 로그 파일에 저장하지 않겠다면 바로 /dev/null 장치로 보내도록 처리한다. 위 설정 파일 첫 줄 부분을 다음처럼 바꾸면 로그 파일이 일일이 따로 저장되지 않는다.

```
ErrorLog    /dev/null
```

error.log 파일에 저장하지 않기

로그 파일도 처음엔 크기가 작지만 몇 년간 데이터가 쌓이면서 로그 파일이 커질수록 웹 서버의 퍼포먼스를 급격히 떨어뜨린다. 몇 기가나 되는 커다란 로그 파일을 열고 기록하고 다시 파일을 닫는 과정에서 프로세스 및 서버 메모리가 많이 소모되고, 디스크 액세스 시간도 더 걸린다. 따라서 LogLevel error나 LogLevel warn 정도가 가장 적당하다.

debug 레벨은 앞의 C 신발 쇼핑몰 예제에서 본 것처럼 "보안 카드 입력 오류 횟수 3회 초과"라는 쓸데없는 정보들까지 로그 파일에 전부 기록한다. 서버 메모리와 디스크 리소스의 의미 없는 소모도 늘어나지만, 의도하지 않은 로그 파일의 유출 덕분에 "보안 불감증"이란 주홍글씨까지 이마에 아로새겨진다.

로그 레벨	로그 레벨의 의미
debug	서버에서 일어나는 행위 전부 기록
–	구글 검색봇에게 유출되면 아주 심각하다
notice	일반적인 메시지 레벨
warn	경고 레벨
error	에러 레벨
crit	크리티컬한 에러 레벨
Alert	경보 레벨
emerg	불안정한 시스템 긴급 상황

표 10-1

다음은 Apache 서버에서 사용하는 error.log의 일부분이다. $HTTP_RAW_POST_DATA는 중요도가 떨어져서 지금 php 5.6.XX대 버전에선 사용되지만, 나중에 php 7.X 버전에서는 아예 사라질 예정인 항목이다. 동일한 에러가 로그 파일에 계속 기록되지 않게 하려면 설정 값이 저장된 파일인 php.ini에서 'always_populate_raw_post_data' 항목을 찾아 −1로 변경할 것을 권고한다. 이렇게 로그 파일만 잘 읽고 분석해도 해결책들이 알아서 쏟아져 나온다.

```
(Fri Apr 15 00:47:00.653809 2016)
(:error) (pid 3344:tid 920)
(client 112.162.121.141:55817)
PHP Deprecated:  Automatically populating $HTTP_RAW_POST_DATA is
deprecated and will be removed in a future version.

To avoid this warning set 'always_populate_raw_post_data' to '-1' in php.ini and
use the php://input stream instead. in Unknown on line 0,
  referer: http://www.ooo.com/kboard/index.php?mid=Story1&document_
  srl=369824

(Fri Apr 15 00:47:26.113054 2016)
(:error) (pid 3344:tid 904)
(client 112.162.121.141:55819)
  referer: http://www.ooo.com/kboard/index.php?mid=Story1&document_
  srl=349825
```

Apache error.log일부

```
; Always populate the $HTTP_RAW_POST_DATA variable. PHP's default
behavior is
; to disable this feature and it will be removed in a future version.
; If post reading is disabled through enable_post_data_reading,
; $HTTP_RAW_POST_DATA is *NOT* populated.
; http://php.net/always-populate-raw-post-data
always_populate_raw_post_data = -1          // 이 부분을 변경한다.
;:;:;:;:;:;:;:;:;:;:;:;:;:;:;:;:;:;:;:;:;:;:;:;:;:;:;:;:;:;:;:;:;:;:;:;:;:;:;:;:;:;:;:;:;:;:;:;:;
; UNIX: "/path1:/path2"
;include_path = ".:/php/includes"
```

php.ini 설정 파일 일부

로그 분석으로 비즈니스 기회 확대하기

인터넷 다시 보기 방송을 운영하는 미디어 언론사라면 가장 접속이 잦은 TOP10 콘텐츠만 추려서 메인 페이지의 눈에 잘 보이는 위치에 배치하고, 방문객을 해당 콘텐츠 페이지로 유입되도록 유도한다. 더불어 배너 광고주에게는 인기 있는 영상 콘텐츠 페이지임을 어필하여 더 많은 광고 수익을 얻으려고 하는 전략이 숨어 있다.

페이스북에선 서버 유입 로고를 분석해 업로드된 유튜브 동영상 시청 행태 분석 자료를 제공해준다. 주요 사용자가 20대인지 40대인지, 접근한 나라가 미국인지 유럽인지, 동영상을 보기 위해 접속한 플랫폼이 안드로이드 7.0 Nougat인지 구형 4.4.4 킷캣인지, 접속 장치가 아이패드인지, 스마트TV인지 세세한 접속 정보들까지 전부 제공을 해준다. 어떻게 수집되는 정보이기에 이렇게 자세한지 처음엔 의아했지만, 서버에 한 번 접속하면 서버 로그에서 IP부터 스마트폰 기종, 웹 브라우저 버전까지 저장되는 로그 파일을 그냥 버리지 않고, 꼼꼼하게 분석해서 광고 매칭에 사용한다. 페이스북이 전 세계 1위의 광고 플랫폼으로 성장하게 된 비결 중 하나다.

```
14.55.192.92 - - (12/Mar/2017:07:30:25 +0900)
"GET /Eu/2017_3_8_18_20_HD_4.mp4?id=0 HTTP/1.1" 200 72952528 "-"
"Samsung SM-G710K stagefright/1.2 (Linux;Android 4.4.4)"

223.62.202.105 - - (12/Mar/2017:11:25:33 +0900)
"GET / s2017_1_7_8_15_HD.mp4?id=0 HTTP/1.1" 304 - "http://... /
archives/35155" "Mozilla/5.0 (iPhone; CPU iPhone OS 10_2_1 like Mac OS
X) AppleWebKit/602.4.6 (KHTML, like Gecko) Version/10.0 Mobile/14D27
Safari/602.1"

106.102.129.69 - - (13/Mar/2017:17:08:53 +0900)
"GET /Eu/2017_3_8_18_20_HD_1.mp4?id=0 HTTP/1.1" 206 1764156
"-" "Mozilla/5.0 (Linux; Android 6.0.1; LG-F700L Build/MMB29M; wv)
AppleWebKit/537.36 (KHTML, like Gecko) Version/4.0 Chrome/51.0.2704.81
Mobile Safari/537.36"
```

로그 파일의 각종 디바이스의 접속 기록

구글 애드센스도 사용자 쿠키 정보를 바탕으로 사용자가 관심 있어 하는 광고들만 추려 내 담벼락 옆에 노출하는 전략을 사용한다. 나는 컴퓨터나 태블릿 광고라면 한 번 더 눈여겨보겠지만, 화장품 광고나 유아용품에는 전혀 관심이 없다. 화장품 광고는 클릭할 일도 전혀 없다. 구글 애드센스는 이런 사용자의 움직임을 일일이 로그로 저장해서 분석한 결과를 바탕으로 웹 사이트나 블로그에 맞춤형 광고를 노출시켜 더 많은 수익을 얻는다. 구글 애드센스는 구글 검색, 지메일 등을 사용하는 도중 나에게 화장품 광고나 유아용품을 추천하는 일 따위 절대로 하지 않는다.

미국 월마트는 젊은 남성 가장들이 금요일 저녁 집에서 미식축구 경기를 보기 전, 6개들이 캔맥주와 아기 기저귀를 같이 구매한다는 걸 데이터베이스 분석 및 로그 분석을 통해 알아냈다. 아내는 남편에게 퇴근길에 캔맥주를 사면서 아기 기저귀도 같이 사오도록 시켰다. 이런 케이스가 전국적으로 계속 늘어나면 월마트가 로그 파일 분석을 통해 이런 귀중한 정보를 그냥 놓칠 리 없다.

두 가지를 묶음 상품으로 할인 출시해 메가 히트를 시켰다. 솔직히 이 둘은 묶음 상품으론 전혀 맞지 않는 억지 조합이라 볼 수 있다. 맥주라면 오징어 안주를 묶음 상품으로 묶는 게 일반 상식이다. 하지만 월마트는 로그 정보를 바탕으로 기저귀 5개 묶음이 아닌 20개 묶음으로 대체해서 제안한다. 남자들이야 6개들이 캔맥주를 고르다가 눈에 띈 묶음 상품이겠지만, 어차피 같이 사야 하는 물건이라면 가격이 좀 더 나가더라도 더 큰 부피의 20개 묶음 상품을 선택하게 된다.

결과적으로 월마트는 평소보다 4배 이상 더 많은 아기 기저귀를 판매하는 매출을 올린다. 목요일이 되면 월마트 물류 창고에서 전국 지점으로 아기 기저귀와 캔 맥주들이 더 많이 배송될 있도록 물류 정책까지 바꾸는 것이 바로 로그 분석 기법이다.

11

소유권과 허가권

FTP 서비스 설정에서 chmod 777 *.txt 처럼 적용했던 기억을 떠올려보자.

```
root@debian:/home/odj# chmod 777 *.txt
```

예제 11-1

데비안 리눅스에서는 하나의 생성된 파일에 대해 소유권과 허가권을 가지는데, [읽기], [쓰기], [실행]의 권한을 복합적으로 설정할 수 있다.

- 내가 매일 기록하는 일기장 파일은 오로지 나만 보고, 나만 기록하고, 나만 실행이 가능해야 한다.
- 개발팀의 업무일지는 내가 만들었지만, 소속 그룹 팀원도 같이 읽고, 쓰기가 가능해야 한다. 그러나 경비실 직원은 부서가 다르니 업무일지를 읽고 쓸 이유가 전혀 없다.

- 외부공고문이라면 데비안 시스템 사용자 누구나 읽기는 가능하지만, 내용이 변하지 않게 쓰기 권한만큼은 반드시 제한해야 한다.

데비안에서 생성된 하나의 파일에는 [파일 소유자의 읽기/쓰기/실행], [소속 그룹의 읽기/쓰기/실행], [기타 사용자의 읽기/쓰기/실행]으로 권한이 세분화된다.

파일의 소유자만 가능한 권한, 소속 그룹만 가능한 권한, 기타 사용자 권한으로 나눠지지만 유일하게 시스템 관리자만 시스템의 모든 권한을 다루는 막강한 슈퍼바이저 권한을 가진다.

하나의 파일에 사용자의 읽기/쓰기/실행 권한이 있을 때를 1로, 권한이 없을 때를 0으로, ON/OFF 형태의 2진수의 비트 값으로 처리한다고 생각하면 111, 110, 101, 100, 011, 001처럼 다양하게 권한을 정할 수 있다. 2진수는 각 자릿수가 4, 2, 1로 값이 설정되니 1이 있는 각 자리를 하나씩 더해보면, 다음처럼 사람이 보기 쉬운 10진수 숫자로 표시할 수 있다.

111 = 1*4+1*2+1*1 = 7
110 = 1*4+1*2+1*0 = 6
100 = 1*4+1*0+1*0 = 4
101 = 1*4+1*0+1*1 = 5

chmod 777 *.txt 는 root 사용자가 현재 디렉터리 내 모든 .txt 파일에 대해 시스템의 모든 사용자에게 읽기/쓰기/실행 권한을 강제 부여해준다는 의미다.

직관적으로 보면 일기장에는 700, 업무일지는 755나 750, 외부공고문은 644로 권한을 설정한다.

rwx------	일기장	111/000/000	700
rwxr-xr-x	업무일지	111/101/101	755
rw-r--r--	외부공고문	110/100/100	644

문서의 권한 설정

표 11-1은 chmod 750로 "공유업무일지"에 대한 권한을 세팅한 결과를 나타낸 것이다.

구분자	사용자			소속그룹			기타		
	r	w	x	r	w	x	r	w	X
기호	r	w	x	r	−	x	−	−	−
2진수	1	1	1	1	0	1	0	0	0
10진수	4	2	1	4	0	1	0	0	0
합계	7(4+2+1)			5(4+1)			0		

표 11-1

데비안 리눅스는 파일에 대한 허가권을 이용한 보안을 적용하지만, 리눅스 프로그램
은 메모리로 올라오면서 권한을 빌려 사용하는 일이 종종 생긴다. 특히 ping처럼 시스
템 관리 명령어나 root가 소유한 실행 파일(UID=0)이면, 2명 이상의 사용자가 동시에
사용하게 되면서 UID=0의 권한을 빌려 사용한다. 특히 root 소유의 권한 640인 파일
은 root가 만든 파일인 데도 읽기/쓰기만 되고, 실행 권한이 빠져 있으니 root의 실행
권한을 잠시 빌려 써야 한다.

특정 파일이 실행될 때 그 파일의 소유자나 그룹의 권한으로 실행되도록 하는 걸
setUID, setGID라고 하는데, root의 권한을 임의로 빌리면서 의도치 않은 권한 상승
을 일으킬 소지가 있으므로 유의해야 한다.

비트 이름	네 자리 표기 시	콘솔에서 확인 방법
setUID	4000	rws처럼 소유자 쪽에 s자가 표시
setGID	2000	rws처럼 소속 그룹 쪽에 s자 표시
stickyBit	1000	---rwt처럼 맨 뒤에 t로 표시

표 11-2

chmod 755 *.txt라는 예제에서 setUID까지 함께 적용한 네 자리 방식 표기까지 적
용하면 chmod 4755가 된다.

데비안 리눅스에서 ping이란 명령어가 어느 디렉터리에 존재하는지 찾기 힘들 때는 첫 번째로 find 명령을 통해 / 디렉터리부터 서브 디렉터리를 하나하나 뒤져 가면서 찾아야 한다. 하지만 디렉터리마다 권한 문제로 접근 불가인 디렉터리는 find 명령에 대한 허가 거부가 생긴다. 명령어도 root 권한 없이는 안 되는 게 많다. 그럴 때는 sudo 명령을 써서 잠시 권한을 대행해 빌리거나 root 유저로 변경한다.

```
tiger@debian:~$ find / -name ping
`find /etc/ssl/private`: 허가 거부

tiger@debian:~$ su root
암호:
root@debian:/# find / -name ping
/bin/ping
/usr/share/bash-completion/completions/ping
```

예제 11-2

두 번째는 데비안 리눅스에 내장된 which 명령어로 어디 위치에 실행 파일이 있는지 간단하게 찾을 수 있다.

```
tiger@debian:~$ which ping
/bin/ping
tiger@debian:~$ ls -al /bin/ping
-rwsr-xr-x 1 root root 31104  4월 13 2011 /bin/ping
tiger@debian:~$
```

예제 11-3

원하는 ping 파일이 있는 위치를 찾았으니 ls -al 명령으로 ping 파일의 퍼미션부터 한번 살펴보자. ls -al /bin/ping을 실습해본다.

ping 파일은 지금까지와 다른 -rws로 표시되는 setUID가 적용돼 있는 특수한 파일임을 확인한다. root가 아닌 odj, tiger 같은 일반 사용자도 ping을 이용해 KT 사의 DNS

서버에 ping 테스트를 직접 해볼 수 있는데, setUID가 이미 ping 명령어에 적용돼 있기 때문에 icmp 소켓을 열 때 나도 모르게 필요한 퍼미션을 root로부터 빌려 쓴다.

root 권한이 없다고 해서 아예 ping을 쓰지 못하는 게 아니다.

```
tiger@debian:~$ su  root
암호:
root@debian:/# chmod  755  /bin/ping
-rwxr-xr-x  1  root  root  31104   4월 13 2011 /bin/ping
```

예제 11-4

이번에는 ping 명령어에서 −rws 4755였던 권한을 −rwx 755로 축소시킨 뒤 일부러 setUID를 ping에서 제거해보자. setUID를 없애고 바뀐 권한을 따르는 ping은 이제 오로지 root만 사용할 수 있고, odj이나 tiger 사용자들은 ping 명령어를 사용하지 못하게 권한을 일부 박탈시킨다.

예제 11-4에서 보면 setUID를 없애고, chmod 755 권한인 −rwx로 ping의 권한을 강제로 바꿨다. 일반 사용자인 tiger는 KT DNS에 ping 테스트를 하고 싶어도 icmp socket을 여는 도중에 권한이 없어 바로 막혀 버리고, Ping: icmp open socket : Operation Not Permitted 에러가 난다.

root 유저로 변경한 뒤 다시 chmod 4755로 ping 프로그램에 setUID 권한을 부여하면 setUID가 적용된 −rws 권한(4755)으로 바뀐다.

```
tiger@debian:~$ ls  −al  /bin/ping
-rwxr-xr-x  1  root  root  31104  4월 13 2011  /bin/ping
tiger@debian:~$ ping 168.126.63.1
ping: icmp open socket :  Operation not permitted
tiger@debian:~$ su  root
암호:
root@debian:/# chmod  4755  /bin/ping
```

```
root@debian:/# ls -al /bin/ping
-rwsr-xr-x 1 root root 31104 4월 13 2011 /bin/ping
```

예제 11-5

setUID를 사용하는 데비안 리눅스 프로그램들은 도대체 얼마나 더 있는 걸까?

한번 찾아보자. setUID를 사용하는 프로그램들은 /usr 및 /usr/bin 디렉터리 아래 상
당히 많이 존재하는데, 패스워드를 바꿔주는 /usr/bin/passwd 파일도 역시 –rws 타
입이다.

이름이 비슷하지만 /etc/passwd는 프로그램이 아니라 사용자 암호가 암호화된 형태
로 바뀌어 저장되는 ASCII 텍스트의 데이터 저장 파일이다.

/usr/sbin/passwd이 사용자의 암호를 바꿔주는 실행 가능한 실행 파일이다. 권한에
실행을 나타내는 x 표시가 있다.

```
root@debian:/# file /usr/sbin/passwd
```

파일 타입을 알아내는 위와 같은 명령어로 직접 확인하면 파일 헤더가 setuid ELF 32-
bit LSB Executable로 표시된다.

구분	권한 표시	소유 구분	네 자리 권한 표시	설명
/etc/passwd	–rw–r-----	root:shadow	640	ASCII 파일
/usr/sbin/passwd	–rwsr–xr–x	root:root	4755	실행 파일

표 11-3

232

그림 11-1

이번에는 리눅스 명령어인 Find 명령을 이용해 단순 파일명이 아닌 특정 퍼미션을 가진 파일만 검색하는 옵션인 -perm 으로 검색한다. 특수 비트인 -perm 4755, -perm 2755 명령을 이용해 찾는다.

```
tiger@debian:~$ su root
암호:
root@debian:/# find / -perm 4755
/usr/sbin/exim4
/sbin/mount.nfs

(중간 생략)
```

예제 11-6

지금까지 무의식적으로 데비안 패키지 업데이트를 하는 데 사용해온 sudo 명령어나 su 명령어도 4755 퍼미션을 가지고 있는 프로그램들이다. root 사용자로 로그인한다면 root 권한을 빌려 쓰는 sudo를 붙일 필요가 전혀 없다.

```
su  root
sudo  apt-get install
apt-get install   (root 사용자의 경우, sudo 명령어로 권한을 빌릴 필요가 없다.)
```

검색 범위를 /usr 디렉터리나 /usr/bin 디렉터리로 한정시켜 검색해본다. 그림 11−2
처럼 여러 실행 파일들이 검색된다. 만약 이 리스트에 있는 파일들이 아닌 /dev 디렉
터리에 놓인 backdoor라는 파일에 −pws 4755 퍼미션이 적용돼 있다면, 해커가 백
도어로 심어 놓고 간 파일일 가능성이 높다.

그림 11−2

특수 비트 setGID 2000이 적용된 파일을 찾으려면, root 사용자로 로그인해서 −
perm 2755 옵션을 가지고 검색해야 한다.

```
tiger@debian:~$ su  root
암호:
root@debian:/# find / -perm 2755
```

234

```
/usr/bin/ssh-agent
/usr/sbin/bsd-write
```

예제 11-7

그림 11-3처럼 /usr/games 아래 게임 중 마작^{mahjongg}은 그룹 속성에 setGID인 r-s를 가지고 있는 게 보인다. 시스템에서 게임을 하지 않는다면 과감하게 삭제한다.

그림 11-3

미드 "미스터로봇" 시즌 1에서 e-corp.com의 데이터센터 해킹을 막아내는 장면에서 주인공 엘리엇은 악성코드의 파일 퍼미션을 검사하면서 의심스런 fsociety.py 파일을 발견한다. "Leave ME"(그대로 나둬!)라는 해커의 메시지 때문에 갈등하던 주인공 엘리엇에게 알맞은 조치는 과연 무엇일까?

(1) chmod 600 fsociety.py | chown root:root fsociey.py
(2) rm -rf fsociey.py
(3) chown elliot:elloit fsociey.py

12

IPTables 기반 서비스 제어

OS 종류	설명
데비안 리눅스	IPTables 설정 값을 입력하고 실습하는 호스트
칼리 리눅스	Nmap이 설치된 칼리 리눅스로 각종 스캔 공격을 에뮬레이션
윈도우	윈도우 명령 프롬프트에서 데비안 리눅스에 대한 telnet이나 ping 테스트
CentOS 서버	스트리밍 서비스가 설치된 일반 레드햇 기반 서버

표 12-1 12장에서 사용되는 운영체제의 종류

IPTables는 리눅스 운영체제가 기본적으로 사용하는 서버 방화벽 기능이다. 리눅스 2.4 커널부터 사용되기 시작했는데, 기본적으로 웹 서비스에 사용되는 80포트, 8080 포트는 100% 통과를 시킨다거나, MySQL 데이터베이스가 사용하는 3306 포트는 외부 접속만 전부 차단하거나, 허가하는 패킷 필터링이 주요 기능이다.

이 책에서는 기본적인 filter 테이블만 다루게 될 텐데, 이 filter 테이블은 세 가지 기본 구성 체인을 가지고 있다.

OUTPUT 체인	데비안 호스트에서 밖으로 나가는 패킷들이 거치는 체인
FORWARD 체인	데비안 호스트를 거쳐 OUTPUT 체인으로 향하는 패킷들이 거치는 체인 라우터로 설정된 경우에만 적용한다.
INPUT 체인	데비안 호스트를 향해 들어오는 패킷들이 거치는 체인으로, 대부분 이곳에서 INPUT 체인을 컨트롤한다.

표 12-2

보통 나의 호스트에서 밖으로 나가는 패킷은 안전하다고 판단해 전혀 막지 않는다고 가정하므로 OUTPUT 체인 쪽은 차단 설정에서 일단 제외한다. 보안이 심각한 대기업들은 자사 핵심 정보의 유출을 우려해 밖으로 나가는 접속도 일일이 방화벽으로 정책을 설정해 체크한다.

FORWARD 체인도 라우터로 설정된 리눅스 호스트가 아니면 굳이 설정할 이유가 없으므로 이 역시 제외한다. INPUT 체인은 들어오는 패킷에 대해 패킷 필터링 규칙들을 위에서부터 하나씩 비교해 나가면서 이 패킷은 ACCEPT인지, REJECT인지, DROP인지, LOG인지를 결정할 수 있도록 세심하게 설정해주는 게 IPTables의 핵심이다.

나는 서버 IPTables에 무언가 설정된 값을 보여주고 싶어도 갓 설치한 데비안 리눅스는 그림 12-1처럼 기본 값에 세팅된 것이 하나도 없다. 사실 하나도 보여줄 게 없다. 이 화면은 5장 FTP 설정에서도 한 번 살펴본 적이 있다.

238

그림 12-1

기업들이 서버에는 어떤 식으로 IPTables를 설정하는지 샘플을 보여주기 위해 현재 내가 운영하는 스트리밍 서버인 CentOS 운영체제의 IPTables 세팅을 한번 보여주고 나서 이에 대한 설명을 이어나가는 게 이해하기 쉬울 거라 생각한다.

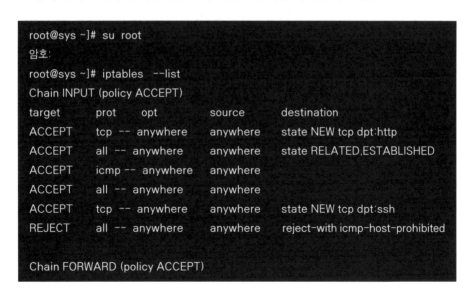

```
target     prot   opt     source        destination
REJECT     all -- anywhere  anywhere      reject-with icmp-host-prohibited
```

예제 12-1

CentOS 7이라는 레드햇 계열 리눅스 서버에서 실제 운영 중인 스트리밍 서버의 IPTables 예제다. 매일 시청자에게 방송 다시 보기를 처리하고 있다.

Chain INPUT(policy ACCEPT) 맨 처음 라인부터 INPUT 규칙의 마지막 바텀 라인에 닿을 때까지 계속 필터링 규칙을 비교한다. 스트리밍 서버에 접속했을 때 새로운 접속이라면 상태 값 NEW 조건을 만족하고, 80포트를 통해 들어온 http 프로토콜이므로 규칙 라인 맨 첫 줄에서 state NEW tcp dpt:http에 적합하기 때문에 해당 라인에서 바로 ACCEPT한다.

그럼 ssh 접속은 어떨까?

```
C:\Users\IT_6200PC> telnet  192.168.0.66  22
```

윈도우 운영체제 명령 프롬프트에서 telnet 명령을 이용해서 위처럼 텔넷으로 22번 ssh 포트 접속을 흉내 내서 시도해보면, 상태 값 NEW를 만족하고 포트 번호 22를 사용하는 경우는 적용한 규칙 라인의 5번째 줄에서 state NEW tcp dpt:ssh를 만족하므로 역시 ACCEPT한다.

윈도우 명령 프롬프트의 ssh 응답을 받았으니 "SSH-2.0-OpenSSH_5.3"라는 SSH 서버 배너를 짧게 출력한다. SSH 전용 클라이언트인 putty로 접속하면 ssh 서버가 응답을 받아 데비안 운영체제로 콘솔 로그인이 가능하다.

ping(icmp)의 경우, 윈도우 운영체제에서 리눅스로 ping 테스트해보면 규칙 라인 3번째 줄에서 ACCEPT한다. 즉, IPTables에서는 icmp 응답을 막지 않는다.

```
C:\Users\IT_6200PC> ping  -t  192.168.0.66
Ping 192.168.0.66  32바이트 데이터 사용:
192.168.0.66 의 응답: 바이트=32 시간<1ms TTL=63
192.168.0.66 의 응답: 바이트=32 시간<1ms TTL=63
192.168.0.66 의 응답: 바이트=32 시간<1ms TTL=63
```

CentOS 리눅스에서 iptables 실행 파일의 세팅 값이 저장된 파일들은 어느 디렉터
리에 있는지 find 명령어로 찾아본다. 그리고 nano 편집기로 직접 파일을 열어본다.

```
[root@sys ~]# find  /  -name  iptables     (CentOS  7에서 찾는 예제)
/sbin/iptables
/etc/sysconfig/iptables
/etc/rc.d/init.d/iptables
/var/lock/subsys/iptables
[root@sys ~]# nano  /etc/sysconfig/iptables
```

예제 12-2

nano 편집기로 CentOS에서 iptables 세팅 값이 저장된 파일 /etc/sysconfig/iptables
를 열어보면 아래와 같다.

```
# Firewall configuration written by system-config-firewall
# Manual customization of this file is not recommended.
*filter
:INPUT
-A INPUT -m  state —state  NEW -m tcp -p tcp —dport 80  -j  ACCEPT
-A INPUT -m  state —state  ESTABLISHED,RELATED  -j  ACCEPT
-A INPUT -p icmp  -j  ACCEPT
-A INPUT -i  lo  -j  ACCEPT
-A INPUT -m  state  —state  NEW  -m  tcp  -p tcp  —dport  22  -j  ACCEPT
-A INPUT -j REJECT —reject-with icmp-host-prohibited
-A FORWARD -j REJECT —reject-with icmp-host-prohibited
```

CentOS에서 IPTables 세팅

볼드체로 처리된 부분에 http(80번) 포트, icmp, ssh(22번) 포트를 세팅하는 규칙을 적는 방법이 잘 나열돼 있다. CentOS에 설정돼 있는 IPTables 규칙들을 복사해서 데비안 리눅스에서 그대로 타이핑해 사용할 예정이다.

IPTables는 다음과 같이 동작한다.

1. 들어오는 패킷을 INPUT 체인에서 적용한 규칙들과 일일이 비교한다. 특정 포트 및 네트워크 인터페이스, IP 주소 대역을 비교하는 규칙을 맨 위쪽부터 차례로 배치하고, 맨 마지막 바텀 라인은 기본 정책으로 모든 패킷에 대해 DROP하도록 하는 게 기본 설정이다. LOG를 남기게 할 수도 있다.

2. 필터링 규칙에서 일일이 비교하며 아래로 내려가다가 처음 일치되는 조건을 적용한다.

3. 필터링 규칙 하나에 여러 가지 조건이 복합돼 있을 때는 해당 라인에 적힌 규칙들을 전부 만족해야 한다.

4. 모든 규칙과 비교해도 부합되는 게 전혀 없으면 바텀 라인에 도달한 후 기본 정책이 적용된다. 기본 정책은 policy DROP이나 policy ACCEPT로 설정할 수 있다.

5. 만약 첫 번째 규칙 라인에 ALL DROP 설정으로 원천 차단하고 다음에 다른 포트나 인터페이스를 허용하게 설정하더라도 패킷은 첫 줄 ALL DROP에서 모두 차단된다. IPTables는 규칙을 적용하는 순서가 가장 중요하다.

REJECT 설정은 서비스에 접속하려는 사용자의 액세스를 거부하고, Connection Refused라는 오류 메시지를 보여준다. DROP은 접속자에게 어떠한 경고 메시지도 전혀 보여주지 않은 채 패킷을 즉시 DROP한다. 사용자가 계속 접속을 시도하는 것을 방지하려면 REJECT를 사용해 차단한다.

연결 추적

IPTables는 연결 추적Connection tracking이라는 방식을 사용한다. 서비스 연결 상태에 따라 그 연결 상태를 계속 확인하고, 연결 추적 테이블 표에 저장해두면서 컨트롤한다. TCP와 달리 상태가 저장되지 않는 UDP 서비스도 연결 추적 테이블 표에 저장하기 때문에 지속적인 제어가 가능하다. 다음과 같은 네 가지 상태 값을 바탕으로 IPTables에 정의한 대로 서비스의 연결을 허용하거나 거부할 수 있다.

연결 추적 상태	설명
NEW	새로운 연결을 요청하는 패킷
ESTABLISHED	이미 연결이 수립된 패킷
RELATED	기존 연결 수립이 된 패킷이지만, 새로운 연결을 요청하는 패킷 패시브 FTP 서비스는 21번 커맨드 포트말고, 전송 포트는 1024~65535 포트 사이에서 31330, 46068 포트 등을 이용해 전송 가능
INVALID	표로 저장해둔 연결 추적 테이블 표에서 어느 연결에도 속하지 않은 패킷

표 12-3

5장 FTP 서비스 설정에서 살펴본 것처럼 패시브 FTP 서비스는 21번 커맨드 포트와 1024 이상의 실제 서비스 포트 두 가지를 사용해 파일 전송이 가능하다.

데비안 리눅스에서 설치된 iptables v1.4.14 버전을 기준으로 사용법은 다음과 같다.

여기서는 filter 테이블만 다룬다.

사용법: iptables −[ACD] 체인 룰 세부 스펙 [옵션]

iptables −I 체인 [룰 넘버 룰 세부 스펙 [옵션]

iptables −R 체인 룰 넘버 룰 세부 스펙 [옵션]

iptables −D 체인 룰 넘버 룰 넘버 [옵션]

iptables −[LS] [체인 [룰 넘버]] [옵션]

iptables −[FZ] [체인] [옵션]

iptables −[NX] 체인

iptables −E 이전 체인명 새 체인명

iptables −P 체인 타깃 [옵션]

iptables −h 도움말 출력

짧은 형식 명령어	긴 형식 명령어	iptables 명령어 설명
−A	−−append	새로운 방화벽 규칙을 체인에 추가한다.
−C	−−check	방화벽 규칙이 존재하는지 체크한다.
−D	−−delete	매칭되는 방화벽 규칙을 체인에서 삭제한다. 룰 넘버(1 = first) −−delete −D chain −−delete −D chain 룰 넘버
−E	−−rename−chain	체인 이름을 바꾼다. −E 이전 체인명 새 체인명
−F	−−flush	체인 또는 모든 체인에서 방화벽 규칙을 전부 삭제(플러시)한다.
−L	−−list	방화벽 규칙 목록을 보여준다.
−I	−−insert	방화벽 규칙에 룰 넘버에 따라 삽입한다(디폴트 1이 첫 번째).
−N	−−new	새로운 사용자 정의 체인을 만든다.
−P	−−policy	체인과 타깃에 대한 기본 정책을 변경한다. −−policy 체인 타깃
−R	−−replace	체인에서 새로운 룰 넘버로 바꾼다(1이 첫 번째).
−X	−−delete−chain	사용자 정의 체인을 삭제한다.
−Z	−−zero	체인 또는 모든 체인의 카운터를 0으로 초기화시킨다. −−zero 체인 [룰 넘버]

표 12−4

짧은 옵션명	긴 옵션명	iptables 옵션 설명
−4	−−ipv4	IPv4

짧은 옵션명	긴 옵션명	iptables 옵션 설명
-6	--ipv6	IPV6
-p	--proto	프로토콜 -p tcp -p udp
-s	--source	소스 스펙 예) -s IP 주소[/mask]
-d	--destination	데스티네이션 스펙 예) -d IP 주소[/mask]
-g	--goto	-g 체인 리턴 없이 체인으로 이동
-j	--jump	-j 타깃 룰을 위한 타깃(타깃 익스텐션 로드)
-i	--in-interface	네트워크 인터페이스 네임
-m	--match	매칭 확장(익스텐션 로드)
-n	--numeric	숫자형 output IP 주소 및 포트
-t	--table	제어용 테이블 표(기본 값: 'filter')
-o	--out-interface	Output명
-v	--verbose	Verbose 모드
	--line-numbers	리스팅에서 라인 넘버 출력
-x	--exact	넘버 확장
-f	--set-counters	insert/append 중에 카운트 세팅 --set-counters PKTS BYTES
-v	--version	패키지 버전 출력 1.4.14처럼 나옴.
특수 플래그	--syn	SYN 비트를 세팅하고 TCP 패킷을 매칭한다. ACK,RST,FIN 비트는 뺀다. --tcp-flags SYN,RST,ACK,FIN SYN은 한 줄인 --syn과 동일하다. 앞에 ! --syn이면 해당 옵션을 뒤집는다.
특수 플래그	--tcp-flags mask comp	TCP 플래그를 특정화하고 매칭한다. 첫 번째 인수는 검사해야 할 플래그, 두 번째 인수는 set해야 할 플래그로, 둘 다 콤마로 구분된 리스트다. 플래그는 SYN ACK FIN RST URG PSH ALL NONE 을 사용할 수 있다. --tcp-flags SYN,ACK,FIN,RST SYN SYN 플래그 를 set하고 패킷을 매칭한다. ACK, FIN, RST 플래그는 unset 상태다.

표 12-5

CentOS 스트리밍 서버에서 사용하는 방식도 살짝 엿본 상태이고, 사용하는 옵션들도 표로 정리된 걸 통해 확인이 됐으니 데비안에서 iptables 세팅에 대한 실습들을 몇 가지 해보자.

입력할 때 주의할 점은 -A, -P 등과 같은 명령어들은 대문자로 입력해야 한다는 것이다. 옵션 입력에 --port처럼 준비되지 않은 옵션을 넣으면 바로 에러가 발생하니 주의하자.

> --state ESTABLISHED, RELATED, NEW (×)
> --state ESTABLISHED,RELATED,NEW   (○)

예제처럼 --state 옵션에서 열거되는 스펙의 중간에는 반드시 공백 없이 붙여 쓴다. 띄어쓰기를 하면 에러가 발생한다.

데비안 IPTables 방화벽에 아무것도 없는 상태에서 모든 체인이 ACCEPT로 설정돼 있다. 이 중 FORWARD 체인만 DROP으로 체인 설정을 한번 바꿔보자.

```
root@debian:/home/tiger# iptables --list
Chain INPUT (policy ACCEPT)
target   prot opt source          destination


Chain FORWARD (policy ACCEPT)
target   prot opt source          destination


Chain OUTPUT (policy ACCEPT)
target   prot opt source          destination


root@debian:/home/tiger# iptables -P FORWARD DROP
root@debian:/home/tiger# iptables --list
Chain INPUT (policy ACCEPT)
target   prot opt source          destination


Chain FORWARD (policy DROP)
```

246

```
target      prot opt source           destination
```

예제 12-3

lo 루프백 네트워크 인터페이스로 들어오는 패킷에 대해 상태 값이 ESTABLISHED, RELATED인 두 가지만 ACCEPT하도록 세팅한다. 상태 스펙들은 붙여쓰기에 주의한다.

```
root@debian:/home/tiger# iptables -A INPUT -i lo -m state
--state ESTABLISHED,RELATED -j ACCEPT

root@debian:/home/tiger# iptables --list
Chain INPUT (policy ACCEPT)
target      prot opt  source            destination
ACCEPT      all -- anywhere            anywhere
    state RELATED,ESTABLISHED

Chain FORWARD (policy DROP)
```

예제 12-4

이번에는 lo 대신 네트워크 인터페이스 부분을 교체해 eth0 유선 랜카드로 들어오는 접속에 대해 상태 값이 ESTABLISHED, RELATED인 것만 ACCEPT하도록 세팅한다.

설정하는 패턴은 비슷한데 네트워크 인터페이스만 eth0로 바뀌었으므로 -i 옵션에서 eth0 로 변경하고, 입력한다. 데비안 리눅스를 운영 중인 디바이스가 무선랜이 장착된 노트북이면 wlan0 네트워크 인터페이스도 함께 적용할 수 있다.

```
root@debian:/home/tiger# iptables -A INPUT -i eth0 -m state
--state ESTABLISHED,RELATED -j ACCEPT
root@debian:/home/tiger# iptables --list
Chain INPUT (policy ACCEPT)
target      prot opt source             destination
```

```
ACCEPT   all -- anywhere        anywhere          state RELATED,ESTABLISHED
ACCEPT   all -- anywhere        anywhere          state RELATED,ESTABLISHED
```

예제 12-5

스트리밍 서버, 웹 서버를 대상으로 80포트 기반의 웹 서비스, putty 접속 프로그램
으로 서버를 관리를 하기 위한 시큐어 SSH 포트, 일반 유저들의 원격 접속용 telnet
포트 세 가지를 IPTables에 허용을 추가하려면 TCP 80포트인 http 접속과 TCP 22
번 포트인 SSH, TCP 23번 포트인 telnet 프로토콜을 허용하도록 명령문을 세 번 연
속 설정한다.

```
root@debian:/home/tiger# iptables -A INPUT -p tcp -m tcp --dport 80 -j ACCEPT
root@debian:/home/tiger# iptables -A INPUT -p tcp -m tcp --dport 22 -j ACCEPT
root@debian:/home/tiger# iptables -A INPUT -p tcp -m tcp --dport 23 -j ACCEPT
root@debian:/home/tiger# iptables --list
Chain INPUT (policy ACCEPT)
target     prot  opt            source         destination
ACCEPT     all -- anywhere      anywhere       state RELATED,ESTABLISHED
ACCEPT     all -- anywhere      anywhere       state RELATED,ESTABLISHED
ACCEPT     tcp -- anywhere      anywhere       tcp:dpt http
ACCEPT     tcp -- anywhere      anywhere       tcp:dpt ssh
ACCEPT     tcp -- anywhere      anywhere       tcp:dpt telnet
```

예제 12-6

외부 유선랜으로 들어온 네트워크 패킷이면서 출발지 주소가 마치 내부 망인 것처럼
속이려면 192.168.123.0 대역으로 변조시켜 들어온 패킷을 DROP한다.

```
root@debian:/home/tiger# iptables -A INPUT -i eth0 -s 192.168.123.0/24 -j
DROP
```

예제 12-7

무선랜 외부 네트워크 인터페이스로 들어오는 패킷인데도 출발지 IP 주소가 마치 로컬 호스트인 것처럼 속이려고 127.0.0.1(localhost)로 변조된 패킷은 무조건 DROP한다.

```
root@debian:/home/tiger# iptables -A INPUT -i wlan0 -s 127.0.0.1/32 -j DROP
```

예제 12-8

lo 루프 백 인터페이스를 사용하고, 소스 IP 주소 및 대상 IP 주소가 127.0.0.1(localhost)인 유닉스 socket을 사용하는 로컬 프로그램들을 위한 접속은 전부 허용한다고 설정한다.

```
root@debian:/home/tiger# iptables -A INPUT -i lo -s 127.0.0.0/8
 -d 127.0.0.0/8 -j ACCEPT
```

예제 12-9

스트리밍 서버나 웹 서버의 원격 관리를 위한 SSH 포트는 이미 허용했다. 관리자가 realVNC 등 VNC 계열의 원격 서버 접속 소프트웨어를 사용하고 있으면, VNC의 관리자 기본 포트 번호인 5800포트로 무차별 접속이 쏟아져 들어오기 때문에 무차별 접속을 방지하기 위해 5800번은 차단 세팅을 하고, 다른 번호의 접속 포트를 대체해서 쓰자.

```
root@debian:/home/tiger# iptables -A INPUT -p tcp -m tcp --dport 5800
 -j DROP
```

예제 12-10

데비안 호스트에 모두 SSH 접속을 허용하는 게 아니라 랜카드가 2개라서 하나는 외부 망(eth0), 다른 하나는 내부 망(eth1)으로 접속이 망 분리돼 있고, 내부 망(eth1)에서는 서버 관리자 PC인 192.168.123.187만 22번 ssh 접속을 허용하게 설정하기 위한 예제다.

```
root@debian:/home/tiger# iptables -A INPUT -i eth1 -s 192.168.123.187
-p tcp --dport 22 -m state --state NEW -j ACCEPT
```

예제 12-11

그리고 데비안 리눅스에는 시스템 부팅 때마다 IPTables 규칙들이 자동 로딩되게 하
는 iptables-persistent 패키지가 준비돼 있다. apt-get install iptables-persistent
명령어로 추가 설치한다. 지금까지 예제로 테스트한 것들은 iptables -F 플러싱 옵션
으로 한꺼번에 차단 목록에서 지울 수 있고, 필요한 규칙을 설정해둔 건 날아가지 않
게 데비안 리눅스 내부의 디렉터리에 /etc/iptables/rules.v4라는 이름의 파일 형태로
저장하는 실습을 해보자.

```
root@debian:/home/tiger# apt-get install iptables-persistent
다음 새 패키지를 설치할 것입니다:
iptables-persistent
iptables-persistent (0.5.7+deb7u1) 설정하는 중입니다 ...
[ ok ] Loading iptables rules... IPv4... skipping IPv6 (no rules to load)...done.
```

예제 12-12

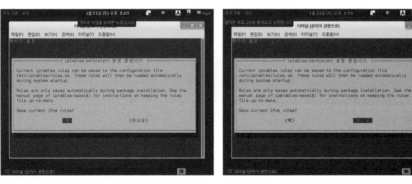

그림 12-2   그림 12-3

32비트 데비안 리눅스이므로 그림 12-2와 같은 창이 나타나면 IPv4는 선택하고,
IPv6는 선택하지 않는다.

iptables−persistent에 대한 과정을 마치면 /etc/iptables/rules.v4 파일이 자동으로 생성된다. 이제 현재까지 저장된 방화벽 규칙을 저장하려면 iptables−save 명령어를 이용해서 파이프라인 방식으로 rules.v4 저장 파일을 지정해 다음처럼 입력한다.

```
root@debian:/home/tiger# iptables-save  >  /etc/iptables/rules.v4
```

예제 12−13

지금까지 콘솔에서 입력 및 수정한 규칙들을 /etc/iptables/rules.v4 파일에 저장했다. DNS 설정 변경이나 방화벽 IPTables를 변경하는 작업 전에는 항상 설정 파일의 백업본을 만들어 놓는 습관을 가진다.

```
root@debian:/etc/iptables#  cp  rules.v4  backup20170304_rules.v4
```

샘플처럼 미리 백업본을 만들어 놓으면 작업하다가 다시 특정 날짜의 버전으로 원상복구를 시켜야 하는 경우, 파일 덮어쓰기만으로 직전 설정으로 즉시 돌아갈 수 있다.

```
root@debian:/etc/iptables# iptables -F
root@debian:/home/tiger# iptables-restore ⟨ /etc/iptables/backup20170304_
rules.v4
root@debian:/etc/iptables# iptables --list
Chain INPUT (policy ACCEPT)
target    prot opt source        destination
ACCEPT    tcp -- anywhere       anywhere
```

예제 12−14

이전 5장에서 vsFTP를 이용해 FTP 서비스를 구축해봤다. 패시브^{Passive} FTP 서비스는 21번 커맨드 포트 외에 전송 포트로 1024포트부터 65535포트까지 31330, 46068 포트 등을 지정해서 파일 전송이 가능하다. 커맨드 포트인 21번과 멀티 전송 포트를 IPTables 방화벽에 허용하려면 다음처럼 입력해야 한다.

```
root@debian:/home/tiger# iptables -A INPUT -i eth0 -p tcp -m multiport
--dports 21,1024:65535 -m state --state NEW -j ACCEPT
root@debian:/etc/iptables# iptables --list
Chain INPUT (policy ACCEPT)
target      prot    opt    source          destination
ACCEPT      tcp     --     anywhere        anywhere
multiport dports ftp,1024:65535 state NEW
```

예제 12-15

rules.v4 파일을 열어보면 다음처럼 iptables-save에 의해 생성됐다고 기록됐다.

```
root@debian:/home/tiger# cat /etc/iptables/rules.v4
# Generated by iptables-save v1.4.14 on Sat Jan 21 16:40:06 2017
*filter
:INPUT ACCEPT [26:2704]
:FORWARD ACCEPT [0:0]
:OUTPUT ACCEPT [12:1172]
-A INPUT -i eth0 -p tcp -m multiport --dports 21,1024:65535 -m state --state
NEW -j ACCEPT
COMMIT
# Completed on Sat Jan 21 16:40:06 2017
```

예제 12-16

SYN flood 공격 차단하기

SYN flooding은 DDOS 공격 방식 중 하나로 3-WAY 핸드셰이크라는 TCP 순서를 악용한다. IP 주소를 위조한 뒤 SYN 패킷을 만들어 단시간에 대량으로 목표 서버에 SYN 패킷을 보내면 목적지를 잃어버린 SYN+ACK 패킷이 목표 서버에 넘쳐나 정상적인 접속조차 받을 수 없게 만드는 대표적인 서비스 거부 공격법이다. 들어오는 tcp 연결 수를 제한하는 방법으로 SYN 패킷의 차단한다. 국내에 나와 있는 대부분의 모든 상용 방화벽 장비들은 거의 SYN flood 공격을 막을 수 있다.

```
iptables -A INPUT -p tcp  ! --syn -m state --state NEW -j DROP
```

--syn은 SYN 비트를 세팅하고, ACK, RST, FIN 비트는 빼고, TCP 패킷을 매칭한다. TCP 이니셜 패킷에 SYN 패킷이 많이 쓰이기 때문에 이런 옵션이 미리 만들어져 있다.

--syn은 들어오는 패킷만 영향을 미치고, 나가는 패킷에는 전혀 영향을 미치지 않는다. 만약 앞에 ! --syn처럼 붙어 있으면 해당 옵션을 뒤집는다는 의미다.

--syn은 의미상으로는 --tcp-flags SYN,RST,ACK,FIN SYN과 동일하다.

```
root@debian:/etc/shorewall# iptables -A INPUT -p tcp ! --syn -m state
--state NEW -j DROP
Chain INPUT (policy ACCEPT)
target    prot    opt    source        destination
DROP      tcp     --     anywhere      anywhere         tcpflags:
! FIN,SYN,RST,ACK/SYN state NEW
```

예제 12-17

SYN 패킷에 횟수 제한, 매칭 속도를 정해 막는 것을 IPTables 매뉴얼에 나와 있는 옵션 설명대로 정리하면 다음과 같다.

```
--limit rate(/second|/minute|/hour|/day)
제한 속도: 최대 평균 매칭 비율. 디폴트는 3/hour다.
예) --limit 1/s: 초당 최대 평균 매칭 속도, 1/s는 1초당 1


--limit-burst 버스트 번호
매칭할 이니셜 패킷의 최대 초기 개수: 기본 값은 5다.
예) --limit-burst 3 : 매칭시킬 최대 이니셜 패킷 수
이 숫자는 위에서 지정한 리미트 제한에 도달하지 않을 때마다 버스트 값이 하나씩 충전된다.
```

```
iptables -A INPUT -p tcp --syn -m limit --limit 1/s --limit-burst 3
-j RETURN
```

초당 1개의 ping 연결은 허용하지만, 한도가 넘으면 ping을 DROP한다. 매칭시킬 최대 이니셜 패킷 수는 3으로 제한한다.

iptables에 별도의 syn_flood라는 새로운 사용자 체인을 만들어 syn 패킷 방어 규칙들만 체인으로 등록시켜 사용하려고 한다. 옵션 중 새로 체인 규칙을 만드는 -N 옵션을 쓴다.

```
root@debian:/home/tiger# iptables -N syn_flood
```

명령어로 syn_flood라는 체인을 만들고, syn_flood 체인의 바텀 라인에서는 기본적으로 패킷을 DROP으로 처리한다.

--syn 옵션은 iptables에서는 TCP flag: FIN, SYN, RST, ACK/SYN처럼 표시된다.

새로 만들어진 syn_flood 체인에는 "limit: avg 1/sec burst 3" 값이 추가로 적용됐다.

```
root@debian:/home/tiger# iptables -N syn_flood
root@debian:/ home/tiger# iptables -A INPUT -p tcp --syn -j syn_flood
root@debian:/ home/tiger# iptables -A syn_flood -m limit --limit 1/s
--limit-burst 3 -j RETURN
root@debian:/ home/tiger# iptables -A syn_flood -j DROP
root@debian:/ home/tiger# iptables --list
Chain INPUT (policy ACCEPT)
target   prot opt source   destination
syn_flood tcp -- anywhere anywhere      tcpflags: FIN,SYN,RST,ACK/SYN

Chain syn_flood (1 references)
target   prot opt source          destination
RETURN   all -- anywhere   anywhere      limit: avg 1/sec burst 3
```

```
DROP   tcp -- anywhere  anywhere
    tcpflags: FIN,SYN,RST,PSH,ACK,URG/FIN,PSH,URG
root@debian:/ home/tiger #
```

예제 12-18

> * NixCraft 블로그
>
> https://www.cyberciti.biz/tips/linux-iptables-10-how-to-block-common-attack.
> html

XMAS 패킷 차단하기

칼리 리눅스의 nmap 공격 도구에서 -sX 옵션으로 목표 호스트인 데비안에 XMAS
스캔 공격을 할 수 있다. 데비안에서는 폼이 변형된 XMAS 패킷을 받게 되면, 바로
DROP시키도록 IPTables를 세팅한다.

--tcp-flags는 앞쪽 인자는 mask, 뒤쪽 인자는 comp로 부르고, 비교할 패킷을 콤
마로 구분된 리스트나 ALL, NONE처럼 사용해서 설정한다.

```
iptables -A INPUT -p tcp --tcp-flags  ALL  FIN,PSH,URG  -j  DROP
```

```
root@debian:/home/tiger# iptables -A INPUT -p tcp --tcp-flag ALL
FIN.PSH.URG  -j DROP
root@debian:/home/tiger# iptables --list
Chain INPUT (policy ACCEPT)
target    prot opt source          destination
syn_flood  tcp -- anywhere          anywhere
tcpflags: FIN,RST,PSH,ACK,URG/FIN,PSH,URG
DROP      tcp -- anywhere          anywhere
tcpflags: FIN,SYN,RST,PSH,ACK,URG/FIN,PSH,URG
```

예제 12-19

––tcpflag ALL FIN,PSH,URG 옵션을 적용하면 모든 TCP 플래그들에서 XMAS로 구별되는 FIN, PSH, URG 패킷들을 검사한다.

NULL 패킷 차단하기

칼리 리눅스의 Nmap 공격 도구에서 목표인 데비안 호스트에 간단하게 NULL 스캔 공격을 가상으로 에뮬레이션해서 만들어 보낸다.

```
nmap -sN 192.168.153.141 (대상 데비안 호스트 IP 주소)
```

명령어가 매우 간단하다. 수비를 하는 쪽인 데비안 리눅스의 IPTables는 폼이 변형된 NULL 패킷을 받으면 바로 DROP하도록 설정한다.

```
iptables -A INPUT -p tcp --tcp-flags ALL NONE -j DROP
```

```
root@debian:/home/tiger# iptables -A INPUT -p tcp --tcp-flag ALL NONE
-j DROP
root@debian:/home/tiger# iptables --list
Chain INPUT (policy ACCEPT)
target    prot opt source          destination
DROP      tcp -- anywhere          anywhere
tcpflags: FIN,SYN,RST,PSH,ACK,URG/NONE
```

예제 12-20

IPTables 로그 레벨 조정하기

iptables 차단 결과 로그를 파일로 남기려면 DROP대신 LOG를 덧붙여 사용하고, 기본적으로 /var/log/messages 파일에서 로그가 통합 저장된다. 10장에서 ––log–

prefix 사용법을 살펴봤던 기억이 있다.

```
iptables -A INPUT -p icmp -j LOG —log-level 0 —log-prefix
PING-DROP:
```

LOG와 관련된 스위치 옵션들을 정리해보면 다음과 같다.

—log-level
로깅 레벨에 따라 다르지만 0~2까지. emergency, critical 등이 가능하다. 이미 10장 로그 관리에서 카드번호와 개인정보를 무차별 기록하는 debug라는 로그 레벨을 살펴봤다. 14장에서 살펴볼 Apache2 웹 서버는 더 많은 로그 레벨을 지원한다.

—log-prefix
로그 메시지에 29자까지 특수한 접두사를 붙여 로그를 남기게 한다. 아무래도 통합 로그다 보니 로그들이 섞이면 찾기가 힘들어 사람이 보기 쉽게 앞에 특정 접두사를 붙여서 검색을 빠르게 한다.

—log-tcp-sequence
TCP 시퀀스 넘버를 남긴다.

—log-tcp-options
TCP 패킷 헤더로부터 옵션을 로깅한다.

—log-uid
생성 패킷으로부터 프로세스의 userid를 로그에 기록한다.

IPTables LOG 스위치 옵션

표 12-4에 잘 알려진 포트들을 정리했다. IPTables 방화벽 설정 시 참고하기 바란다.

포트명	잘 알려진(Well Known) 포트 설명
20	액티브 FTP(데이터)
21	FTP 커맨드 포트(제어 포트) + 1024 이상 포트 값
22	원격 접속 SSH
23	telnet 서비스
53	DNS 서비스
443	TLS/SSL 방식 암호화 웹 서비스 https
80	웹 서비스 http
8080	아파치톰캣 등 애플리케이션 서버가 쓰는 웹 서비스
1521	오라클 DB 서버 포트. 리스너 버전에 따라 1526을 같이 쓰기도 한다.
3306	MySQL 접속 포트
3389	마이크로소프트 RDP 원격 데스크톱이 사용하는 포트
5800	VNC 계열 원격 관리 툴들이 사용하는 포트. 무차별 공격 때문에 무조건 설치 시점 때부터 포트를 바꿔 설치한다.

표 12-6

* 데비안 리눅스 방화벽에 대한 설명서
https://wiki.debian.org/DebianFirewall

UFW 방화벽 사용하기

iptables를 사용해 22번 포트, syn 패킷 등 각종 포트 방어를 위한 예제를 여러 가지 넣어 가며 실습했다. IPTables는 세팅 자체가 여간 까다로운 게 아니다. 방화벽을 쉽게 마우스로 콕콕 눌러가며 세팅하는 것이 가장 좋지만, 불행하게도 해커들의 전문 운영체제인 데비안은 콘솔 위주의 화면과 키보드 입력 설정법이 주를 이룬다. 점점 게을러지는 시스템 관리자들을 위해 방화벽 세팅을 손쉽게 익힐 수 있는 방법인 방화벽 관리용 데몬 ufw를 추가로 설치한다. UFW^{Uncomplicated Fire Wall}는 "전혀 복잡하지 않은 방화벽"이란 뜻이다.

칼리 리눅스로 공격을 수행하는 방화벽 테스트 실습을 곁들여 가며, 직접 눈으로 확인하고 몸으로 체험해보자. ufw는 iptables에 기반을 두고 있지만 명령어 사용법이 훨씬 간단하고, iptables 저장용 파일에 설정 값도 알아서 척척 넣어준다.

설치 명령어도 단 한 줄이다. apt-get install ufw 명령으로 설치하고, /etc/ufw/ 아래 여러 개 설정 파일들이 생성된다.

```
root@debian:/home/tiger# apt-get install ufw
Creating config file /etc/ufw/before.rules with new version
Creating config file /etc/ufw/before6.rules with new version
Creating config file /etc/ufw/after.rules with new version
Creating config file /etc/ufw/after6.rules with new version
```

예제 12-21

ufw 명령어	ufw 명령어 상세 설명	
enable	방화벽 가동 ufw enable	
disable	방화벽 멈춤 ufw disable	
status	방화벽 룰 상태 보기 ufw status	
allow ARGS deny ARGS reject ARGS limit ARGS	add allow rule add deny rule add reject rule add limit rule	ufw allow 443/tcp ufw deny from 192.168.11.100 to any
delete RULE|NUM	delete RULE delete NUM	ufw delete allow 22/tcp ufw delete 2
insert NUM	insert 라인 번호	ufw insert 1 deny from 192.168.11.30 to any 중간에 정책을 끼워넣기한다.
logging on	로깅 ufw logging on /var/log/ugw.log 파일에 방화벽 로그 저장을 활성화한다.	

ufw 명령어	ufw 명령어 상세 설명
logging LEVEL	로그 레벨을 설정한다. set logging to LEVEL
reset	방화벽 룰 전체를 리셋한다. ufw reset Resetting all rules to installed defaults. Proceed with operation(y|n)?
version	ufw 버전을 표시한다. ufw version ufw 0.31.1-2 Copyright 2008-2010 Canonical Ltd.로 표시

표 12-7

ufw 방화벽을 가동시키기 전에 칼리 리눅스에서 nmap 공격 도구로 목표 대상인 데비
안 리눅스에 탐지 스캔을 해보자.

```
root@kali# nmap -sT 192.168.153.141
```

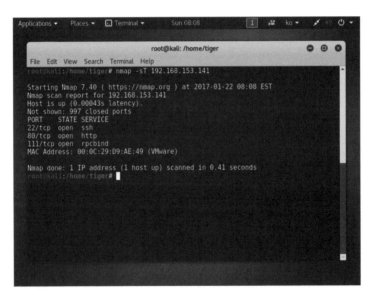

그림 12-4

현재 데비안 리눅스에 열려 있는 포트들에 대해 nmap 스캔으로 열린 포트에 대한 자세한 결과를 얻는다. 데비안에서 현재 동작하는 서비스에는 ftp, samba 등이 있지만, IPTables 방화벽에 미리 해당 포트 열기를 하지 않았기 때문에 탐지 리스트에서는 보이지 않는다.

현재 22번 포트 ssh와 80번 포트 웹 서비스 포트가 열려 있다.

```
PORT     STATE SERVICE
22/tcp  open  ssh
80/tcp  open  http
111/tcp open  rpcbind
MAC Address: 00:0C:29:D9:AE:49 (VMware)
```

칼리 리눅스에서 telnet으로 목표 호스트인 데비안 리눅스의 22번 포트에 대해 telnet 접속 테스트를 한다. telnet은 원래 23번 포트인 데도 불구하고 putty같은 ssh 프로토콜 전용 클라이언트 소프트웨어가 없을 때, 22번 포트로 에뮬레이션해서 강제 접속 테스트용으로 즐겨 쓴다. sshd 등 목표 호스트에서 동작하는 서비스 데몬의 버전을 얻기 위해 쓰는 방법이며, 흔히 "배너그래빙"이라는 기법 이름으로 불린다.

열려 있던 22포트에 대해 nmap -sT 스캔을 한 결과, "SSH-2.0-OpenSSH_6.0p1 Debian-4+deb7u6"이라는 sshd 데몬 프로세스의 버전을 얻었다.

그림 12-5

데비안 리눅스에 웹 서비스가 기본 설치돼 있어서 80포트도 나타났다. 칼리 리눅스나 윈도우 운영체제 웹 브라우저에서 데비안 리눅스 IP로 웹 서비스 접속을 하면 Apache2 웹 서버가 응답받아 It Works!라는 디폴트 웹 페이지가 나타난다.

http://192.168.153.141 　(데비안 리눅스 IP 주소를 사용하자!)

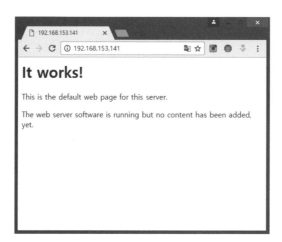

그림 12-6

telnet은 칼리 리눅스가 아닌 윈도우 운영체제에서도 테스트할 수 있다. 윈도우 7 이상에 telnet이 기본으로 설치돼 있지 않은 경우, 프로그램 설치 메뉴에서 윈도우 기능 켜기/끄기 메뉴를 통해 텔넷 클라이언트를 먼저 추가로 설치한다.

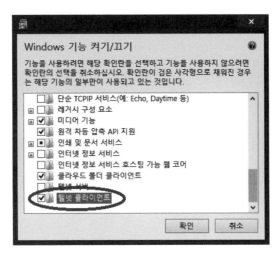

그림 12-7

명령 프롬프터 창에서 테스트한다. 이 버전 역시 sshd 배너그래빙을 통해 얻을 수 있다.

```
C:\windows> telnet 192.168.153.141  22
```

두 가지 서비스들의 정상 동작은 확인했으니 이제 방화벽을 디폴트로 해서 모든 서비스에 대한 전체 deny를 설정하고 방화벽을 가동시켜보자.

```
root@debian:/home/tiger#  ufw  default  deny
```

한 줄짜리 간단한 명령이지만 실제로 iptables 안에서 보면 사용자 정의 체인인 ufw-after-forward, ufw-after-input, ufw-track-output 등 약 17개 정도의 사용자 체인을 자동 생성했다.

```
root@debian:/home/tiger# ufw default deny
Default incoming policy changed to 'deny'
(be sure to update your rules accordingly)

root@debian:/home/tiger# iptables --list
Chain ufw-after-forward (0 references)
target    prot opt source          destination

Chain ufw-after-input (0 references)
target    prot opt source          destination

Chain ufw-after-logging-forward (0 references)
target    prot opt source          destination
.. 아래 내용 생략
```

예제 12-22

모든 서비스에 deny 상태로 ufw 방화벽을 가동시킨다. 데비안 리눅스가 스타트될 때 방화벽도 함께 동작한다.

```
root@debian:/home/tiger# ufw enable
Firewall is active and enabled on system startup
root@debian:/home/tiger#
```

예제 12-23

이제 방화벽이 on돼 있는 상태에 대해 웹 페이지 띄우기 시도와 윈도우에서 telnet 접속으로 배너그래빙, nmap 공격 도구에서 nmap -sT 스캔 등으로 혹독하게 ufw 방화벽을 테스트해보자.

그림 12-8

잘 연결됐던 apache2 웹 페이지도 정상적으로 연결되지 않는다. 접속 확인이나 배너 정보조차 나오지 않는다. 그 이유는 서비스 요청이 ufw 방화벽에 의해 전부 DROP됐기 때문이다.

윈도우 운영체제에서 telnet 접속 시도 역시 무한 대기 상태로 빠진다. 서버에서 응답이 전혀 오지 않기 때문이다. Ctrl + Alt + Delete로 작업 관리자를 띄워 해당 프로세스를 강제 종료한다.

```
C:\windows> telnet 192.168.153.141 22
  Trying 192.168.153.141... (무한대기)
```

칼리 리눅스의 nmap –ST 스캔도 모두 ufw 방화벽에서 차단돼 데비안 리눅스의 서비스 데몬이 접속 요청을 받아줄 수 없다.

3개의 테스트를 다양하게 테스트해본 결과, ufw 방화벽은 아주 완벽하게 잘 동작한다. 이제 데비안 리눅스의 /var/log/messages 파일에서 방화벽 로그 내용을 한번 찾아보자.

로그의 맨 뒷 부분부터 보여주는 tail -f /var/log/messages 명령을 사용한다.

```
root@debian:/home/tiger# tail  -f  /var/log/messages

 Jan 22 12:57:07 debian kernel: [ 6216.555790] [UFW BLOCK] IN=eth0 OUT=
SRC=192.168.153.133 DST=192.168.153.141 LEN=60 TOS=0x10 PREC=0x00
TTL=64 ID=4110 DF PROTO=TCP SPT=38450 DPT=22 WINDOW=29200 RES=0x00
SYN URGP=0
```

예제 12-24

[UFW BLOCK]라는 prefix를 로그 맨 앞에 붙여 놓아 UFW 로그를 찾기가 매우 편하다. 192.168.153.133(공격자 소스 : 칼리 리눅스)에서 192.168.153.141(수신자 : 데비안 리눅스) 쪽으로 DPT = 22(22번 포트) 접속 시도가 온 걸 ufw 방화벽이 차단했다는 로그가 남았다.

방화벽에서 22번 ssh, 23번 telnet, 80번 http, 443번 https 네 가지 포트를 방화벽에서 허용했는데, 아차, 이건 실수! 23번 telnet 서비스는 방화벽에서 다시 삭제시키고 싶다면, 간단히 ufw delete 명령어로 지울 것이다.

```
root@debian:/home/tiger#  ufw  delete  23/tcp
```

방화벽 등록은 ufw allow 명령을 사용한다. v4 및 v6 양쪽으로 rule이 함께 입력된다.

```
root@debian:/home/tiger# ufw allow 22/tcp
root@debian:/home/tiger# ufw allow 23/tcp
root@debian:/home/tiger# ufw allow 80/tcp
root@debian:/home/tiger# ufw allow 443/tcp
Rule added
Rule added (v6)
root@debian:/home/tiger# ufw status
Status: active
```

```
To              Action        From
--              ------        ----
22/tcp          ALLOW         Anywhere
23/tcp          ALLOW         Anywhere
80/tcp          ALLOW         Anywhere
443/tcp         ALLOW         Anywhere
```

예제 12-25

ufw 방화벽 상태를 보는 건 ufw status 명령어다.

    root@debian:/home/tiger# **ufw status**

로 현재 방화벽 세팅을 일목요연하게 본다. 그리고 iptables --list 로 iptables에 새
롭게 추가된 목록들을 확인한다. IPv4 및 IPv6 양쪽으로 rule이 함께 입력됐다.

```
root@debian:/home/tiger# iptables --list
...
Chain ufw-user-input (1 references)
target       prot opt source        destination
ACCEPT       tcp -- anywhere        anywhere        tcp dpt:ssh
ACCEPT       tcp -- anywhere        anywhere        tcp dpt:telnet
ACCEPT       tcp -- anywhere        anywhere        tcp dpt:http
ACCEPT       tcp -- anywhere        anywhere        tcp dpt:https

Chain ufw-user-limit (0 references)
target       prot  opt  source      destination
LOG          all -- anywhere        anywhere        limit: avg 3/min burst 5 LOG
level warning prefix "[UFW LIMIT BLOCK] "
REJECT       all -- anywhere        anywhere        reject-with icmp-port-
unreachable
```

예제 12-26

텔넷이든, 데비안이든 리눅스에서 전혀 필요 없는 포트인데 23번 포트를 괜히 넣었다.

필요 없는 rule을 삭제해보자.

23번 telnet 포트를 지우려면 간단하게 delete 2라는 라인 넘버만 적거나 ufw delete 명령어 뒤에 allow rule 전체를 풀어서 적고, Y로 재확인한다.

root@debian:/home/tiger# **ufw delete allow 23/TCP**

```
root@debian:/home/tiger# ufw status
Status: active
To                    Action         From
--                    ------         ----
22/tcp                ALLOW          Anywhere
23/tcp                ALLOW          Anywhere
80/tcp                ALLOW          Anywhere
443/tcp               ALLOW          Anywhere…
root@debian:/home/tiger# ufw delete  allow  23/TCP
root@debian:/home/tiger# ufw delete 2
Deleting:
 allow 23/tcp
Proceed with operation (y|n)? y
Rule deleted
```

예제 12-27

192.168.1.X 주소를 가진 IP 공유기 내부 대역에서 오는 패킷들을 전부 허용하려면 allow from IP 주소 명령어를 사용해야 한다. IP 주소에는 192.168.1.0/24처럼 CIDR 블록 방식 포맷도 가능하다. 맨 마지막 라인에 새로운 룰이 추가됐다.

```
root@debian:/home/tiger# ufw allow from 192.168.1.0/24
Rule added
root@debian:/home/tiger# ufw status
Status: active
```

```
To              Action          From
--              ------          ----
22/tcp          ALLOW           Anywhere
23/tcp          ALLOW           Anywhere
80/tcp          ALLOW           Anywhere
443/tcp         ALLOW           Anywhere
Anywhere        ALLOW           192.168.1.0/24
```

예제 12-28

CIDR 블록 방식은 C 클래스 네트워크는 맨 뒤, /24, B 클래스 네트워크는 /16, A 클래스 네트워크는 /8, 일반 호스트를 지정하려면 뒤에 /32를 사용하는 방법이다. 나의 IP 공유기는 192.168.1.X 대역을 사용하는 네트워크를 사용하고 있다. C 클래스 대역 전체를 허용하기 위해 allow from 192.168.1.0/24로 설정했다.

방화벽 맨 처음 줄에 192.168.11.254라는 특정 대역에서 오는 모든 패킷들을 막는 걸 끼워넣으려면 ufw insert 〈라인 넘버〉 deny from 192.168.11.254 to 명령문처럼 사용한다. 러시아, 중국, 멕시코 등 정체불명의 IP에서 자동화 툴로 밀려들어오는 서비스 거부, phpmyadmin 등 설치된 서비스를 노리는 각종 공격들을 막아내는 데 특효약이다.

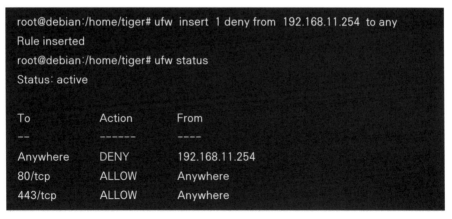

```
root@debian:/home/tiger# ufw  insert  1 deny from  192.168.11.254  to any
Rule inserted
root@debian:/home/tiger# ufw status
Status: active

To              Action          From
--              ------          ----
Anywhere        DENY            192.168.11.254
80/tcp          ALLOW           Anywhere
443/tcp         ALLOW           Anywhere
```

예제 12-29

통합 로그를 보는 것이 번거롭다면, 자기만의 고유한 로그 파일에 방화벽 로그만 따로 남기도록 세팅한다. 로그가 마구잡이로 뒤섞인 /var/log/messages가 아닌 /var/log/ufw.log 파일에 방화벽 관련 로그들만 깔끔하게 쌓이도록 변경된다.

```
root@debian:/home/tiger# ufw logging on
Logging enabled
```

예제 12-30

그래픽 방화벽 gufw 설정하기

콘솔 모드에서 ufw를 이용해 방화벽 포트를 열고닫는 설정 등 웬만한 건 다 해본 것 같다. ufw의 이름 자체가 "전혀 복잡하지 않은" 방화벽인 데도 불구하고, 실제 내부적으론 수많은 체인이 생성되는 등 눈에 보이지 않는 부분에서 바쁘게 돌아가는 부분들은 이해하기엔 꽤 복잡하다. 사람이란 항상 어제보단 오늘이 조금이라도 더 편하길 원한다. 조금이라도 컴퓨터에게 일을 시키고, 관리자는 더 게을러지고 싶은 마음이 컴퓨터 시스템을 완전 100% 자동화시킨다고 한다. 서 있으면 앉고 싶고, 앉으면 눕고 싶고, 누우면 자고 싶은 게 사람의 마음이다.

방화벽 설정도 손으로 오타를 내는 타이핑을 일일이 하기 싫고, 마우스로 콕콕 찍어가면서 포트나 서비스만 골라주면서 바로 세팅하고 싶다는 욕망 때문에 데비안 리눅스에서 gufw가 나왔다. 그래픽 인터페이스가 추가된 방화벽 설정 서비스인 gufw로 업그레이드해보자.

```
root@debian:/home/tiger# apt-get  install  gufw
root@debian:/home/tiger#gufw
```

예제 12-31

270

gufw가 실행되면 이제 방화벽 설정도 마우스로 켜고끌 수 있다. 달랑 두 단어, 타이핑 한 줄밖에 안 되는데, 그게 하기 싫어서 마우스로 하다니… 사람 마음이란…

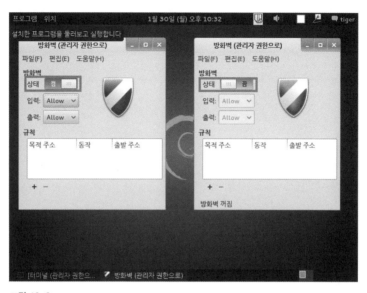

그림 12-9

gufw 방화벽 하단의 "+, −" 표시를 눌러 방화벽 규칙을 추가할 수 있다. '편리하게', '간단하게', '자세하게'의 세 가지 모드 중 하나를 골라 선택하고, http(80포트) 및 https(443포트) 등을 허용해보자.

"자세한 동작 방식 보이기"를 체크하면 로그를 남기는 방법도 자세하게 선택할 수 있다.

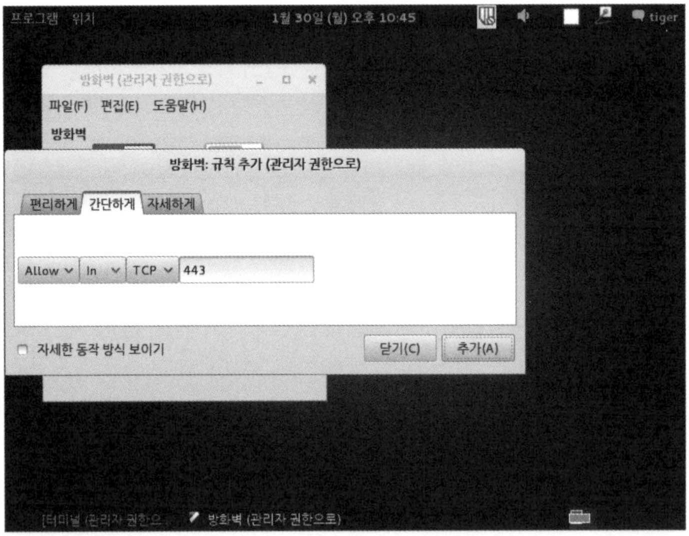

그림 12-10

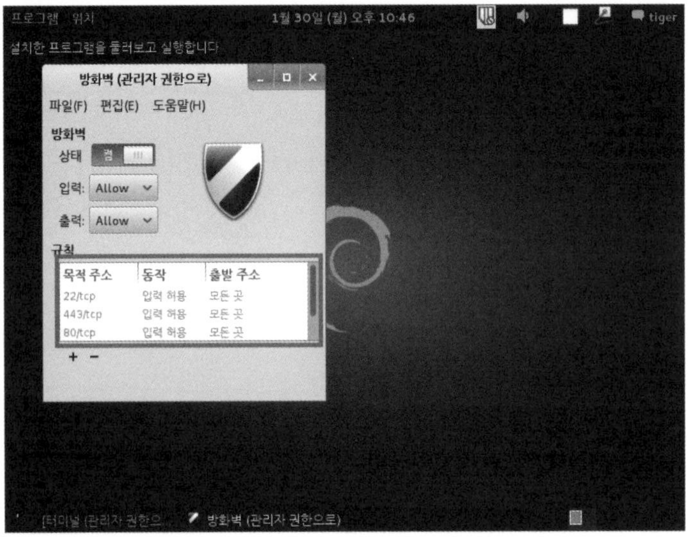

그림 12-11

Gufw 방화벽의 편집 메뉴 > preference를 누르면 로그 기록 옵션, 열린 포트 보고서
등을 상세하게 설정하는 간단 메뉴가 나타난다.

로그 기록을 남기는 방법에서 full을 마우스로 골라주면 콘솔에서 다음 명령어를 입력
한 것과 동일한 효과를 낸다.

    ufw logging full

이것이 바로 리눅스 시스템 관리자가 리눅스 관련 명령어를 계속 잊어버리는 이유다.

파일 메뉴 > 로그 메뉴를 통해 방화벽 로그도 실시간으로 체크할 수 있다. 방화벽을 마
우스로 껐다 켜면 방화벽 로그 보기 창에 다음과 같이 기록되는 식이다.

```
ufw disable
ufw enable
```

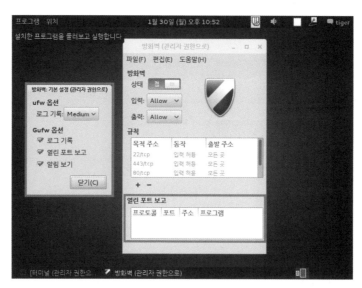

그림 12-12

하이레벨 fwbuilder 방화벽 설정

데비안 리눅스에서 gufw보다 화려하고 설정하기도 어려운 하이레벨의 방화벽 설정 도구로는 fwbuilder를 들 수 있다. 그냥 보기만 해도 시큐아이같은 상용 방화벽 제품들과 비슷하게 화려하지만 어지러운 인터페이스가 등장한다. 시스템 관리자들도 보통 원격에서 ssh로 접속해서 설정 작업을 하지, 모니터 달린 서버 그래픽 콘솔에 직접 붙여 쓰는 경우는 거의 없다. 특히 아마존 AWS 등 클라우드 서비스에 입주해 있는 스타트업 기업들은 AWS가 제공하는 방화벽을 쓰기 때문에 이 툴의 존재 자체도 모를 수 있다. 사실 gufw만으로도 충분하지만, 몇 가지 캡처 그림만 살펴보고 지나가자.

```
root@debian:/home/tiger# # apt-get  install  fwbuilder
root@debian:/home/tiger# sudo fwbuilder
```

예제 12-32

그림 12-13

QT 라이브러리가 이상하게 동작하거나 에러를 내는 경우가 있는데, sudo fwbuilder로 실행하면 에러를 잘 피해 가면서 실행된다.

그림 12-14는 iptables가 저장한 rules.v4를 읽어들이는 시도를 하고 있다. 100% 제대로 import되지는 않겠지만, 대충 몇 가지가 되는지 테스트해보자.

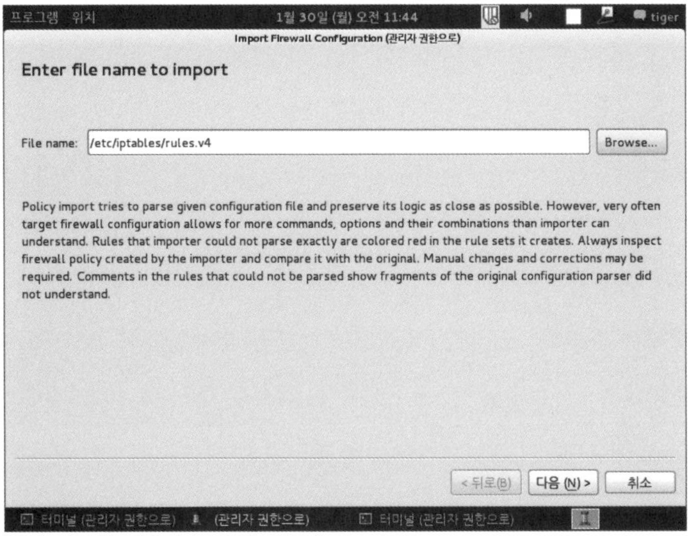

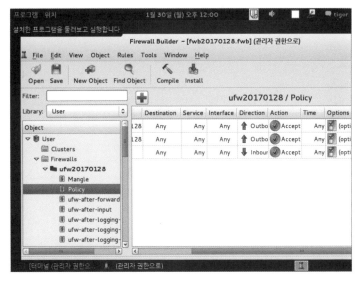

그림 12-14

그림 12-15

오브젝트 창과 정책 창으로 분리된 화면이다. 시큐아이나 한솔넥스지 등 일반적으로 판매되는 하드웨어 방화벽 제품에 탑재된 방화벽 매니지먼트 환경과 매우 비슷한 인터페이스를 제공한다.

13

데비안 리눅스에서
안티바이러스 설치

윈도우 운영체제를 설치하면 가장 먼저 설치하는 게 안티바이러스 제품(백신)이다. 윈도우 서비스 팩 적용 전까지 인터넷에 연결하면 전혀 안전하지 않다는 걸 스스로 느끼기에 무의식적으로 안티바이러스 제품부터 설치했는데, MAC이나 리눅스 사용자가 시스템에 안티바이러스 제품(백신)을 설치하는 케이스는 잘 겪어보지 못했다.

상대적으로 리눅스가 바이러스로부터 안전하다고 생각한 건지, 안티바이러스 제품을 설치하는 게 너무 까다로워서 그런 건지는 모르겠지만, 이제 데비안 워크스테이션이나 서버에서도 보안을 위해 안티바이러스 제품을 설치해보자. 이번 장에서는 무료 오픈소스 제품인 Clam AV와 상용 백신 제품인 시만텍 엔드포인트 14를 설치해본다.

ClamAV 안티바이러스

ClamAV는 트로이목마, 멀웨어 및 악성코드를 차단하기 위한 오픈소스 프로젝트로 시작됐는데, 100만 개가 넘는 멀웨어 차단 패턴을 가지고 있고, crontab에 freshclam을 등록해두면 패턴 데이터베이스가 자동으로 업데이트된다. 메일을 송·수신하는 도중 메일 게이트웨이에서 악성코드도 걸러낼 수 있고, 여러 가지 파일 포맷, 특히 Packing된 압축 파일도 검사할 수 있는 등 거의 만능에 가깝다. 오픈소스 NAS 프로젝트인 openMediaVault 제품 등에 두루 사용되고 있다. 하지만 ClamAV는 아쉽게도 발견하는 기능만 있고, 치료하는 기능은 없다. 발견 후 해당 디렉터리를 찾아 직접 파일을 지워야 한다.

그림 13-1

ClamAV의 설치

C 컴파일러와 zlib가 있으면 깃허브에서 소스 코드를 받아 설치해볼 수 있다. 여기서는 간편하게 apt-get install clamav 명령어를 이용해 미리 준비된 데비안 패키지로 설치한다.

```
root@debian:/home/tiger# apt-get install clamav
패키지 목록을 읽는 중입니다... 완료
의존성 트리를 만드는 중입니다
상태 정보를 읽는 중입니다... 완료
다음 패키지를 더 설치할 것입니다:
  clamav-base clamav-freshclam libclamav7 libcurl3 libllvm3.0
제안하는 패키지:
  clamav-docs apparmor libclamunrar7
다음 새 패키지를 설치할 것입니다:
  clamav clamav-base clamav-freshclam libclamav7 libcurl3 libllvm3.0
0개 업그레이드, 6개 새로 설치, 0개 제거 및 9개 업그레이드 안 함.
10.3 M바이트 아카이브를 받아야 합니다.
이 작업 후 26.1 M바이트의 디스크 공간을 더 사용하게 됩니다. 계속하시겠습니까 [Y/n]?
```

예제 13-1

ClamAV를 설치하면 다음과 같은 위치에 주요 파일들이 생성된다.

```
/usr/bin/clamscan
/var/log/clamav
/etc/clamav
```

/usr/bin 아래 clamscan과 clambc, clamsubmit, freshclam 등의 실행 파일들이 여럿 설치되는데, 이 중 freshclam이 안티바이러스 패턴 데이터베이스 업데이트 툴이다.

실행 파일은 clamav.net에서 main.cvd, daily.cvd, bytecode.cvd 등의 패턴 데이터베이스 파일을 다운로드해 /var/lib/clamav 밑에 저장한다. 2017년 4월 29일 현재

main.cvd는 약 420만 개 시그니처 패턴, daily는 147만 개 이상의 시그니처 패턴을 보유하고 있다.

5개 정도의 미러 사이트를 통해 지속적으로 패턴을 업데이트한다. 패턴 업데이트 로그는 /var/log/clamav 아래 freshclam.log로 쌓인다.

```
root@debian:/home/tiger#  /usr/bin/freshclam  -d
ClamAV update process started at Sat Jan 28 14:27:25 2017
main.cvd is up to date (version: 57, sigs: 4218790, f-level: 60, builder:
amishhammer)
daily.cld is up to date (version: 22957, sigs: 1475042, f-level: 63, builder: neo)
bytecode.cvd is up to date (version: 290, sigs: 55, f-level: 63, builder: neo)
```

예제 13-2

Clamscan 커맨드라인 바이러스 스캐너는 PACKING 툴로 압축한 실행 파일 및 윈도우나 리눅스의 유명한 압축 포맷들도 지원하는데, 주요 포맷들은 다음과 같다. 아래아한글도 포함돼 있다.

- TAR, GZIP, BZIP2, 7ZIP, RAR, ARJ, CAB 파일
- AsPack(2.12), UPX(all), FSG(1.3x, 2.0), Petite(2.x), PeSpin(1.1), NsPack, wwpack32(1.2), MEW, Upack, Y0da Cryptor(1.3)
- 마이크로소프트오피스 및 맥오피스 포맷, HTML, RTF, PDF
- 아래아한글 HWP 3.x 지원 옵션 --scan-hwp3 사용
- DLP 모듈로 VISA 등 신용카드 번호 및 사회 보장 번호 탐색 기능
- CryptFF and ScrEnc로 암호화한 파일
- uuencode로 엔코딩한 파일
- TNEF(winmail.dat)
- JPEG 포맷

바이러스 스캐너인 clamscan으로 내 홈 디렉터리를 검색한다. 알려진 바이러스 패턴 숫자 6273096(2017년 4월 29일 현재)과 CalmAV 엔진 버전, 스캔한 디렉터리 수 912

개, 파일 수 3624개, 감염 파일 0개, 스캔한 데이터량 269.05MB 등 각종 통계치가 출력된다.

```
root@debian:/#  /usr/bin/clamscan  -r  /home/tiger
/home/tiger/.gksu.lock: Empty file
/home/tiger/.gtk-bookmarks: OK
/home/tiger/.pulse-cookie: OK
/home/tiger/.xsession-errors: OK
/home/tiger/.bashrc: OK
----------- SCAN SUMMARY -----------
Known viruses: 6273096
Engine version: 0.99.2
Scanned directories: 912
Scanned files: 3624
Infected files: 0
Data scanned: 269.05 MB
Data read: 292.86 MB (ratio 0.92:1)
Time: 78.070 sec (1 m 18 s)
```

예제 13-3

검사 결과 데비안 리눅스에 바이러스나 악성코드에 감염된 파일은 현재까지 없지만, ClamAV 안티바이러스 백신이 정상적인 진단을 하는지 테스트해보기 위해 "EICAR TEST"라는 무해한 진단 패턴을 사용한다.

```
X5O!P%@AP{4\PZX54(P^)7CC)7}$EICAR-STANDARD-ANTIVIRUS-TEST-
FILE!$H+H*
```

EICAR TEST 진단 패턴

백신의 정상 동작을 체크하는 진단용 패턴일 뿐 바이러스가 아니기 때문에 데비안 리눅스에 전혀 해를 끼치지 않는다. nano나 vi 편집기로 sample.txt 파일을 만들어 넣은 뒤 다시 한 번 clamscan으로 검사해본다.

```
root@debian:/home/tiger# nano sample.txt    (내용 CTRL+X키로 저장)
root@debian:/home/tiger# cat sample.txt
X5O!P%@AP[4\PZX54(P^)7CC)7}$EICAR-STANDARD-ANTIVIRUS-TEST-
FILE!$H+H*
root@debian:/home/tiger# clamscan  -i  /home/tiger
/home/tiger/sample.txt: Eicar-Test-Signature FOUND

----------- SCAN SUMMARY -----------
Known viruses: 5688377
Engine version: 0.99.2
Scanned directories: 1
Scanned files: 11
Infected files: 1
Data scanned: 0.05 MB
Data read: 0.03 MB (ratio 1.86:1)
Time: 20.389 sec (0 m 20 s)
```

예제 13-4

ClamAV로 테스트 진단 EICAR 바이러스 파일을 발견한 적은 있지만, 아쉽게도 clamAV는 바이러스 치료를 할 수 없다. 해당 발견된 디렉터리를 찾아가 감염된 파일을 수동으로 삭제하거나 검사 단계에서 옵션으로 이동될 위치를 --move=/var/tmp 옵션으로 줘 강제로 파일 위치를 이동시킨다.

ClamAV의 1일 1시간당 24회로 세팅해둔 패턴 업데이트 주기를 변경하려면 /etc/clamav 디렉터리에서 freshclam.conf 파일을 찾아 수정해야 한다.

```
root@debian:/home/tiger# cd  /etc/clamav
root@debian:/etc/clamav# ls
freshclam.conf onerrorexecute.d onupdateexecute.d
root@debian:/etc/clamav# nano freshclam.conf
```

예제 13-5

시만텍 엔드포인트 14 백신

2015년에만 거의 4억 3,000만 개의 새로운 악성코드 변종이 발견됐고, 비트코인을 노리는 랜섬웨어 변종 공격들이 가장 흉흉한 공격으로 변모하면서 기업들을 두려움에 떨게 만들었다. 제로데이 보안 위협도 매년 2배 이상씩 증가했다.

기업은 랜섬웨어를 막는 스팸 메일 차단 장비, 방화벽, 웹 방화벽, APT 방어 장비들로 대표되는 일련의 보안 장비 시리즈로 악성코드를 힘들게 막고 있지만, 창과 방패의 싸움에서 방패는 역부족이고, 게이트웨이 대역보다 엔드포인트 대역에서 방어가 가장 먼저 우선시되고 있다. 랜섬웨어에 걸려 PC 100여 대를 포맷했다는 이야기는 이제 남의 일이 아니다.

침입 방지 시스템[IPS] 부문에서 국내 최강자인 윈스(나우콤-윈스테크넷)는 네트워크 길목에 켜켜이 깔아놓은 센서 IPS 장비로부터 악성 패턴을 수집하고, 연구소에서 다시 방어용 패턴들을 만든다. 작성된 패턴은 다시 전 세계에 있는 윈스 IPS 장비에 재배포된다. 글로벌 기업인 시만텍도 시만텍 인터넷 게이트웨이라는 하드웨어 장비 외에 전 세계에 설치된 약 1억 대가 넘는 엔드포인트 안티바이러스 제품들을 통해 악성코드를 수집하고, 악성코드 행동 분석에 머신 러닝 등의 최첨단 기법을 동원한다.

시만텍 엔드포인트 안티바이러스는 상용 버전이라 구매를 해야 한다. 시만텍 웹 페이지에서 메일 주소를 입력하고, 평가판을 받아 이 장의 설치 부분에서 테스트해볼 수 있다.

나는 시만텍 백신 12.1.6및 14.x 정식 구매자라서 정식판을 사용한다. 데비안 계열인 칼리, 우분투 등에서 시만텍 엔드포인트를 설치할 때는 OpenJDK로는 제대로 설치되지 않는다는 점에 유의하자.

데비안 리눅스에서 시만텍 백신 14 설치에 오라클 JAVA 8.x 이상과 JCE[Java Cryptography Extension]의 기능이 필요한데, 이는 시만텍 엔드포인트 설치 파일 내 있는 자바클래스 파일인 JCEUnlimitedlibCheck.class 때문이다.

java --version 명령어로 현재 오라클 JAVA 설치 버전부터 체크한다. JAVA의 버전이 .5.0대로 현저하게 낮거나 오라클의 저작권을 피하기 위해 openJDK로 대체 설치된 시스템은 설치할 때 다음과 같은 에러가 발생한다.

```
Starting to install Symantec Endpoint Protection for Linux
Performing pre-check...
Error: Installation requires Oracle Java 1.5 or later whose owner is superuser.
Please install the correct version with superuser and Java Cryptography
Extension (JCE) Unlimited Strength Jurisdiction Policy Files, and try again.
Pre-check failed.
```

openJDK이거나 java 버전이 낮을 경우

다음 방법을 참고해 oracle-java8-installer 인스톨러부터 설치한다. apt-get 명령어에서 설치할 때 참조할 우분투 버전의 리포지터리 주소를 /etc/apt/sources.list 파일에 하나 추가한 뒤 apt-get install oracle-java8-installer 명령어로 오라클 자바 8 인스톨러를 설치해주면 자동화된 프로세스를 통해 최신 java 버전으로 쉽게 업그레이드한다. 같은 프로세스를 한 번 더 적용하면 8.x 버전 대에서 java 9.x 버전대로 두 번 업그레이드한다.

먼저 /etc/apt/sources.list에 레포지터리 주소를 변경한다.

```
root@debian:/# echo "deb http://ppa.launchpad.net/webupd8team/java/ubuntu
trusty main" >> /etc/apt/sources.list
root@debian:/# echo "deb-src http://ppa.launchpad.net/webupd8team/java/
ubuntu precise main" >> /etc/apt/sources.list
root@debian:/# sudo apt-key adv --keyserver keyserver.ubuntu.com --recv-
keys EEA14886
root@debian:/# apt-get install oracle-java8-installer
패키지 목록을 읽는 중입니다... 완료
...
root@debian:/home/tiger/Download/sep# java --verison
```

284

```
java 9-ea
Java(TM) SE Runtime Environment (build 9-ea+152)
Java HotSpot(TM) Server VM (build 9-ea+152, mixed mode)
```

예제 13-6

시만텍 홈페이지에서 제공하는 symdiag.run 스크립트로 시만텍 엔드포인트를 설치하기 전에 데비안 리눅스에서 설치 가능 여부를 미리 체크해볼 수 있다. 이 과정은 굳이 거치지 않아도 된다.

```
root@debian:/home/tiger#  ./symdiag.run
######### Symantec Diag v 2.1.202 #########
######### Report Version 20170117 #########
Time :  2017. 01. 30. (월) 10:57:30 KST

Checking for updates via HTTPS
100%[==================================>] 61
—.-K/s   in 0s

2017-01-30 10:57:32 (51.3 MB/s) - /tmp/tmp.4qREEINYCi' saved [61/61]
You are already using updated version
Extracting contents ...
Starting SymDiag
PreCollecting information about installed/available Memory...
PreCollecting CPU infomation...
PreCollecting information about Kernel routing table...
PreCollecting information on System architecture...
```

Symdiag 프로세스 결과

데비안의 파이어폭스 ESR로 http://fileconnect.symantec.com 시만텍 설치용 제품을 배포하는 파일커넥트 사이트에 접속 구매 인증서에 적힌 시리얼 키를 입력하고, Korean 버전을 찾는다. 그림 13-2의 시리얼 키는 진짜 시리얼 번호가 아니라 예시용이다.

멀티 플랫폼 버전에는 리눅스, 윈도우 32/64비트 EXE 버전 등이 마련돼 있다.

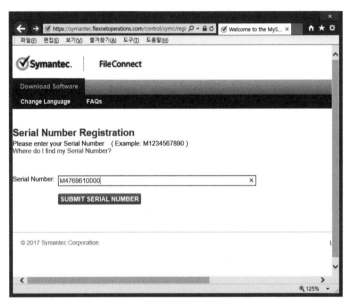

그림 13-2

그림 13-3

멀티플랫폼용 All Clients KN.zip 버전을 찾아 다운로드한 뒤 unzip 압축을 풀면 멀티플랫폼용 파일 네 가지가 보인다. 설치에 필요한 리눅스 클라이언트만 먼저 압축을 푼다. 그리고 데비안용 버전인 sep-deb.zip를 한 번 더 unzip으로 압축 해제한다.

```
Symantec_Endpoint_Protection_14_Linux_Client_KN.zip
Symantec_Endpoint_Protection_14_Mac_Client_KN.zip
Symantec_Endpoint_Protection_14_Win32-bit_Client_KN.exe
Symantec_Endpoint_Protection_14_Win64-bit_Client_KN.exe

root@debian:/home/tiger/다운로드# unzip Symantec_Endpoint_Protection_14*.zip
root@debian:/home/tiger/다운로드# mkdir sep
root@debian:/home/tiger/다운로드# mv sep-deb.zip   /sep
root@debian:/home/tiger/다운로드# cd sep
root@debian:/home/tiger/다운로드/sep# unzip sep-deb.zip
Archive:  sep-deb.zip
  creating: Configuration/
 inflating: Configuration/sep_NE.slf
 inflating: Configuration/sylink.xml
 inflating: Configuration/setAid.ini
 inflating: Configuration/setup.ini
 inflating: install.sh
  creating: Legacy/
 inflating: Legacy/sepap-legacy.deb
 inflating: Legacy/sepap-legacy-amd64.deb
 inflating: pkg.sig
  creating: Repository/
 inflating: Repository/sepjlu.deb
 inflating: Repository/sep.deb
 inflating: Repository/sepap.deb
 inflating: Repository/sepap-x64.deb
 inflating: Repository/sepui.deb
 inflating: Repository/sepui-ub.deb
 inflating: Repository/sepui-ub-x64.deb
 inflating: Repository/precheckX11
```

```
  inflating: Repository/JCEUnlimitedlibCheck.class
  inflating: Repository/precheckglibc
    creating: src/
inflating: src/ap-kernelmodule.tar.bz2
..
```

예제 13-7

./install.sh −i 로 시만텍 엔드포인트 설치를 시작한다.

```
root@debian:/home/tiger/Download/sep# ./install.sh  −i
Starting to install Symantec Endpoint Protection for Linux
Performing pre-check...
Pre-check succeeded
Begin installing virus protection component
Selecting previously unselected package sav.
(데이터베이스 읽는중 ...현재 164472개의 파일과 디렉터리가 설치돼 있습니다.)
sav 패키지를 푸는 중입니다 (.../sep/./Repository/sep.deb에서) ...
Performing pre-check...
Pre-check is successful
sav (14.0.1904-0000) 설정하는 중입니다 ...
man-db에 대한 트리거를 처리하는 중입니다 ...
Virus protection component installed successfully
Begin installing Auto-Protect component
Selecting previously unselected package savap.
(데이터베이스 읽는중 ...현재 164541개의 파일과 디렉터리가 설치돼 있습니다.)
savap 패키지를 푸는 중입니다 (.../sep/./Repository/sepap.deb에서) ...
Performing pre-check...
Pre-check is successful
savap (14.0.1904-0000) 설정하는 중입니다 ...
Auto-Protect component installed successfully
Begin installing GUI component
Selecting previously unselected package savui.
(데이터베이스 읽는중 ...현재 164570개의 파일과 디렉터리가 설치돼 있습니다.)
savui 패키지를 푸는 중입니다 (.../sep/./Repository/sepui.deb에서) ...
```

```
Performing pre-check...
Pre-check is successful
savui (14.0.1904-0000) 설정하는 중입니다 ...
man-db에 대한 트리거를 처리하는 중입니다 ...
desktop-file-utils에 대한 트리거를 처리하는 중입니다 ...
gnome-menus에 대한 트리거를 처리하는 중입니다 ...
GUI component installed successfully
getenforce is not installed, SELinux is not enabled, skip setting selinux attribute.
Pre-compiled Auto-Protect kernel modules are not loaded yet, need compile them
from source code
Build Auto-Protect kernel modules from source code failed with error: 1
Running LiveUpdate to get the latest defintions...
Update was successful
./install.sh: line 1453: [: -lt: unary operator expected
Installation completed
============================================================
Daemon status:
symcfgd         [running]
rtvscand        [running]
smcd            [running]
============================================================
Error: No drivers are loaded into kernel.
============================================================
Auto-Protect starting
Protection status:
Definition:    2017년 01월 27일 rev. 8
AP:      Malfunctioning
============================================================
The log files for installation of Symantec Endpoint Protection for Linux are under ~/:
sepfl-install.log
sep-install.log
sepap-install.log
sepui-install.log
sepfl-kbuild.log
```

예제 13-8

그림 13-4처럼 시만텍 엔드포인트 프로텍션 GUI 프로그램이 동작한다. LiveUpdate 를 눌러 최신 패턴으로 업데이트한다. Rev. 8에 대한 디렉터리가 생성된다.

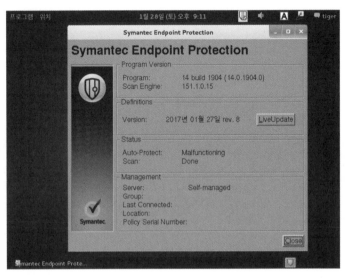

그림 13-4

```
# cd  /opt/Symantec/virusdefs/20170127.008
```

위 경로로 이동해서 ls 명령으로 파일 리스트를 읽어보면 시만텍 바이러스 패턴 데이터가 제대로 업데이트되는지 확인할 수 있다.

다음날 아침이 되면 virusdefs/20170128.001 디렉터리에 새로운 001 리비전이 시작되면서 패턴들이 자동 업데이트돼 있는 것을 알 수 있다.

```
root@debian:/opt/Symantec/virusdefs/20170127.008# ls -al
합계 317880
drwxrwxr-x 2 root avdefs         4096    1월 28 20:57 .
drwxrwxr-x 7 root avdefs         4096    1월 28 20:57 ..
-rw-rw-r-x 1 root avdefs         2536    1월 28 20:57 catalog.dat
```

```
-rw-rw-r-x 1 root avdefs        116252    1월 28 20:57 ecsvrlin.so
-rw-rw-r-x 1 root avdefs      68820084    1월 28 20:57 hf.dat
-rw-rw-r-x 1 root avdefs      22998642    1월 28 20:57 hp.dat
-rw-rw-r-x 1 root avdefs        153324    1월 28 20:57 navenlin.so
-rw-rw-r-x 1 root avdefs       1545612    1월 28 20:57 navexlin.so
-rw-rw-r-x 1 root avdefs          6536    1월 28 20:57 ncsacert.txt
-rw-rw-r-x 1 root avdefs         98112    1월 28 20:57 scrauth.dat
-rw-rw-r-x 1 root avdefs     156345857    1월 28 20:57 tcdefs.dat
-rw-rw-r-x 1 root avdefs      11340657    1월 28 20:57 tcscan7.dat
-rw-rw-r-x 1 root avdefs        197815    1월 28 20:57 tcscan8.dat
-rw-rw-r-x 1 root avdefs        876051    1월 28 20:57 tcscan9.dat
-rw-rw-r-x 1 root avdefs           875    1월 28 20:57 technote.txt
-rw-rw-r-x 1 root avdefs           453    1월 28 20:57 tinf.dat
-rw-rw-r-x 1 root avdefs           148    1월 28 20:57 tinfidx.dat
-rw-rw-r-x 1 root avdefs          1957    1월 28 20:57 tinfl.dat
-rw-rw-r-x 1 root avdefs        172269    1월 28 20:57 tscan1.dat
-rw-rw-r-x 1 root avdefs          3969    1월 28 20:57 tscan1hd.dat
-rw-rw-r-x 1 root avdefs          2503    1월 28 20:57 v.grd
-rw-rw-r-x 1 root avdefs          3311    1월 28 20:57 v.sig
-rw-rw-r-x 1 root avdefs        106244    1월 28 20:57 virscan.inf
-rw-rw-r-x 1 root avdefs       1189651    1월 28 20:57 virscan1.dat
-rw-rw-r-x 1 root avdefs         69194    1월 28 20:57 virscan2.dat
-rw-rw-r-x 1 root avdefs        160940    1월 28 20:57 virscan3.dat
-rw-rw-r-x 1 root avdefs        320089    1월 28 20:57 virscan4.dat
-rw-rw-r-x 1 root avdefs      17531025    1월 28 20:57 virscan5.dat
-rw-rw-r-x 1 root avdefs        467536    1월 28 20:57 virscan6.dat
-rw-rw-r-x 1 root avdefs      29306080    1월 28 20:57 virscan7.dat
-rw-rw-r-x 1 root avdefs       1214820    1월 28 20:57 virscan8.dat
-rw-rw-r-x 1 root avdefs      12337463    1월 28 20:57 virscan9.dat
-rw-rw-r-x 1 root avdefs            32    1월 28 20:57 virscant.dat
-rw-rw-r-x 1 root avdefs         40917    1월 28 20:57 whatsnew.txt
-rw-rw-r-x 1 root avdefs           224    1월 28 20:57 zdone.dat
```

예제 13-9

시만텍 엔드포인트 언인스톨 과정은 −u 옵션을 쓴다. 설치 파일 압축을 푼 폴더에 다음처럼 한다.

```
root@debian:/home/tiger/다운로드/sep#   ./install.sh  -u
```

예제 13-10

14

데비안 각종 서비스에서
보안 설정

데비안 운영체제에 서비스를 위한 여러 서버용 소프트웨어를 설치하다 보면 각종 보안 설정에 소홀해지기 쉽다. Apache2 웹 서버부터 MySQL, Maria 데이터베이스에 이르기까지 해커들의 공격 대상은 오픈소스를 대상으로 계속 늘어나고, 간단한 보안 설정 하나에도 서버 자체가 뚫리기 십상이다.

2016년에 발견된 데비안 리눅스 관련 취약점은 총 327개, 2017년도 1월에만 코드 실행 취약점 5건을 포함해 총 17개나 발견되고 있다. 각종 오픈소스들이 리눅스의 근간을 이루면서 서로 엮여 있다 보니 bash 셸의 취약점인 SellShock나 openSSL 취약점인 HeartBleed, 리눅스 커널 취약점인 DirtyCow 등은 세상에 나와 있는 거의 모든 리눅스 배포판에서 발견되는 실정이다. 그림 14-1을 참고하기 바란다.

OpenBSD 운영체제는 코드 장인들이 한 줄 한 줄 심혈을 기울여 개발했다고 해서 굉장히 안정적이라는 평가를 받는다. 2016년에 단 7개, 그것도 운영체제 자체가 아닌 오푼소스인 openSSH 서버에 대한 문제만 발생했고, 다른 버퍼 오버플로 취약점 등은 전혀 존재하지 않았다. 차원이 다른 안전성에 놀랄 뿐이다. 인기 있는 웹 서버 소프트웨어인 nginX가 OpenBSD에서는 아직 제대로 설치 및 지원이 안 되고 있어 오픈소스에서 발견되는 취약점 수만큼 발견되는 숫자가 현저히 떨어지는 효과도 약간 있다. 데비안 리눅스 관리자라면 apt-get update는 정말 부지런히 해야 한다.

* CVEDetail.com CVETop 50
https://www.cvedetails.com/top-50-products.php

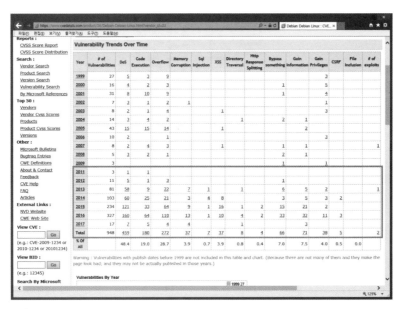

그림 14-1

그림 14-2

Apache 웹 서버 설정

Apache 웹 서버는 설정 파일인 httpd.conf 파일을 한 줄씩 해석하고 설명하기엔 초보자들에게 어려울 수 있어서 윈도우 운영체제에서 Apache 서버를 운영할 수 있는 Autoset 서버를 이용해서 쉽게 설명한 뒤 다시 데비안 리눅스의 Apache 서버 httpd.conf 설정 파일을 함께 비교해보며 설명하는 방식을 사용한다. 방식은 서로 비슷하다.

Apache 웹 서버는 mod_로 시작하는 다수의 웹 서버 확장 모듈을 가지고 있고, 서버를 시작하기 전에 관리자가 모듈들을 하나하나 미리 선택해서 ON/OFF 설정을 하고 가동시키는 방식이다. ON/OFF라고 해도 스위치로 켜는 방식이 아니라 #으로 해당 라인을 주석 처리하거나 없애는 단순한 방식이다. 설정 값은 httpd.conf 파일에 모두 저장된다. 사용하지 않는 웹 서버 확장 모듈은 굳이 메모리에 올리지 않아도 된다.

1. Apache 웹 서버에서 CGI 기능이 필요하다면 mod_cgi.so 확장 모듈을 ON 시켜야 한다.

2. 네이버 XpressEngine(구 제로보드 게시판)을 Apache 웹 서버에서 사용하려면, XE 게시판 설치 스크립트가 mod_rewrite.so라는 필수 확장 모듈의 설치 유무를 미리 검사해야 한다. 확장 모듈이 없으면 바로 경고를 낸다. mod_rewrite 확장 모듈이 OFF 상태로 돼 있다면 httpd.conf 설정 파일에서 이 부분의 주석 처리된 곳을 찾아 앞부분에 있는 #을 제거해(논리상 rewrite 모듈을 ON을 시키고) 확장 모듈을 설정한 뒤 Apache 웹 서버를 재가동시킨다. 그리고 XpressEngine의 설치 스크립트를 처음부터 다시 시작한다.

3. https://처럼 암호화된 보안 프로토콜을 지원하는 안전한 웹 서버를 사용하고 싶다면 mod_ssl.so 확장 모듈을 httpd.conf 설정 파일에서 ON시켜야 한다. https SSL 암호화 프로토콜이 사용하는 443포트는 앞의 방화벽을 세팅하는 도중 iptables에서 미리 오픈시켜 놓았다. 시만텍 베리사인 인증서처럼 상용으로 판매하는 "SSL 인증서"를 Apache 웹 서버에 추가로 설치해야만 SHA-256 등 최신의 강도 높은 암호화 통신을 지원할 수 있다. 2017년 2월 구글 크롬 53 웹 브라우저에서 메인 페이지에 https://를 설정하지 않은 네이버를 "안전하지 않음"으로 표시하고 있어 사용자에게 혼란을 주고 있다.

이는 인증서가 새 것이라도 구형 SHA-1 방식이면 "안전하지 않음"으로 표시하는 방식인데, 구글 블로그에 따르면 이미 6개월 전부터 이런 일을 예고했고, 구글도 SSL 인증서 발급 사업을 하고 있어 이런 논란을 만들어내는 듯하다. https:// 프로토콜이 안전하다는 논리라면 해커가 구축한 불법 악성코드 배포 사이트라도 https:// 프로토콜을 적용하면 무조건 안전하다는 뜻이 돼 사실 이치엔 맞지 않다.

그림 14-3

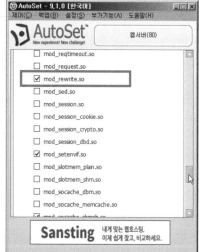

그림 14-4

구글은 한술 더 떠서 시만텍 베리사인 인증서도 안전하지 않으므로 구글 크롬 웹 브라우저에서 막겠다고 발표했다. 이 일로 논란이 커져 테스트 인증서를 대량 발급했던 한국 전자 인증이 인증서 발급 사업에서 손을 떼게 됐다.

이번 장에서 상용 시만텍 베리사인 SSL 서버 인증서를 Apache 웹 서버에 설치하는 방법도 한번 살펴보고 지나갈 것이다.

.asp 스크립트를 해석하는 윈도우 IIS 서버에서 .php 스크립트를 IIS 웹 서버가 해석하도록 하려면 php-CGI.exe라는 CGI 서비스 형태로 웹 서버 추가 세팅을 해서 2개 이상의 스크립트 언어를 웹 서버에서 해석하도록 해야 한다. Apache 웹 서버도 역시 CGI라는 추가 세팅을 해줘야 스크립트 언어를 인식한다.

Apache 서버에서 php 스크립트와 MySQL 데이터베이스를 사용해 웹 서비스를 구축하려고 하니 mod_ 웹 서버 확장 모듈과 별도로 php 스크립트 언어가 Apache 웹 서버 소프트웨어에 의해 해석이 가능하도록 .php나 .php3 확장자를 해석 가능하게 설정해야 한다.

다음처럼 〈?   ?〉로 둘러싸인 부분은 서버 사이드 코드라고 해서 웹 서버에서 코드가 해석-실행되고, 실행된 결과 값만 다시 사용자의 웹 브라우저로 전송된다.

```
〈? php
phpinfo();  // 웹 서버에서 실행되고, 결과 값만 사용자 웹 브라우저로 전송된다.
?〉
```

서버 사이드 PHP 코드

데이터를 저장할 때, 오라클 데이터베이스를 사용하거나 MySQL DB를 사용하려면 php_로 시작하는 php 확장 모듈을 추가로 ON시켜 php 스크립트 언어와 데이터베이스 간 연동 처리를 가능하게 해야 한다. 그림 14-5에서는 MySQL과 연동하기 위해 php_mysql.dll을 체크했다. 오라클 데이터베이스도 함께 사용하려면 phpOCI8_12C.dll을 추가로 체크해야 한다.

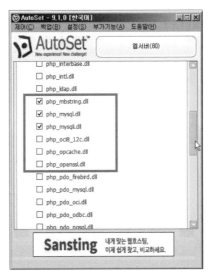

그림 14-5

윈도우에서 설정 방식을 봤으니 이번엔 데비안 리눅스에서 Apache 웹 서버용 설정 파일인 httpd.conf를 열어 내용을 확인한다.

```
ServerRoot  "/etc/httpd"
```

httpd 데몬 소프트웨어가 있는 최상위 위치다. Apache 웹 서버의 설정 파일이 있는 위
치라고 생각하자. 디렉터리의 맨 끝에 슬래시를 붙이면 안 된다. 웹 서버 콘텐츠가 저
장되는 도큐먼트 루트 디렉터리와는 다르다는 걸 항상 기억하기 바란다.

윈도우 Apache 서버인 Autoset 서버에서 제공되는 httpd.conf 파일에는 다음처럼
Apache 서버의 설치 위치가 저장된다.

```
ServerRoot "D:/AutoSet9/Server"
```

윈도우 버전이라도 Apache 내부에서는 유닉스식 이름을 쓰기 때문에 백슬래시가 아
닌 슬래시를 사용해야 한다. 위치가 "/etc/httpd"인지 "D:/AutoSet9/Server"인지의
차이일 뿐 동일하다.

```
DocumentRoot  "/var/www/html"
```

이 부분이 웹 서버 콘텐츠 파일들이 저장되는 위치다. 이 부분에서 /var/www/처럼
잘못 세팅돼 있으면 웹 서버 콘텐츠의 저장 위치를 찾지 못한다.

```
MaxKeepAliveRequests 100
```

Apache 웹 서버가 기본 100개까지 Request 접속을 처리하겠다는 설정이다. 이 부분
이 0이면 무한대까지라는 뜻이고, 서버 운영 중에는 메모리에 수십 개의 httpd 데몬
프로세스가 떠있는 모습을 볼 수 있다.

```
(root@m conf)# ps -ef | grep  httpd
root       472    1  0  2016 ?        00:00:10 /usr/sbin/httpd
apache    3498  472  0 Feb19 ?        00:00:00 /usr/sbin/httpd
apache    3499  472  0 Feb19 ?        00:00:00 /usr/sbin/httpd
apache    3500  472  0 Feb19 ?        00:00:00 /usr/sbin/httpd
apache    3501  472  0 Feb19 ?        00:00:00 /usr/sbin/httpd
apache    3508  472  0 Feb19 ?        00:00:00 /usr/sbin/httpd
apache    3510  472  0 Feb19 ?        00:00:00 /usr/sbin/httpd
apache    3511  472  0 Feb19 ?        00:00:00 /usr/sbin/httpd
(root@m conf)#
```

Load Module에서 mod_rewrite.so 모듈이 로드되지 않으면 네이버 XpressEngine 설치 스크립트 에러가 나므로 설치 전 Apache rewrite 모듈의 주석 처리 여부를 확인해야 한다.

```
# LoadModule foo_module modules/mod_foo.so
#
LoadModule rewrite_module modules/mod_rewrite.so
LoadModule cgi_module modules/mod_cgi.so
LoadModule disk_cache_module modules/mod_disk_cache.so
```

윈도우 운영체제용 Autoset 서버에서 httpd.conf 파일을 열어보면 php5 세팅을 위한 모듈과 외부 apache 서버용 php5 모듈(.dll 라이브러리)을 httpd 서버에 등록해둔 걸 볼 수 있다.

```
LoadModule rewrite_module modules/mod_rewrite.so
LoadModule cgi_module modules/mod_cgi.so
LoadModule ssl_module modules/mod_ssl.so
LoadModule php5_module "D:/AutoSet9/Server/bin/php5apache2_4.dll"
```

```
LoadModule rewrite_module modules/mod_rewrite.so
LoadModule cgi_module modules/mod_cgi.so
LoadModule ssl_module modules/mod_ssl.so
LoadModule php5_module "D:/AutoSet9/Server/bin/php5apache2_4.dll"


# PHP 5.5
AddType application/x-httpd-php .php .php3 .htm .html .inc .phtml
AddType application/x-httpd-php-source .phps
PHPIniDir "E:/AutoSet9/Server/conf"


# PHPMyAdmin
Alias /phpmyadmin "D:/AutoSet9/solution/phpMyAdmin"
〈Directory "D:/AutoSet9/solution/phpMyAdmin"〉
Options FollowSymLinks
AllowOverride FileInfo
Require all granted
〈/Directory〉
```

Autoset 서버는 MySQL DB 서버를 웹 브라우저에서 편하게 관리하는 데 도움을 주는 phpMyAdmin 웹 어드민 툴이 통합 설치돼 있다. 데이터베이스 조작은 이 툴을 이용한다.

데비안 리눅스의 httpd.conf에서 유저 관련 내용을 확인하자.

```
User apache
Group apache
```

httpd 데몬 프로세스를 apache:apache 권한으로 동작시킨다. root 권한으로 Apache 웹 서버 프로세스를 동작시키면 각종 버퍼 오버플로 공격으로 권한 상승을 할 수 있어 위험하다. Nobody로 권한 설정하면 메모리 공유가 안 되는 운영체제도 있다.

윈도우 운영체제용 Autoset 서버에서 해당 부분을 비교해보면 damon 사용자로 설정한 것을 알 수 있다.

```
User daemon
Group daemon
```

Apache 웹 서버를 동작시킬 때 Options 뒤에 있는 Indexes 부분은 삭제하고 가동시킨다.

귀찮다는 이유로 indexes라는 단어 하나를 지우지 않고, 그냥 Apache 웹 서버를 기동시키면 디렉터리 트래버설 취약점에 의한 노출이 생기고, 보여선 안 될 디렉터리의 구조 및 파일들이 사용자 웹 브라우저에 훤히 보이게 된다. 그 다음 수순은 구글 검색 봇에 의해 유출된 로그 파일의 내용들이 구글 데이터베이스에 고스란히 등록되고 영구 저장된다. 디렉터리 노출이 무조건으로 일어나는 것이 아니라 해당 디렉터리에 index.html 파일이 누락되면 어떤 디렉터리에서든 바로 디렉터리 노출이 일어난다.

```
〈Directory /〉
    Options Indexes  FollowSymLinks
    AllowOverride  None
〈/Directory〉
```

따라서 indexes 부분은 깔끔하게 지우자.

정말 급할 땐 모든 디렉터리에 빈 index.html 파일만 복사해 넣어도 노출을 막을 수 있다.

모 방송사의 2016년 리우올림픽 인터넷 생중계 부분에 Apache 웹 서버 설정 실수로 인터넷 방송에 필요한 설정 파일들이 전부 노출된 적도 있다. 다음처럼 FTP 서버 자료실 형태로 웹 서버를 운영하는 경우만 Indexes를 넣는다.

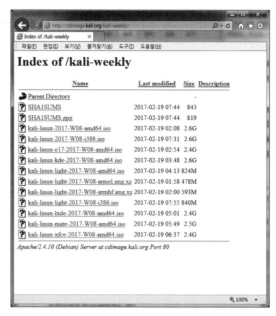

그림 14-6

Apache 서버에서 미디어 파일 등에 대한 확장자를 다뤄야 할 때도 있지만, httpd.
conf 내부에는 이 부분이 없고, 외부 파일인 /etc/mime.types 파일에서 확장자 타입
을 세세하게 설정하게 돼 있다.

```
# MIME type              Extension
video/x-ms-asf           asf asx
video/x-ms-wm            wm
#video/x-ms-wmv          wmv
video/x-ms-wmx           wmx
video/x-msvideo          avi
```

/etc/mime.types 확장자 설정

SSL 인증서 설치

웹 서버에서 https://로 암호화된 프로토콜로 서비스하려면 별도의 암호화 하드웨어 장비가 필요 없다. ㈜한국 전자 인증 등 SSL 서버 인증서 대행 발급 업체들이 대행 및 판매하는 상용 SSL 인증서만 웹 서버에 설치해서 암호화 프로토콜을 지원하면 된다. 펜타시큐리티 D'Amo Web Crypto 보안 솔루션처럼 추가 설치형 암호화 소프트웨어를 이용해 구간 암호화 프로토콜을 지원하는 방법 등도 쓴다.

한푼이 아쉬운 학생 개발자나 스타트업 기업에서는 90일마다 계속 설치를 해야 하지만, 아쉬운 마음에 Let's Encrypt 서비스를 이용하기도 한다. 구글이나 중국 치후 360에서 제공하는 인증서 서비스를 이용하기도 한다. 일단 대표 인터넷 기업인 네이버나 다음은 어떤 SSL 인증서를 사용하고 있는지 확인해보자.

> *SSL 인증서 설치 확인
> https://www.kicassl.com/cstmrsuprt/sslseccerttool/formSslSecCertToolSsl
> Setting.sg
> kicaSSL사이트 HOME 〉 SSL 보안서버 인증서 〉 보안 인증 툴

그림 14-7

그림 14-8

구글 크롬 53 웹 브라우저부터는 그림 14-7처럼 네이버의 로그인 창을 빌미로 "안전하지 않다"로 표시한다. 그러나 실제로 안전하지 않다는 의미가 아니다. 네이버의 로그인은 강력하고 안전해 칼리 리눅스의 SSLStrip 가로채기 툴로도 SSL 통신 가로채기는 전혀 할 수 없을 정도다. 다른 포털인 다음카카오나 페이스북은 SSLStrip으로 MITM^Man In The Middle 공격이 가능하다. 안전하지 않다는 표시는 한 페이지에 https와 http가 혼재돼 있거나 SHA-1 암호화를 쓰고 있는 경우 등 다양한 케이스가 있으니 자세한 내용은 다음 장에 소개하는 구글 보안 블로그를 통해 확인하기 바란다.

Naver.com이나 Daum.net 도메인에는 인증서가 따로 없지만, 그 대신 메일이나 네이버 로그인 등 주요 서비스마다 SSL 인증서가 따로따로 지정돼 있다. 그 증거로 인증서들의 시작일과 만료일 등이 각 서비스하는 서버마다 모두 다르다.

네이버는 주로 "COMODO RSA Organization Validation Secure Server CA"를 사용하고, 다음카카오는 "thawte SSL CA - G2" 인증서를 사용한다. 마이크로소프트 사도 시만텍 베리사인 인증서를 사용한다. 나는 회사에서 "Symantec Class 3 Secure Server CA - G4" 시만텍 베리사인 시큐어 인증서를 구매해 적용한다. 시만텍이 직접 개발한 인증서는 아니고, 원래 VeriSign이 만든 SSL 인증서 서비스 회사를 약 3년 전 시만텍에서 인수했다. 점유율은 COMODO RSA가 전체 인증서 시장의 약 40%에 육박하며, 90일짜리 무료 인증서 서비스인 Let's Encrypt의 전 세계 점유율은 단지 0.4%에 불과하다. 스타트업 기업이 많이 쓰지만 모바일에서 접속 시 인증서 에러도 자주 발생한다.

네이버나 다음카카오가 사용하는 모든 웹 서버 SSL 인증서가 공통으로 사용하는 방식은 SHA-2 방식의 "SHA256 with RSA", "2048비트"다.

```
www.microsoft.com
──────────────────────────
IP 정보 23.74.16.178
인증서 시작일 2016-10-26 09:00:00
인증서 만료일 2018-10-28 08:59:59
RSA Public Key Bit   2048
암호화 알고리즘   SHA256withRSA
ROOT 명칭  VeriSign Class 3 Public Primary Certification Authority - G5
CA 명칭  Symantec Class 3 Secure Server CA - G4


nid.naver.com
──────────────────────────
IP 정보 114.111.45.200
인증서 시작일 2016-12-06 09:00:00
인증서 만료일 2017-09-01 08:59:59
RSA Public Key Bit 2048
암호화 알고리즘 SHA256withRSA
ROOT 명칭 AddTrust External CA Root
CA 명칭 COMODO RSA Extended Validation Secure Server CA


mail.naver.com
──────────────────────────
IP 정보 125.209.222.171
```

인증서 시작일 2016-04-05 09:00:00
인증서 만료일 2018-05-01 08:59:59
RSA Public Key Bit 2048
암호화 알고리즘 SHA256withRSA
ROOT 명칭 AddTrust External CA Root
CA 명칭 COMODO RSA Organization Validation Secure Server CA

mail.daum.net

IP 정보 113.29.186.70
인증서 시작일 2016-06-16 09:00:00
인증서 만료일 2018-06-17 08:59:59
RSA Public Key Bit   2048
암호화 알고리즘 SHA256withRSA
ROOT 명칭   thawte Primary Root CA
CA 명칭 thawte SSL CA - G2

kakao.com

IP 정보 110.76.141.122
인증서 시작일 2015-11-11 09:00:00
인증서 만료일 2017-11-11 08:59:59
RSA Public Key Bit 2048
암호화 알고리즘 SHA256withRSA
ROOT 명칭 Thawte Premium Server CA
CA 명칭 thawte SSL CA - G2

*구글 보안 블로그
Announcing the first SHA-1 collision
https://security.googleblog.com/2017/02/announcing-first-sha1-collision.html

SHA−1 해시 알고리즘 때문에 각 보안 커뮤니티에 의견들이 많은데, 2016년 6월부터 마이크로소프트는 보안 패치를 제작 배포할 때를 비롯해 모든 보안 체계에 SHA−1 해시를 사용하지 않는다. 시만텍 베리사인 인증서를 국내에 대행 공급하는 ㈜한국 전자 인증 인증서 업체도 SSL 인증서 구매 고객에게 SHA−2 해시로 교체하도록 계속 고지해왔다.

아이러니하게도 국내에선 제일 빠르게 움직여야 할 금융−은행권만 가장 더디게 움직였다.

SHA는 암호화 통신을 위한 해시 값을 만드는 보안 해시 알고리즘Secure Hash Algorithm, SHA의 줄임말로, 미 정보 기관인 NSA에서 처음 채택한 뒤 초기 버전은 SHA−0으로 시작해 현재 SHA−3 기술 표준까지 개발된 상태다. SHA−1은 웹 사이트와 사용자 웹 브라우저 간 암호화 프로토콜 등에 쓰인다. 원본이 일치하면 동일한 해시 값을 얻을 수 있고, 조금이라도 다른 데이터를 넣으면 전혀 다른 해시 값이 만들어진다. 이런 특성으로 인증서가 위·변조되지 않았음을 보장한다.

그런데 2013년 마크 스티븐스가 발표한 논문은 SHA−1 해시 알고리즘으로 만든 해시 값의 불안전성 때문에 서로 다른 원본을 가지고도 의도적으로 동일한 해시 값을 만들어낼 수 있다는 이론적 가능성을 제시했다. 이 현상을 충돌collision이라고 부른다. 충돌하는 해시 값을 만들 수 있는 알고리즘의 실제 구현으로 SHA−1 디지털 인증서의 고유성을 보장할 수 없게 됐고, 특정 인증서 발급 주체를 사칭해 방문자를 위험에 빠뜨릴 수 있는 위협, 이를 테면 "FAKE OO은행"과 같은 은행권 웹 사이트 인증서까지 컴퓨팅 비용 약 70만 달러 정도면 똑같이 복제해서 만들어낸다.

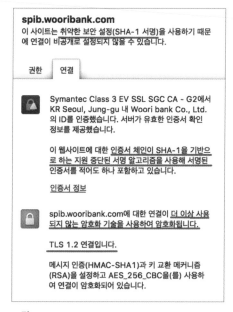

spib.wooribank.com
이 사이트는 취약한 보안 설정(SHA-1 서명)을 사용하기 때문에 연결이 비공개로 설정되지 않을 수 있습니다.

권한	연결

🔒 Symantec Class 3 EV SSL SGC CA - G2에서 KR Seoul, Jung-gu 내 Woori bank Co., Ltd.의 ID를 인증했습니다. 서버가 유효한 인증서 확인 정보를 제공했습니다.

이 웹사이트에 대한 인증서 체인이 SHA-1을 기반으로 하는 지원 중단된 서명 알고리즘을 사용해 서명된 인증서를 적어도 하나 포함하고 있습니다.

인증서 정보

🔒 spib.wooribank.com에 대한 연결이 더 이상 사용되지 않는 암호화 기술을 사용하여 암호화됩니다.

TLS 1.2 연결입니다.

메시지 인증(HMAC-SHA1)과 키 교환 메커니즘 (RSA)을 설정하고 AES_256_CBC을(를) 사용하여 연결이 암호화되어 있습니다.

그림 14-9

구글 인프라 팀과 네덜란드 암스테르담 국립수학전산학연구소(CWI)는 2년간의 공동 연구 끝에 SHA-1 해시의 충돌 현상을 실제로 입증했다. 서로 다른 원본으로 동일한 해시 값을 만들어내 SHA-1 해시 기반의 인증서가 위·변조될 수 있는 가능성이 제기되자 외국 쪽 커뮤니티는 매일 뜨겁게 달궈졌다. 두 PDF 문서의 내용은 서로 다른데, SHA-1 해시 알고리즘을 적용한 해시 값은 완전히 일치한다. 심지어 충돌을 구현하는 데 쓰인 소스 코드도 90일이 지나면 공개될 예정이라 이 책이 출간되는 시점에는 완전히 공개될 예정이다.

그림 14-10

그림 14-10은 침입 차단 및 탐지 장비인 상용 IPS 보안 장비에서 쓰이는 실제 SHA-1 암호화 방식의 인증서로, 2016년 4월에 만들어져 2017년 4월에 다시 1년간 새로 갱신했다.

IPS 보안 장비의 운영 일수가 약 6년 이상 넘어서면서 제조사에서 단종 처리돼 구형 장비에 대한 소프트웨어 업그레이드 자체가 불가능하다는 공문을 받았다. SHA-2 암호화로 업그레이드는 되지 않고, 그 대신 새 장비를 교체해야만 한다. 소프트웨어 패치 공급 중단은 EOS^{End of Service}라고 하며, 인증서 업그레이드가 되지 않아 장비 운영에 약간 제약이 생긴다.

국내 은행권도 이런 혼란을 미리 예상해 2015년 말부터 SHA-1 해시 암호화의 퇴출 움직임이 있었다. 은행에서 사용하는 EV SSL 인증서(은행이나 카드, 증권사 사이트에 접속하면 상단 웹 브라우저 주소 표시줄 부분이 녹색으로 표시되고, 자물쇠 모양이 나타나는 방식)는 보기엔 매우 화려하고 안전해 보이지만, 그 이면에는 지원이 중단된 SHA-1 해시 암호화를 사용하고 있었다. 그림 14-11을 보면 국민은행은 Delpino-G3-SHA2.EXE 로 인증서 암호화용 보안 프로그램이 업그레이드됐다는 것을 알 수 있다. 녹색으로 표 시되는 EV SSL 인증서도 사용한다. 은행 거래를 할 때 보안 프로그램의 설치를 눈여 겨보자.

웹 브라우저와 암호화 데이터를 주고받는 은행과 증권 사이트의 각종 보안 솔루션들도 더 이상 사용해선 안 되는 SHA-1 해시를 기반으로 개발된 사례가 적지 않다. 웹 브 라우저가 아니라 거래 데이터 저장 데이터베이스의 암호화 소프트웨어에서도 테이블 용 비밀 키는 ARIA(국가 표준 암호화 방식), SEED, AES, TDES, DES 암호화를 사용하는 데 비해 로그인 패스워드용 비밀 키에만 취약한 SHA-1 해시를 쓰는 사례도 있었다.

그림 14-11

그림 14-12

웹 브라우저에서 상단 자물쇠 모양을 누르고 "인증서 보기 > 자세히" 탭을 선택하면 서명 해시 알고리즘이 SHA256임을 웹 브라우저에서 눈으로 확할 수 있으므로 인터넷 쇼핑몰 등을 자주 이용하는 사람은 자주 방문하는 쇼핑몰의 SHA-1 해시 사용 여부를 한 번씩 점검해보기 바란다. 크롬 53 이후 웹 브라우저에서 자물쇠가 X로 나타나면 SHA-1 해시를 사용하는 웹 사이트일 수도 있다는 것을 짐작할 수 있다.

마이크로소프트와 모질라 파이어폭스는 2016년 6월부터 SHA-1 해시 사용을 중단했고, 구글 크롬은 41 이상 버전부터 2017년 5월 현재 크롬 53 버전 이상으로 설치돼 있으면 SHA-1 해시를 사용하는 웹 사이트에 접속하면 "안전하지 않은 웹 사이트"라는 경고를 띄운다. 미리미리 준비하지 않은 금융권 웹 사이트는 고객에게 "안전하지 않은 금융사"라는 부정적인 이미지만 심어줄 수 있다.

SHA-1 해시가 퇴출되면서 윈도우 XP는 서비스 팩 3 이상을 설치하거나 안드로이드 버전은 2.3 이상을 사용하지 않으면 SHA-2 지원 및 거래 자체가 불가능하다. 구형 버전의 사용자는 아예 온라인 은행 업무 자체를 볼 수 없다. 2017년 5월의 WannaCry 랜섬웨어의 광풍이 몰아친 덕분에 대한민국 내 윈도우 PC와 서버 운영체제들이 자연스럽게 최신 보안 업데이트가 이뤄진 것처럼 은행권 SHA-2 방식의 인증서 적용이 마무리되는 시점이 은행의 암호화 보안 체계 업그레이드도 같이 완성되는 시점일 듯하다.

다음은 SHA-2 해시 암호화를 지원하는 소프트웨어들의 최소 버전을 표시한 것이다.

웹 브라우저 및 소프트웨어 소프트웨어	최소 지원 버전
구글 크롬	26 버전 이상
모질라 파이어폭스	1.5 버전 이상
Safari(MAC)	10.5 버전 이상
아이폰	3.0 버전 이상
오페라	9.0 버전 이상
IE 8	XP 서비스팩 3 이상

웹 브라우저 및 소프트웨어 소프트웨어	최소 지원 버전
윈도우 2003서버	KB 938397 패치 설치
안드로이드	2.3 버전 이상

표 14-1

2017년 초에 내가 살펴본 바에 의하면 대부분의 은행뿐만 아니라 카드사와 보험사, 증권사, 대형 인터넷 쇼핑몰 등도 대부분 SHA-2 교체를 마쳐 매우 안전하다. 그러나 오픈소스 진영의 Apache 웹 서버 공식 다운로드 페이지는 파일이 조작되지 않았다는 증거로 PGP, MD5와 함께 여전히 SHA-1 해시를 사용 중이다. 소스 코드 저장소인 깃허브도 아직 SHA-1 해시를 사용한다.

---

* 구글 보안 블로그
Gradually sunsetting SHA-1
https://security.googleblog.com/2014/09/gradually-sunsetting-sha-1.html

---

백업된 인증서의 설치

한국전자인증과 같은 인증서 발급 대행 업체에선 고객 편의를 위해 SSL 인증서를 "백업된 인증서" 형태로 가공해 제공한다. Apache 등 웹 서버의 운영 버전에 따라 설정 파일이 전부 틀리기 때문에 자신의 Apache 웹 서버 소프트웨어 버전이 무엇인지 잘 확인해야 한다.

SSL 관련 설정은 다음 설정 파일에서 설정할 수 있다.

Apache 1.x 버전대: **httpd.conf**
Apache 2.0 버전대: **ssl.conf**
Apache 2.2 버전대: **httpd-ssl.conf**

Apache 웹 서버 SSL 설정 파일

윈도우 버전의 Apache는 안에 openssl 모듈이 포함된 배포판용 .msi 설치 버전을 통해 설치해준다. httpd-2.2.25-win32-x32-openssl-0.9.8.y.msi 파일이 없다면 비교 예제로 소개하고 있는 Autoset 서버를 이용하면 편리하다.

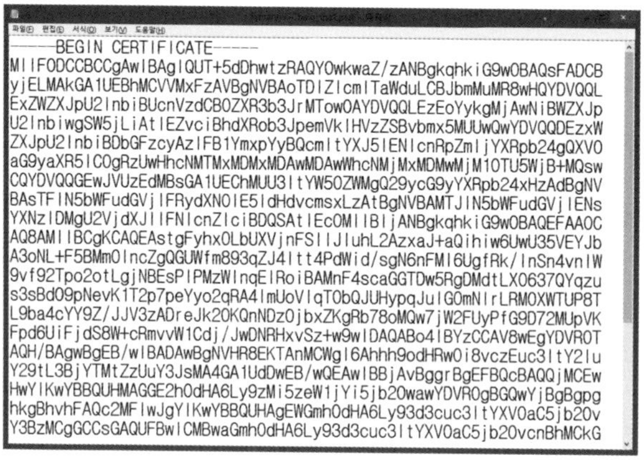

-----BEGIN CERTIFICATE-----
MIIFODCCBCCgAwIBAgIQUT+5dDhwtzRAQY0wkwaZ/zANBgkqhkiG9w0BAQsFADCB
yjELMAkGA1UEBhMCVVMxFzAVBgNVBAoTDlZlcmlTaWduLCBJbmMuMR8wHQYDVQQL
ExZWZXJpU2lnbiBUcnVzdCB0ZXR3b3JrMTowOAYDVQQLEzEoYykgMjAwNiBWZXJp
U2lnbiwgSW5jLiAtIEZvciBhdXRob3JpemVkIHVzZSBvbmx5MUUwQwYDVQQDEzxW
ZXJpU2lnbiBDbGFzcyAzIFB1YmxpYyBQcmltYXJ5IENlcnRpZmljYXRpb24gQXV0
aG9yaXR5IC0gRzUwHhcNMTMxMDMxMDAwMDAwWhcNMjMxMDMwMjM1OTU5WjB+MQsw
CQYDVQQGEwJVUzEdMBsGA1UEChMUU3ltYW50ZWMgQ29ycG9yYXRpb24xHzAdBgNV
BAsTFlN5bWFudGVjIFRydXN0IE5ldHdvcmsxLzAtBgNVBAMTJlN5bWFudGVjIENs
YXNzIDMgU2VjdXJlIFNlcnZlciBDQSAtIEc0MIIBIjANBgkqhkiG9w0BAQEFAAOC
AQ8AMIIBCgKCAQEAstgFyhx0LbUXVjnFSlIJluhL2AzxaJ+aQihiw6UwU35VEYJb
A3oNL+F5BMm0lncZgQGUWfm893qZJ4Itt4PdWid/sgN6nFMl6UgfRk/InSn4vnIW
9vf92Tpo2otLgjNBEsPIPMzWlnqElRoiBAMnF4scaGGTDw5RgDMdtLX0637QYqzu
s3sBd09pNevK1T2p7peYyo2qRA4lmUoVlqTObQJUHypqJulGOmNIrLRM0XWTUP8T
L9ba4cYY9Z/JJV3zADreJk20KQnNDz0jbxZKgRb78oMQw7jW2FUyPfG9D72MUpVK
Fpd6UiFjdS8W+cRmvvW1Cdj/JwDNRHxvSz+w9wIDAQABo4IBYzCCAV8wEgYDVR0T
AQH/BAgwBgEB/wIBADAwBgNVHR8EKTAnMCWgI6Ahhh9odHRwOi8vczEuc3ltY2lu
Y29tL3BjYTMtZzUuY3JsMA4GA1UdDwEB/wQEAwIBBjAvBggrBgEFBQcBAQQjMCEw
HwYIKwYBBQUHMAGGE2h0dHA6Ly9zMi5zeW1jYi5jb20wawYDVR0gBGQwYjBgBgpg
hkgBhvhFAQc2MFIwJgYIKwYBBQUHAgEWGmh0dHA6Ly93d3cuc3ltYXV0aC5jb20v
Y3BzMCgGCCsGAQUFBwICMBwaGmh0dHA6Ly93d3cuc3ltYXV0aC5jb20vcnBhMCkG

그림 14-13

보통 E-mail 로 전달된 “백업된 시만텍 베리사인 인증서” 파일은 총 3개다.

(1) Cert.pem,
(2) Newkey.pem,
(3) Symantec-Chain_sha2. Pem

백업된 인증서 파일 내용

이 파일들을 데비안 리눅스의 인증서 파일 저장 디렉터리인 /etc/ssl/certs 디렉터리에 설치하거나 윈도우 운영체제에서는 임의의 디렉터리 D:₩SecureCert라는 임의의 저장 폴더를 만들어 백업된 인증서 파일들을 풀어넣는다. 웹 서버 콘텐츠 루트 디렉터리는 가급적 제외한다.

디렉터리 트래버설 취약점이나 권한 상승, 구글 검색로봇 등을 고려한다면 public_html 디렉터리가 아닌 임의의 다른 디렉터리에 저장해야 인증서 유출이 생기지 않는다.

인증서와 관련된 httpd.conf 설정 파일을 수정한다. 앞부분에서 Autoset 서버와 Apache 서버 두 가지를 비교하면서 이미 한 번 언급했던 mod_로 시작하는 SSL 대응 웹 서버 확장 모듈이다.

Apache 2.2 버전 대역에서는 httpd-ssl.conf 파일에서 include를 하는 부분이다. # 으로 주석 처리를 해놓았다면 주석 처리를 제거해 ON 상태로 만든다.

```
ssl_module modules/mod_ssl.so
Include conf/extra/httpd-ssl.conf
```

Virtual Host 모듈의 내용을 굵게 처리된 부분처럼 3개의 파일, 즉 인증서, 키 파일, 체인 인증서 파일을 설정해준다.

```
Listen 443
〈VirtualHost _default_:443〉
DocumentRoot "D:\/public_html"
ServerName www.e-corp.com
ServerAdmin admin@e-corp.com
SSLEngine on

SSLProtocol all -SSLv2 -SSLv3
SSLCipherSuite HIGH:MEDIUM:!SSLv2:!PSK:!SRP:!ADH:!AECDH:!DH:!IDEA
SSLCertificateFile "D:\SecureCert\cert.pem"
SSLCertificateKeyFile "D:\SecureCert\newkey.pem"
SSLCertificateChainFile "D:\SecureCert\Symantec-Chain_sha2. pem"
```

그림 14-13의 체인 인증서 내용물은 눈으로 대충 보기에도 복잡하다. SHA-2 해시 암호화 방식으로 만들어진 건 "Symantec-Chain_sha2. pem"이라는 파일 이름으로 부터 짐작할수 있다.

인증서 관련 편집이 끝나면 Apache 서버를 재구동한다. SSL 웹 서버 확장 모듈과 새로 설치한 체인 인증서들이 함께 로딩된다.

```
apachectl  start
```

윈도우용 Apache 서버는 Autoset 웹 서버 모니터 툴이나 Apache Service Monitor 도구에서 마우스 클릭으로 Apache 웹 서버를 재구동한다.

윈도우용 Apache 서버라면 명령 프롬프트 창에서 netstat -an 명령으로 443포트로 리스닝이 잘 되고 있는지 확인한다.

```
C:\Users\Administrator> netstat -an
    TCP    0.0.0.0:443              0.0.0.0:0              LISTENING
    TCP    127.0.0.1:56443          127.0.0.1:3306        TIME_WAIT
    TCP    192.168.10.4:63847       82.145.215.85:443     ESTABLISHED
    TCP    [::]:443                 [::]:0                LISTENING
```

다음의 링크를 사용하거나 사이트 하단에 마련된 시만텍 베리사인 이미지 배너를 누르면 정보를 확인할 수 있다. 다음 예제는 CJB 청주방송에서 사용하고 있는 실제 연결 설정이다.

```
https://trustsealinfo.websecurity.norton.com/splash?form_file=fdf/splash.
fdf&dn=www.cjb.co.kr&lang=ko
```

CJB 청주방송, 시만텍 베리사인 인증서 확인용 이미지 배너 링크

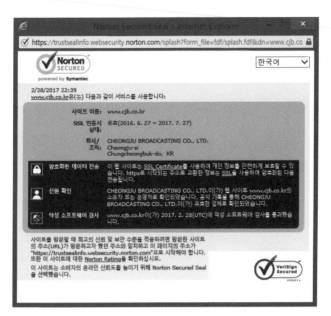

그림 14-14

시만텍 베리사인 SSL 인증서의 기능은 크게 세 가지다.

- 암호화된 데이터 전송: SSL Certificate를 사용해 개인정보를 안전하게 보호할 수 있다. https로 시작되는 주소로 교환한 정보는 SSL을 사용해 암호화한 뒤 전송된다.
- 신원 확인: 회사 주소와 이름을 통해 웹 사이트 소유자, 운영자, 유효한 업체인지 확인한다.
- 악성 소프트웨어 검사: www.cjb.co.kr이 2017년 2월 28일에 접속 당시 악성 소프트웨어 검사를 통과해 방문한 사이트가 악성코드를 유포하는 사이트가 아님을 확인해준다.

시만텍 체인 인증서가 웹 서버에 잘 설치됐다면 SSL을 적용하는 방법은 매우 간단하다.

회원 가입이나 회원 정보 수정하기, 로그인 등 사이트로 들어가는 HTML 소스 코드 부분에서 링크를 단순히 http://에서 https://로 모두 바꿔주면 적용된다.

하지만 이렇게 http와 https 링크가 웹 페이지에서 혼재돼 있으면 웹 브라우저에서 경고 창이 계속 뜨는데, 이 경고 창을 뜨지 않게 하려면 이미지 파일, 자바스크립트 및 플래시 파일 링크까지도 모두 https://로 바꿔줘야 한다. 다만 https://로 바꾸면 ssl 암호화를 처리하기 위해 페이지 로딩 속도가 5~7%까지 저하된다.

CJB 청주방송이 실제 서비스하는 웹 사이트에서 Index.html을 수정해서 리다이렉션을 통해 https://가 강제 적용되도록 한 예제다. http://로 연결해도 index.html이 해석되면서 강제로 https://www.cjb.co.kr로 리다이렉션시킨다.

```
〈HTML〉
〈TITLE〉CJB 청주 〈/TITLE〉
〈head〉
〈script type="text/javascript"〉
〈!—
function Redirect()
{
    window.location="https://www.cjb.co.kr";
}
setTimeout('Redirect()', 0);
//—〉
〈/script〉
〈/head〉
〈BODY〉
〈/BODY〉
〈/HTML〉
```

Apache2 서버 설정하기

데비안 리눅스를 설치하면 Apache2 웹 서버가 기본으로 설치된다. Apache2 웹 서버의 설정 파일은 /etc/apache2 디렉터리 아래 apache2.conf에 위치하는데, 설정하는 방식이 조금 다르게 바뀌었다.

데비안 리눅스에서 Apache2 서버용 설정 파일인 /etc/apache2/apache2.conf를 열어 내용부터 확인해보자.

콘텐츠 루트 디렉터리를 알려주는 DocumentRoot 부분이 아예 사라졌다.

그 대신 외부에 있는 폴더인 /etc/apache2/sites-available에서 default 및 default-ssl이란 2개의 파일에서 도큐먼트 루트 폴더를 설정하도록 바뀌었다. https:// 프로토콜, 즉 SSL을 사용하는 경우만 default-ssl에서 편집할 수 있다.

ServerRoot 부분은 주석 처리돼 있다. 따로 건드리지 않는 것이 좋다.

```
#ServerRoot "/etc/apache2"
```

Apache2 웹 서버가 기본 100개까지 Request 접속을 처리하겠다는 설정이다. 이 부분이 0이면 무한대까지라는 뜻이고, 처음 시동되면 메모리에 5개의 apache2 데몬 프로세스가 떠있는 모습을 볼 수 있다. 초기 서버의 숫자는 다음에 나올 prefork MPM에서 설정하기 나름이다.

```
MaxKeepAliveRequests 100
```

```
root@debian:~# ps -ef | grep apache2
root        4372      1  0 16:51 ?        00:00:00 /usr/sbin/apache2 -k start
www-data    4375   4372  0 16:51 ?        00:00:00 /usr/sbin/apache2 -k start
www-data    4378   4372  0 16:51 ?        00:00:00 /usr/sbin/apache2 -k start
www-data    4379   4372  0 16:51 ?        00:00:00 /usr/sbin/apache2 -k start
www-data    4380   4372  0 16:51 ?        00:00:00 /usr/sbin/apache2 -k start
root        4642   4585  0 17:11 pts/2    00:00:00 grep apache2
```

초기 실행과 관련된 prefork MPM^{Multi Processiong Module} 설정 부분이다.

- StartServers: 초기에 스타트되는 서버 프로세스의 개수
- MinSpareServers: 여유분으로 보관한 서버 프로세스의 최솟값
- MaxSpareServers: 여유분으로 보관한 서버 프로세스의 최댓값
- MaxClients: 서버가 허용할 최대 프로세스 수

```
〈IfModule mpm_prefork_module〉
    StartServers           5
    MinSpareServers        5
    MaxSpareServers        10
    MaxClients             150
    MaxRequestsPerChild    0
〈/IfModule〉
```

Apache2를 실행하는 리눅스나 설정된 유저에 따라 값이 바뀐다. Apache 유저나 nobody 등이 올 수도 있다. /etc/apache2/envvars를 참조하기 바란다.

```
User ${APACHE_RUN_USER}
Group ${APACHE_RUN_GROUP}
```

Files~ "^\.ht" 부분이 바로 웹 클라이언트에 의해 .htaccess와 .htpasswd 파일이 무단으로 보여지는 걸 막아주는 라인이다.

```
〈Files ~ "^\.ht"〉
    Order allow,deny
    Deny from all
    Satisfy all
〈/Files〉
```

Apache2 서버의 에러를 저장하는 에러 로그 파일명 및 위치 설정이다. 설정된 로그 레벨은 warning 이상만 기록한다. debug, info, notice, warn, error, crit, alert, emerg 등의 다양한 로그 레벨이 있다. 앞의 10장 로그 관리에서 debug 레벨을 실제 운영하는 사이트에 적용하면 얼마나 위험한 유출 문제가 생기는지 살펴봤다. 개발한 뒤에 debug 레벨은 무조건 warn 레벨로 바꿔야 한다.

```
ErrorLog ${APACHE_LOG_DIR}/error.log
LogLevel warn
```

/mods-enabled 폴더 아래 설정된 모든 .load, .conf 파일의 설정을 인클루드한다. 실제 이곳에 파일이 복사되는 것이 아니라 심볼릭 링크로 만들어진다. 여기서는 a2enmod, a2dismod를 통해 활용하는 법을 다룰 것이다.

```
Include mods-enabled/*.load
Include mods-enabled/*.conf
```

포트 설정을 하려면 ports.conf를 편집한다.

```
Include ports.conf
```

각종 설정 값이 들어 있는 디렉터리다.

```
Include conf.d/
```

가상 호스트 설정 값이 들어 있는 위치다.

/etc/apache2/sites-available에서 default 및 default-ssl라는 파일에서 도큐먼트 루트 폴더를 설정한다. https://를 쓰려면 (SSL을 사용하면) default-s니 파일을 편집해야 한다.

/var/www/html대신 커스텀 디렉터리인 /home/tiger/public_html를 도큐먼트 루트 디렉터리로 만들려면 (웹 콘텐츠가 들어 있는 위치로 변경하려면) 설정 값을 바꾼다.

먼저 public_html 디렉터리를 만들고 nano 편집기로 간단한 HTML 형태로 Hello, debian을 출력하도록 index.html을 만들어 테스트한다.

```
root@debian:/home/tiger# mkdir  public_html
root@debian:/home/tiger# cd  public_html
root@debian:/home/tiger/public_html# nano index.html  (편집후 CTRL+X키로 저장)
root@debian:/etc/apache2#ls
-rw-r--r--  1 root  root   68      16:23 index.html
```

예제 14-1

```
〈html〉
〈title〉 Hello 〈/title〉
〈body〉 hello, debian 〈/body〉
〈/html〉
```

Nano 편집기로 index.html 편집하기

```
root@debian:/home/tiger/public_html# cd  /etc/apache2
root@debian:/etc/apache2# apache2.conf envvars mods-available
ports.conf sites-enabled conf.d magic  mods-enabled sites-available
(sites-available을 먼저 찾아 들어간다)
root@debian:/etc/apache2# cd sites-available
apache2.conf envvars mods-available ports.conf      sites-enabled
```

```
conf.d    magic   mods-enabled   sites-available
root@debian:/etc/apache2/sites-available# ls
default  default-ssl
root@debian:/etc/apache2/sites-available# cp  default  backup_default
root@debian:/etc/apache2/sites-available# nano default
```

예제 14-2

Default 파일 안에서 DocumentRoot 부분을 /var/www/ 대신 /home/tiger/public
_html로 바꾼다. Option 뒤 Indexes도 디렉터리 트래버설 취약점을 고려해 해당 단
어만 지우고 저장한다.

```
DocumentRoot  /home/tiger/public_html
      <Directory />
            Options FollowSymLinks
            AllowOverride None
      </Directory>
      <Directory  /home/tiger/public_html/>
            Options  Indexes  FollowSymLinks MultiViews
            AllowOverride None
            Order allow,deny
            allow from all
      </Directory>
```

예제 14-3

Apache2 mod 확장 모듈 올리기, 내리기가 끝나면 항상 Apache2 서비스를 리로드하
거나 재시작하기 위해 다음 명령어를 입력한다. 즉시 웹 서버에 적용된다.

```
root@debian:/etc/apache2/sites-available# service  apache2  reload
root@debian:/etc/apache2/sites-available# service  apache2  restart
[ ok ] Restarting web server: apache2 ... waiting .
```

예제 14-4

일련의 Apache2 웹 서버 실행 과정이 끝나면 /sites-enabled 폴더에 운영을 위한 "000-default 파일이 복사된다. a2ensite와 a2dissite 명령어로 디폴트 웹 사이트를 설정한다. https:// 웹 사이트를 구축하려면 default-ssl 파일을 편집한다.

```
root@debian:/etc/apache2/mods-available# a2ensite
Your choices are:  backup_default  default  default-ssl
Which site(s) do you want to enable (wildcards ok)?
default
```

예제 14-5

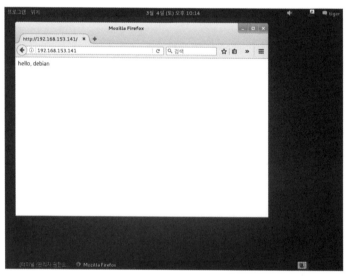

그림 14-15

```
http://localhost  또는
http://192.168.153.141(데비안 리눅스의 실제 IP 주소 사용)
```

실제 IP 주소를 웹 브라우저에 넣어본다. 웹 콘텐츠가 It Works!로 표시되다가 그림 14-15처럼 바꿔넣은 hello, debian으로 바뀌면 정상적으로 웹 콘텐츠 저장 디렉터리인 도큐먼트 루트가 /home/tiger/public_htlml 쪽으로 바뀐 것이다.

다음은 mod_로 시작하는, /mods_available 폴더의 웹 서버 확장 모듈을 올리고 내리는 방법이다. 여기서는 네이버 XpressEngine이 쓰는 rewrite, cgi, ssl 모듈을 웹 서버 확장 모듈로 로딩하려고 한다.

/mods_available 폴더에는 ssl 기능을 지원하는 ssl.load와 ssl.conf 2개의 파일이 보이지만 /mods_enabled 폴더에 들어가보면 해당 파일이 목록에 없다. 서로 내용물이 맞지 않다는 사실을 먼저 확인한 뒤 실습에 들어간다.

a2enmod, a2dismod 명령어는 해당 mod 확장 모듈을 서버에 로딩하고 제거하는 일을 한다. 단순히 a2enmod 명령어만 입력하면 Apache2 웹 서버에서 로딩할 수 있는 웹 서버 추가 확장 모듈들이 화면에 전부 열거된다. 모두 필요한 모듈은 아니므로 내 서비스에 꼭 필요한 모듈들만 골라 로딩한다. rewrite 확장 모듈을 찾아 Apache2 서비스 시동 전에 로드한다.

```
root@debian:/etc/apache2/mods-available# a2enmod
Your choices are: actions alias asis auth_basic auth_digest authn_alias authn_
anon authn_dbd authn_dbm authn_default authn_file authnz_ldap authz_dbm
authz_default authz_groupfile authz_host authz_owner authz_user autoindex cache
cern_meta cgi cgid charset_lite dav dav_fs dav_lock dbd deflate dir disk_cache
dump_io env expires ext_filter file_cache filter headers ident imagemap include
info ldap log_forensic mem_cache mime mime_magic mod-dnssd negotiation
proxy proxy_ajp proxy_balancer proxy_connect proxy_ftp proxy_http proxy_scgi
reqtimeout rewrite setenvif speling ssl status substitute suexec unique_id userdir
usertrack vhost_alias
Which module(s) do you want to enable (wildcards ok)?
```

예제 14-6

a2enmod, a2dismod 명령어로 직접 추가 확장 모듈을 하나하나 올려보자. 확장 모듈이 실행 중인데 한 번 더 로딩하려고 하거나, 목록에 없는 모듈을 올리려고 하거나, 혹은 오타인 경우도 생기고, ssl처럼 특정 모듈에서 나타나는 메시지도 조금씩 다르다.

예제 14-7을 보면 ssl 확장 모듈은 데비안 리눅스에서 SSL 설정법과 인증서를 만드는 방법을 기술한 문서 위치까지 친절하게 알려준다. 서버 운영 방식이 MPM^{Multi Processiong Module}인 경우, cgi 대신 cgid를 쓰라는 권고도 해준다.

```
root@debian:/etc/apache2/mods-available# a2enmod ssl
Enabling module  ssl.
See /usr/share/doc/apache2.2-common/README.Debian.gz on how to configure
SSL and create self-signed certificates.
root@debian:/etc/apache2/mods-available# a2enmod cgid
Enabling module  cgid.
root@debian:/etc/apache2/mods-available# a2enmod cgi
Your MPM seems to be threaded. Selecting cgid instead of cgi.
Module cgid already enabled
To activate the new configuration, you need to run:
  service apache2 restart
root@debian:/etc/apache2/mods-available# service apache2 reload
 [ ok ] Reloading web server config: apache2.
```

예제 14-7

웹 서버 확장 모듈이 서비스에서 더 이상 필요 없어지면 a2dismod 명령으로 삭제한다. 현재 확장 모듈에 로딩돼 있지도 않은데, 제거하려고 해도 에러가 나고, 이름 자체가 오타를 입력해도 에러가 난다. 경우에 따라 나타나는 메시지들이 약간씩 다르다.

```
root@debian:/etc/apache2/mods- enabled# a2dismod rewrite
Module rewrite disabled.
To activate the new configuration, you need to run:
service apache2 restart

root@debian:/etc/apache2/mods-enabled# a2dismod rewrite
Module rewrite already disabled.

root@debian:/etc/apache2/mods-enabled# a2dismod rewite （없는 모듈을 제거 시도）
```

326

```
ERROR: Module rewite does not exist!
root@debian:/etc/apache2/mods-available# service  apache2  reload
```

a2dismod에서 발생하는 에러 메시지 정리

모듈 제거 후에도 service apache2 reload는 항상 같이 이어서 콘솔에 입력해준다.

service apache2 restart 명령은 서비스가 재시작되기 때문에 가급적 reload를 추천한다. 설치한 rewrite.load 파일들에는 ls -al 명령으로 확인하면 ->로 보이는 심볼릭 링크들이 걸려 있다. ssl과 php5 , rewrite 등이 로딩돼 Enabled 상태인 모듈들이다.

```
root@debian:/etc/apache2/mods-enabled# ls  -al
(중간 생략)
lrwxrwxrwx 1 root root   27  3월  4 22:20 rewrite.load -> ../mods-available/
rewrite.load
lrwxrwxrwx 1 root root   27  3월  4 22:20 php5.conf -> ../mods-available/php5.
conf
lrwxrwxrwx 1 root root   27  3월  4 22:20 php5.load -> ../mods-available/php5.
load
lrwxrwxrwx 1 root root   27  3월  4 22:20 ssl.conf -> ../mods-available/ssl.conf
lrwxrwxrwx 1 root root   27  3월  4 22:20 ssl.load -> ../mods-available/ssl.load
```

php5의 동작 체크

/mods-enabled 리스트에서 php5.load, php5.conf라는 심볼릭 파일들이 보인다면 현재 데비안 시스템은 Apache2 웹 서버에서 php를 해석하고, 실행할 수 있는 환경이다. 혹시 php5 모듈이 보이지 않는다면 직접 php5 모듈을 설치해야 한다.

php7이 최신 버전이지만, 서버 운영은 모름지기 안정성이 최고다. php7은 아직 안정화 기간이 더 필요하다고 생각한다. Apache2 웹 서버에서 phpmyadmin DB 관리자,

네이버 XpressEngine과 워드프레스 CMS 등 오픈소스를 계속 설치해서 연동시켜 써야 하기 때문에 하위 호환성에 문제를 일으키는 버전은 가능한 한 제외하고, 안정된 서버 운영을 할 수 있는 버전인 php 5.6 이상 버전을 사용한다.

```
root@debian:/etc/apache2/mods-enabled # cd :/home/tiger/public_html
root@debian:/home/tiger/public_html # apt-get install php5
(설치 과정 생략)
root@debian:/home/tiger/public_html # php --version
PHP 5.4.45-0+deb7u7 (cli) (built: Feb  7 2017 16:11:39)
Copyright (c) 1997-2014 The PHP Group
Zend Engine v2.4.0, Copyright (c) 1998-2014 Zend Technologies
root@debian:/home/tiger/public_html# nano test.php
```

예제 14-8

php 테스트용 파일을 하나 작성한다. 내용은 한 줄짜리로 간단하게 phpinfo(); 함수만 호출한다.

```
<?
phpinfo();
?>
```

test.php 작성

이제 웹 브라우저에서 테스트해본다.

```
http://localhost/test.php  또는
http://192.168.153.141/test.php    (데비안 리눅스 실제 IP 주소 사용)
```

웹 서버에서 위의 test.php 링크를 실행하면 현재 웹 서버에서 사용하는 php 버전이나 오라클 데이터베이스 연동 사용 여부, CGI 모듈의 버전까지 각종 설정 값이 줄줄이 출력된다.

실제 웹 서버 서비스를 할 때 이런 정보들이 노출되면 안 되므로 연동 테스트를 마치면 반드시 test.php를 삭제한다.

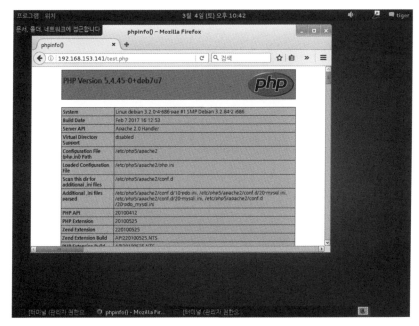

그림 14-16

MySQL의 보안 설정

2016년 CVEdetails.com에서 CVSS Score 10.0이란 점수를 받은 CVE−2016−6662라는 아주 심각한 취약점을 하나 짚어보고 넘어가자.

MySQL은 /etc/mysql/my.cnf 파일에 보안 설정을 저장한다. CVE−2016−6662 취약점은 원격에서 서버의 my.cnf 환경 설정 파일을 임의 조작할 수 있도록 해 MySQL 서버를 완전 장악하고 나중엔 시스템의 루트 권한까지 얻어낼 수 있어서 가장 높은 점수인 10.0을 받게 됐다.

취약점이 있는 MySQL 서버는 SQL 인젝션 공격, phpMyAdmin과 같은 웹 인터페이스의 취약점으로 우회 접근하는 방법, 3306 포트가 방화벽에 막혀 있지 않고 열려 있는 서버의 네트워크에서 메타스플로잇 툴로 직접 MySQL 취약점 페이로드 공격을 하는 등 여러 가지 악용이 가능하다.

MariaDB도 MySQL의 원래 개발자가 MySQL과 비슷한 성능 및 호환성을 가지도록 재작성한 대체용 오픈소스 제품이기 때문에 비슷한 취약점을 지니고 있다. 위키피디아나 워드프레스 등도 Maria DB를 즐겨 사용하며, 퍼코나 DB(Percona) 서버도 300만 건이 넘는 다운로드 실적이 있어 매우 심각하다.

Oracle MySQL 5.5.52 이전 버전이거나 5.6.x 버전대에선 ~ 5.6.33 이전 버전, 5.7 버전 대에선 ~ 5.7.15 이전 버전까지 다양하게 CVE-2016-6662 취약점의 영향을 받는다.

데비안 리눅스에서 다음처럼 apt-get install 명령으로 안정성이 보장돼 있는 MySQL server를 설치해서 쓰면 아무런 상관이 없다.

```
root@debian:/home# apt-get install mysql-server
```

apt-get으로 설치하면 안정 버전을 설치해주기 때문에 해당 취약점 걱정을 하지 않는다. 학구열이 불타올라 MySQL 배포 사이트에서 직접 다운로드한 가장 최신 버전의 설치 파일로 버전 업그레이드를 시도하는 경우가 문제다. 이 경우 최신 개발 버전인지, 안정 버전인지를 잘 체크해야 한다. 홀수와 짝수로 구분되는 stable 버전과 developer 버전이 있을 때는 항상 stable 안정 버전을 쓰라고 조언하고 싶다.

```
root@debian:/home# mysql --version
```

결과가 5.5.54, for debian linux-gnu(i686) 으로 표시되는 버전이라면 안심하고 사용할 수 있다.

MySQL과 태생이 비슷한 마리아 DB도 ~ 5.5.51 이전 버전, 10.0.x대 버전에선 ~10.0.27 이전 버전, 10.1.x대 버전에선 ~10.1.17 이전 버전이 취약점의 영향을 받는다.

퍼코나 DB 서버Percona Server도 5.5.51-38.1 이전 버전, 5.6.x대 ~5.6.32-78.0 이전 버전, 5.7.x대 버전의 ~5.7.14-7 이전 버전 역시 심각한 영향을 받는다.

> * exploit-db.com 취약점 정보 웹 사이트
> https://www.exploit-db.com/exploits/40360/

exploit-DB에는 취약점에 대한 POCProof-Of-Concept: 개념 증명 코드가 공개돼 있다.

0ldSQL_MySQL_RCE_exploit.py라는 정교한 익스플로잇 코드는 파이썬으로 작성돼 있다.

파이썬 코드를 실행시키면 인젝션된 Shared 라이브러리가 데비안에 생성된다. CVE-2016-6662 취약점의 악용 방식은 mysql_hookandroot_lib.so 라이브러리를 my.cnf 파일에 인젝션시키고, 프로세스가 재구동되면서 mysqld_safe 프로세스가 mysql 권한이 아닌 root 권한을 가진 채 로딩되도록 한다. 다음처럼 malloc_lib 옵션으로 인젝션된 Shared 라이브러리로 바꾸는 부분이 보인다.

```
[mysqld]
malloc_lib=mysql_hookandroot_lib.so
```

공격자가 mysql> 셸 상태에서 SQL 쿼리문 방식으로 my.cnf 파일의 내용물을 임의로 바꾸고 파일로 저장하기도 한다.

```
mysql〉set global general_log_file = '/etc/my.cnf';
mysql〉set global general_log = on;
mysql〉select
    〉
    〉[mysqld]
    〉malloc_lib= mysql_hookandroot_lib.so
    〉
    〉[separator]
    〉
    〉';
1 row in set (0.00 sec)
mysql〉set global general_log = off;
```

/usr/sbin/mysql 프로세스는 mysql 권한으로 실행되는 반면, /usr/bin/mysqld_
safe 프로세스는 root 권한을 가지고 시동되기 때문에 공격자가 일부러 mysqld_safe
를 재실행시킨다.

```
root@debian:~# service mysql start
root@debian:~# /etc/init.d/mysql start
```

MySQL server 프로세스는 다음과 같다. 볼드 처리한 부분을 살펴보자.

```
root    14967 0.0 0.1  4340 1588 ?       S   06:41  0:00 /bin/sh
/usr/bin/mysqld_safe

mysql   15314 1.2 4.7 558160 47736 ?    SI  06:41  0:00
/usr/sbin/mysqld —basedir=/usr —datadir=/var/lib/mysql
—plugin-dir=/usr/lib/mysql/plugin —user=mysql
—log-error=/var/log/mysql/error.log —pid-file=/var/run/mysqld/mysqld.pid
—socket=/var/run/mysqld/mysqld.sock —port=3306
```

실행 권한의 차이를 가지게 악용한 MySQL 핵심 파일들

맨 앞 단어에서 실행되는 프로세스의 차이점이 바로 보인다. 둘은 서로 다른 권한으로 실행 중이다. 일단 주입한 exploit이 mysqld_safe 재실행 시간에 같이 성공적으로 실행되면 해커의 컴퓨터에 6033 포트로(MySQL 서비스 포트를 거꾸로 한 값이 6033) reverse_shell을 루트 권한으로 공격자에게 활짝 열어주고, 시스템을 완전히 장악한다. my.cnf를 임의대로 건드리지 못하도록 루트 디렉터리에 가짜 my.cnf 파일을 만들어 놓는 임시 방법도 제시됐지만, 역시 안정성 있는 stable 버전을 사용하는 게 무난하다.

* CVE-2016-6662 MySQL취약점 발견자 골룬스키 블로그
http://legalhackers.com/advisories/MySQL-Exploit-Remote-Root-Code-Execution-Privesc-CVE-2016-6662.html

dpkg -l 명령어로 설치된 데비안 패키지를 한번 검사해본다. Generic 패키지를 설치하는 케이스도 있지만, 나는 최신 버전에 의존하는 메타 패키지를 사용 중이다.

```
root@debian:~# dpkg -l | grep mysql-server
ii   mysql-server                5.5.54-0+deb7u2          all
        MySQL database server (metapackage depending on the latest version)
ii   mysql-server-5.5            5.5.54-0+deb7u2          i386
        MySQL database server binaries and system database setup
ii   mysql-server-core-5.5       5.5.54-0+deb7u2          i386
        MySQL database server binaries
```

예제 14-9

MySQL 서버 설치 후 가장 먼저 my.cnf 파일에서 3306포트를 다른 임의의 포트로 변경해 무차별 대입 공격을 막아야 한다. 중국이나 러시아, 브라질 해커들이 자동화된 공격 툴로 3306포트를 집요하게 공격하기 때문에 9908포트 등으로 미리 변경해두고 시스템을 구축하는 방식이 좋다.

```
(mysqld)
port = 9908      /*  MySQL 디폴트 서비스 포트 3306 *
```

MySQL의 운영 로그 파일이 특정 위치에 항상 잘 저장되도록 한다. 침해 사고를 분석하거나 DB 서버 장애의 원인을 알려면 항상 로그부터 확인해야 한다.

```
(mysqld)
log = /var/log/mysql.log
```

nmap 스캐너로 타깃 서버에 대해 열린 포트스캐닝을 한 번 하고 얻어진 포트 목록을 일일이 적어 놓고 텔넷 에뮬레이션으로 하나하나 시도해서 MySQL 포트를 탐지하려는 기법도 있다. 방화벽 하드웨어로 네트워크가 잘 보호되고 있는 상태가 아니라면 포트 변경만으로도 일단 무차별 공격은 차단된다. MySQL의 root 운영 아이디도 architect 등 해커가 상상이 불가능한 다른 이름으로 바꿔놓으면 무차별 자동 공격도 어느 정도 무력화된다.

워드프레스나 네이버 XE 엔진 등의 소프트웨어를 추가로 설치해야 한다면 네이버 XE 엔진은 설정 파일이 있는 위치인 /files/config/ 폴더 아래 db_connect.php 파일을 편집기로 열어 MySQL 포트 설정 부분을 바꾼 포트로 변경해줘야 소프트웨어가 올바르게 동작한다.

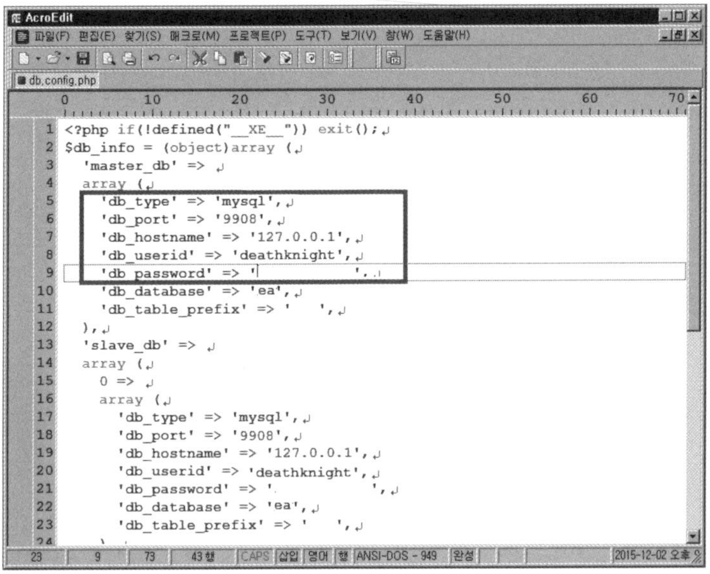

그림 14-17

MySQL에서 관리자 PC만 접속을 허용하게 하려면 bind-address라는 옵션을 통해 무차별 접근을 차단해야 한다. 기업에선 일반적으로 "DB 접근 제어"라는 분야의 상용 소프트웨어 솔루션을 통해 이런 방식을 구현한다.

```
(mysqld)
bind-address = 192.168.10.100
```

웹 방화벽 장비에 남아 있는 로그를 보면 중국이나 러시아 등에서 자동화된 공격 툴로 오픈소스 어드민 툴인 /phpMyAdmin과 /myadmin에 버전 넘버만 자동으로 바꿔 가며 취약한 웹 어드민 툴을 공격하는 사례가 많다. 그림 14-18을 살펴보자.

phpMyAdmin 웹 어드민 오픈소스는 설치할 때 디폴트 값인 /phpmyAdmin 폴더명을 그대로 사용하면 안 된다. 예를 들어 /MyToolz처럼 디렉터리 이름을 임의로 변경해서 설치해야 한다. 이름만 바꿔 설치해도 자동화 무차별 공격을 어느 정도 방어할 수 있다.

내부 망에서 /MyToolz는 관리자가 직접 내가 서버에 접속한 기록이라고 판단할 수 있고, 외부 망에서 /MyToolz는 IP 주소만 보고 확인해서 아마도 협력업체 직원일 수 있거나 진짜 정보가 유출된 거라고 생각할 수도 있다.

외부 망에서 /myadmin이나 /phpmyadmin으로 계속 접속 시도를 하는 형태는 자동화 툴에 의한 무차별 공격이라고 예상하고, 방화벽과 웹 방화벽에 블랙리스트로 등록한다.

최근 Free VPN 툴이 많아지면서 프록시를 이용해 국내 접속이면서 해외 IP로 위장하는 케이스도 많아졌다. 크롬 웹 브라우저에서 간편하게 설치할 수 있는 Zenmate 크롬 확장 앱은 주로 홍콩이나 네덜란드의 IP로 위장시키기 때문에 나는 이상한 행위를 하는 웹 방화벽 로그를 분석할 때 홍콩이나 네덜란드에서 온 IP는 좀 더 유심히 살펴보는 편이다.

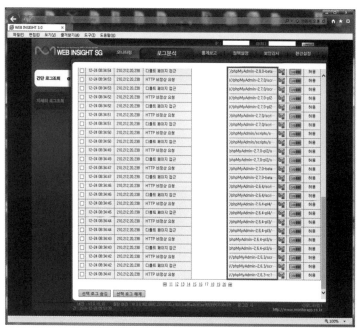

그림 14-18

미디어 언론사는 MySQL 데이터베이스 하나만 사용하지 않는다. 영상 자료 정보 시스템이나 사진 데이터베이스 등 각종 데이터베이스를 여러 개 구축해서 운영하는데, 그중 취재 기자들이 오라클 DB나 MSSQL 서버 등 상용 데이터베이스를 기반으로 뉴스 기사를 작성해서 전송하면 편집국장이나 편집 데스커가 기사의 편집 작업을 통해 내용을 사전에 다듬는 데스킹, 교정, 교열 작업을 거친다. 뉴스 기사에 대한 교열이 끝나고, 시청자에게 뉴스 기사를 네이버 뉴스 스탠드나 자사의 웹 서버, 모바일 앱 형태로 서비스하는데, 웹 서버 및 모바일용 DB는 Maria DB나 MySQL DB가 있는 웹 서버 쪽으로 기사 내용을 이동 저장하고, 서비스한다.

왜 이렇게 일을 복잡하게 할까? 처음부터 MySQL 데이터베이스에서 기사를 작성해서 집어넣으면 될 텐데? 그런 의문이 들지 않는가?

오라클이나 MSSQL 서버 등 상용 데이터베이스는 사용하는 유저 수에 맞게 접속 CAL 이라는 라이선스를 별도로 구매해야 한다. MSSQL DB 서버 유저에 따라 몇백~몇천만 원을 호가한다. 사용하는 취재 기자 수만큼 라이선스 구매를 하는 건 당연하다.

하지만 마이크로소프트 윈도우 서버의 IIS 웹 서버에서 불특정 다수에게 웹 서비스를 하려면 400만 원대의 External CAL도 별도로 구매해야 한다. 서버가 여러 대일수록 웹 서비스에서의 지출 비용이 계속 커지기 때문에 무료로 사용할 수 있는 오픈소스인 apache2나 nginX 리눅스 기반 웹 서버를 많이 사용하는 것이다. 따라서 무료 배포되는 Maria DB를 이용해 웹 서비스용 뉴스 기사를 저장한다. nginX를 사용하면 미디어 언론사에 필요한 스트리밍 서버 기능을 무료로 구축할 수 있다.

취재 기자 전용 오라클 DB 서버에서 웹 서비스용 MySQL DB 서버로만 접속 IP를 한정시켜 데이터를 단방향으로 보내도록 세팅해두면 중간에 끼어들 수 없다. 오라클 DB 서버는 데이터를 보내기만 하고, 접속 대상도 자사 웹 서버 MySQL DB 서버들로 미리 정해져 있어 안전하다.

MySQL DB 서버 입장은 조금 다르다. 웹과 모바일로 뉴스를 읽으려는 불특정 다수의 독자들에게 서비스해야 하니 접속하는 IP 대역을 한정짓지 못한다. 온갖 공격 위협에 노출될 수밖에 없다.

소규모 인터넷 미디어 언론사는 값비싼 오라클 DB는 사지도 못하고, 워드프레스나 Joomla! 같은 오픈소스 CMS 소프트웨어를 이용해 웹에서 블로그 스타일로 바로 뉴스 기사를 작성하기 때문에 외부 툴을 이용한 MySQL 접속 자체를 아예 차단하는 식이다.

skip-networking으로 로컬 서버에서 MySQL 사용만 가능해 bind-address 옵션 역시 필요하지 않다.

```
(mysqld)
skip-networking
```

앞부분의 CVE-2016-6662 취약점은 mysql> 셸 프롬프터에서 파일을 조작할 수 있는 방법을 악용해 정교한 익스플로잇 코드와 인젝션된 Shared 라이브러리를 타깃의 my.cnf 파일에 끼워 넣는 형태를 앞에서 살펴봤다.

```
(mysqld)
malloc_lib=mysql_hookandroot_lib.so  // 끼워 넣은 인젝션 라이브러리
```

골룬스키가 개인 블로그에 공개했던 CVE-2016-6662 취약점 관련 시연 동영상은 너무 위험하다는 판단 아래 개인 블로그에서 지워졌지만, 나는 6662 취약점 발표 때 해당 시연 영상을 굉장히 주의 깊게 살펴봤다. 윈도우 운영체제제용 XAMPP 서버에 설치한 MySQL 취약 버전을 대상으로 한 시연이었는데, mysql> 셸 상태에서도 다음처럼 특정 시스템 파일을 읽는 액세스가 가능하고, /etc/password 파일까지 들여다볼 수 있었다.

```
mysql> select  load_file('/etc/mysql/my.cnf');
```

파일 덤프를 가지고 와서 JTR [John the Ripper] 이라는 암호화 해제 도구로 접속 암호를 해독할 수 있어 위험하다. 그래서 이런 FILE 함수들도 즉시 차단해야 한다. SUPER, FILE 등의 권한은 오로지 root만 가져야 한다. phpmyadmin 어드민 툴을 이용하면 그림 14-20처럼 웹 인터페이스에서 쉽게 FILE, SUPER 권한 차단 작업을 할 수 있다.

my.cnf 설정 파일에서는 set-variable=local-infile=0으로 설정한다.

```
(mysqld)
set-variable=local-infile=0
```

mysql> 셸 상태에서 do_system() 함수로 임의의 그룹 권한 상승을 일으킨 케이스도 있다.

리눅스 커널 3.X 버전 출시 이후부터 do_system() 관련 해당 취약점들이 전부 패치돼 막혔지만, 아직 커널 업데이트 없이 운영 중인 레거시 시스템도 세계 곳곳에 상당수 있다.

우분투 16.04 버전, 칼리 리눅스 2016.2 버전 이상은 커널 4.x 버전 이상이라 일반 사용자의 uid, gid를 조작하는 프로그램이 리눅스 커널에서 막혀 전혀 작동되지 않는다.

```
mysql> select  do_system ('chmod  u+s  /tmp/setuid');
```

```
+-----------------------------------------------+
| do_system ('chmod  u+s  /tmp/setuid');        |
+-----------------------------------------------+
|                                  4249697296   |
+-----------------------------------------------+
1 row in set ( 0.00 sec)
```

MySQL 셸에서 실행한 SELECT문 하나가 setuid 익스플로잇 코드의 강제 실행을 유도하고 chmod u+s 명령어로 파일의 권한까지 바꾼다. 실행 결과는 gid=500(centos) 유저를 gid=0(root)로 권한 상승을 일으키도록 유도한다.

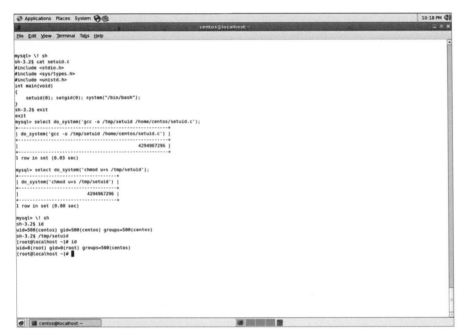

그림 14-19

구형 MySQL 3.23.55 이전 버전의 취약점에서도 OUTFILE이나 DUMPFILE문을 사용해 MySQL의 설정 파일을 생성할 수 있도록 허용된 적이 있었다. CVE-2016-6662 는 그 취약점의 업그레이드판이라고 본다.

```
mysql> SELECT * INFO OUTFILE '/var/lib/mysql/my.cnf'
```

칼리 리눅스에 내장된 Sqlmap 툴에서는 Union ALL join 공격을 사용하는데, 악용되기 쉬운 MySQL의 'test' DB는 아무나 접근 가능한 타깃 데이터베이스다. 무조건 삭제하는 것이 필요충분조건이다.

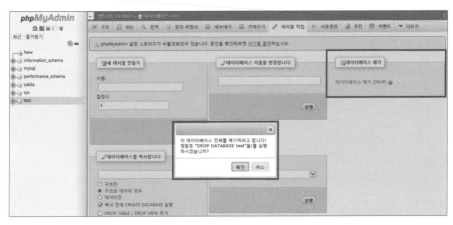

그림 14-20

```
mysql> SHOW DATABASE;
```

구문으로 모든 데이터베이스를 열람하게 하면 MySQL 내부 데이터베이스들이 전부
노출된다. my.cnf 파일에 아래의 명령어를 설정하면 아무나 열람을 못하게 유저마다
권한을 바꾼다.

```
[mysqld]
--skip-show-database
```

소프트웨어 개발자의 프로그래밍 기법

다음은 소프트웨어 개발자가 프로그래밍 기법을 통해 MySQL DB에서 발생할 수 있는
SQL인젝션 기법을 원천 차단하는 방법이다.

```
<?php
$conn="";
$sql = "SELECT * FROM users WHERE name=".$_POST('name').'
 AND password=".$_POST('password').'";
$result = mysqli_query($conn, $sql);
?>
```

웹 페이지상의 필드 값 입력에서 단순히 tiger라는 아이디만 넣는 게 아니라 name 변수에 들어갈 값을 'tiger'-- 라고 입력하고, 패스워드 필드에는 AAA로 아무렇게나 입력해본다.

문장을 조립해보면 다음과 같다.

```
SELECT * FROM users WHERE username='tiger'--' AND password='AAA';
```

Username = tiger이면서 뒷부분의 --가 주석 처리인데, 중간 부분에 붙어버려서 패스워드 검사 부분이 전부 무력화되도록 SQL 쿼리문을 조립했다.

```
SELECT * FROM users WHERE username='tiger'  --' AND password='AAA';
```

이번에는 username에는 루트 유저인 admin을 입력하고, password에는 ' or 'a'='a'를 넣어 쿼리문을 다시 한 번 조립한다.

```
SELECT * FROM users WHERE username='admin' AND password='' or 'a'='a'
```

패스워드는 빈칸이거나 'a'='a'라는 값 중 하나만 TRUE가 되면 전체 논리가 TRUE가 되므로 Admin 계정으로 즉시 로그인이 가능한 보안 구멍이 존재한다. 보통 root나

admin 대신 mysql 데이터베이스 관리자명을 architect처럼 짐작할 수 없는 이름으로 바꿔놓아야 짐작하기 어렵다. Mysql 관리자명 이름만 다르게 바꿔놓아도 위의 짐작하기에 기반을 둔 방법은 전혀 먹히지 않는다.

특수문자를 제거하는 코딩하기

php 스크립트 언어에는 stripslashes() 함수와 mysql_real_escape_string() 함수가 준비돼 있다. 정상적인 논리식을 파괴하는 데 일조하는 or문과 -- 주석 처리문, # 등의 특수문자들과 신뢰할 수 없는 데이터들을 미리 제거하는 용도다. 데이터베이스에 질의하기 전 이 함수들을 통과시켜 특수문자들과 신뢰할 수 없는 데이터를 모두 제거한다.

stripslashes()와 mysql_real_escape_string()을 유저명과 암호 필드 2개에 적용해 봤다.

```
$id = $_POST['id'];
$pwd = $_POST['pwd'];
$id = stripslashes($id);
$pwd = stripslashes($pwd);
$id = mysql_real_escape_string($id);
$pwd= mysql_real_escape_string($pwd);
$get = "SELECT * from dbtable where user='$id' and passwd ='$pwd'";
```

칼리 리눅스의 내장 도구 Sqlmap Tool에서 공격에 즐겨 쓰는 기법인 union select문을 이용하면 다음처럼 아주 괴이한 결과도 만들어낼 수도 있다.

```
SELECT * FROM users WHERE username='' union select 'admin','4321';
```

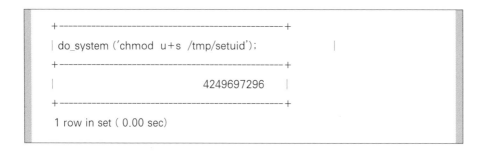

```
+-----------------------------------------------+
| do_system ('chmod  u+s  /tmp/setuid');         |
+-----------------------------------------------+
|                              4249697296  |
+-----------------------------------------------+
 1 row in set ( 0.00 sec)
```

위처럼 adnin 암호가 4321로 둔갑하는 말도 안 되는 결과값을 만들어내기도 한다.

드롭박스 사례로 보는 MySQL의 내장 암호화

먼저 MySQL과 php로 구축하는 사이트 개발은 php 스크립트 언어가 제공하거나 MySQL에 내장된 암호화 함수를 써서 암호화 기법을 적용해 개발한다. php 버전에 따라 적용되는 암호화 방식도 조금씩 다르다.

MySQL의 암호화 함수인 password() 함수는 입력하는 아이디의 암호 값을 MySQL DB 내부 고유 알고리즘으로 암호화시켜 저장한다. 여기서 중요한 점은 MySQL 4.x 버전과 MySQL 5.x 버전은 저장하는 알고리즘이 서로 완전히 다르다는 것이다.

2012년 드롭박스 가입자의 암호 저장 방식과 2016년 최근 사이트 개편 후 가입자 암호 저장 방식이 암호화가 틀려서 같은 체크 루틴으로는 암호 체크가 전혀 안 된다. 근데 암호를 넣어두는 암호 저장 필드는 같은 위치에 저장해 넣어둔다.

보통 암호화를 하면 "9!ewBm4@dg=qsdT"와 같은 암호화된 해시 값만 저장되고, 암호의 원문으로는 원상복구가 안 된다. 개발자가 즐겨 사용하는 프로그래밍 방법은 사용자의 로그인 시 입력 값을 해시함수로 바꾼 뒤 MySQL 데이터베이스에 저장된 해시 값과 비교하는데, 적용한 암호화 방식이 다르면 해시 값도 전혀 다르다.

PHP 5.5 버전 이상에서는 강력한 bcrypt 암호화 함수를 아예 내장하고 있으므로 개발자가 깃허브 소스 코드를 뒤지지 않고, bcrypt 암호화 함수를 고민 없이 바로 가져다 쓰게 된다.

```
*암호화 해시
$hash = password_hash($password, PASSWORD_DEFAULT);
```

반환하는 $hash 값을 변수에 저장해뒀다가 아래에서 DB 저장 값과 비교할 때 사용한다.

```
if (password_verify($password, $hash)) {
     // 입력한 값의 해시랑 비밀번호가 맞음
   } else {
     // 비밀번호가 틀림
   }
```

php school의 게시 글 하나를 보면 php 특정 버전에서는 구현이 안 돼 bcrypt 알고리즘을 자신이 직접 코딩으로 구현했다는 이야기가 오고간다. 내장 암호화 함수가 아닌 깃허브에서 bcrypt를 PHP 코드로 구현한 소스 코드를 다운로드할 수 있다. bcrypt 암호화를 어떻게 구현했는지 궁금하면 깃허브 소스 코드를 통해 기법을 엿볼 수 있다. 예전에 버블소트나 B+트리 알고리즘 등은 일일이 C 코드로 구현해야 했지만, 요즘 닷넷 비주얼스튜디오 개발 도구 등만 설치하면 마이크로소프트 사의 머리 좋은 직원들이 미리 built-in으로 알고리즘이나 암호화 함수를 만들어 놓았기 때문에 개발자는 편리하게 가져다 쓰기만 하면 된다. 기초 과학과 응용 과학의 차이 같은 거다.

```
#php school 암호화에 대한 토론장
http://www.phpschool.com/gnuboard4/bbs/board.php?bo_table=tipntech&
wr_id=78316
```

네이버 개발자 사이트인 D2에서 단방향 해시를 보완하는 '솔트'라는 용어부터 먼저 읽고 넘어가겠다. 솔트salt는 단방향 해시함수에서 다이제스트를 생성할 때 추가되는 바이트 단위의 임의의 문자열이다. 그리고 이 원본 패스워드에 솔트 문자열을 추가해 다이제스트를 생성하는 것을 솔팅salting이라고 한다.

#네이버 개발자 D2의 솔트에 관한 글
http://d2.naver.com/helloworld/318732

예를 들어 다음과 같이 원본 암호인 "redfl0wer"에 "8zff4fgflgfd93fgdl4fgdgf4mlf45p1"라는 솔트를 더해 해시함수를 거치면 새로운 다이제스트를 생성할 수 있다.

8zff4fgflgfd93fgdl4fgdgf4mlf45p1 (솔트) + redfl0wer (원본 패스워드)
→ 해시 펑션 ( ) → 새로운 다이제스트 생성

그러면 '2012년 드롭박스 가입자의 암호와 2016년 가입자의 암호가 포맷이 서로 다르면 어떻게 이걸 구분하고, 새로운 방식으로 암호로 업데이트하는 걸까?'라는 의문이 든다.

MySQL을 이용하는 대부분의 웹 사이트에서 사용자 정보 암호화 방식에 MD5(SHA-1)를 사용했다면 1개의 비밀번호를 알아내는데, http://md5decryption.com 웹 사이트에 가서 암호화된 해시 값을 붙여 넣고, Decryption 버튼만 누르면 원문이 즉시 복호화돼 풀린다.

---

http://md5decryption.com/
MD5 해시: c95e4a5bcc841d4e9509e9cd005e6803
원문: hey! Tiger

이런 MD5 암호화 문장이 1건이 아니라 저장된 가입자가 수십만 명에서 수백만 명이면 전용 암호화 복호화 함수를 코딩으로 작성해 자동화 처리로 승부해야 한다. 처리하는 알고리즘을 상상해보자.

Tiger 사용자는 2012년 가입한 뒤 약 5년만에 다시 드롭박스 사이트에 재방문했다. 예전에 쓰던 MySQL 암호는 4.x 버전대 해시를 만들었던 것이고, 지금은 웹 사이트가 업그레이드 돼서 MySQL 5.x대로 변화됐다. 드롭박스 개발자는 원문 복호화를 바꾸지 못해 원래 암호 필드를 그냥 새로운 데이터베이스에 통째로 옮겨 넣고, 사용자 암호가 예전 MD5 방식인지 최신 SHA−256 방식인지 체크하는 코딩으로 처리하려 한다.

먼저 웹 페이지의 로그인 모듈이다.

로그인을 할 때 입력받은 사용자 아이디 Tiger의 MySQL DB에 저장된 암호 필드를 불러온 뒤 변수로 받아 맨 앞자리부터 체크한다. 앞자리가 *로 시작하면 MD5를 쓰는 옛날 방식이다. 아니라면 바로 최신 SHA−256 방식으로 해시한 뒤 비교하면 된다.

예전 암호는 맨 앞자리가 *로 시작하며, 길이가 40자로 고정돼 있다. 맨앞은 '*'로 시작하니 옛날 MD5 방식으로 저장돼 있는데, 현재 DB에 들어 있는 비밀번호 길이를 재보니 앞자리 '*' 제외하고 딱 40자다. Tiger의 암호는 현재 MD5 해시 값으로 DB에 들어 있는 걸 변수 $OLD_DB_PW로 받았다.

```
$OLD_DB_PW = "*4632AE020DAD3F4D64567F9815DDF9D7470F10CF";
```

MD5라면 사용자가 방금 웹 페이지에서 입력한 사용자 암호를 MD5 해시한 값과 MySQL DB에서 불러온 저장 값에서 *을 제외한 나머지 부분을 비교한다. 2개의 해시가 동일하면 '아! 정상적인 사용자구나'라고 판단하고, 알고리즘에서 1단계를 통과한다.

2단계는 정상 사용자이므로 새로운 암호 체계로 업데이트만 해준다. 사용자 암호로 입력받은 값을 새로운 SHA−256 해시를 적용한 값으로 바꾸고, UPATE문으로 해당 사용자의 암호 필드에 새롭게 업데이트해준다. 그래야만 다음 번부터는 맨 앞자리에 *가 없어 바로 최신 SHA-256 해시인 걸 알고리즘에서 판단할 수 있다. 다음 번에 로그인하면 SHA-256 해시 알고리즘으로 비교하는 프로세스를 타면서 정상 사용자 여부를 체크한다.

```
"sha256:12000:GTRTKjbjoDouabZutUMaHzg8hoACBJX1:Qe3WdSL53WQ1l5
om/YFKD9TWIkTUAQL7";
```

sha256:12000:라는 앞부분 문장에서 암호 필드 값은 SHA-256 알고리즘을 12,000번 사용해서 해시를 만들었다는 뜻으로, 숫자가 높을수록 깨기 힘들다. 너무 높으면 해시 생성과 비교할 때 서버에 많은 부하가 많이 걸린다. 최근 서버 컴퓨팅 파워는 1~2만 정도를 사용해서 구축하는 게 좋다.

```
$OLD_DB_PW = "*4632AE020DAD3F4D64567F9815DDF9D7470F10CF";

//맨 앞은 '*'로 시작하니 *를 떼면 40자로 옛날 MD5(SHA-1) 방식으로 저장됐다.

$NEW_DB_GET = "sha256:12000:GTRTKjbjoDouabZutUMaHzg8hoACBJX1:
Qe3WdSL53WQ1l5om/YFKD9TWIkTUAQL7";

//신규 방식은 SHA-256 알고리즘을 12000번 사용해서 해시를 만들었다.

if( strlen($DB_PW) == 41  &&  substr($DB_PW, 0, 1) == '*' ){
  if($login_pw == $DB_PW) {

// 입력된 패스워드 해시와 MD5 방식 DB 암호를 불러와 2개를 비교한다.
// 동일하면 통과한다.
// 사용자 입력 값에 대해 SHA-256으로 새롭게 해시한 암호를 만들어 사용자 DB인
// member_table 의 password 필드에 새롭게 바뀐 SHA-256 해시를 업데이트해준다.

     $NEW_DB_PW = create_hash($login_pw);
```

```
        mysql_query("update $member_table' set password = '$NEW_DB_PW'
        where id ='$login_id");
    }
    else{ error("Password 불일치"); }
}
else if ( !validate_password($login_pw, $DB_PW) ) {
// 이미 패스워드가 변경된 회원의 경우, 비밀번호를 체크한다
    error("Password 불일치");
}
```

SHA-256 해시 적용 알고리즘

strlen(create_hash($password))의 길이만으로도 암호화 방식의 어림짐작도 가능하다. 길이가 60자면 bcrypt를 썼다는 것을 개발자라면 눈을 감고도 바로 안다. 결과가 70~80자 사이로 나오는 알고리즘이라면 거의 PBKDF2이다. 네이버 XE 엔진에서도 쓰는 암호화 방식이다.

알고리즘 비교에서 내장 passwd() 함수로 암호화를 했으니 앞자리가 '*'로 시작하고, crypt로 암호화했다면 앞자리가 1 로 시작한다. SHA-256은 앞 글자가 "sha256:"으로 시작하는 걸 보고 누구나 SHA-256 암호화 방법이라는 것을 즉시 인식한다.

MD5(SHA-1)은 40자, bcrypt는 60자, SHA-256은 64자, SHA-384는 96자, SHA-512는 128자로 다이제스트가 만들어진다는 것을 php 스쿨 게시판에서 친절하게 설명해 놓았다.

보안 전문가 트로이 헌트의 "드롭박스 해킹은 리얼"이란 블로그 글을 번역했던 나는 드롭박스에서 2012년 흘러나온 유출본 자료를 딥웹의 한 해커가 해시캣hashcat 소프트웨어를 가지고 풀어냈다는 걸 알았다. 드롭박스 측에서 갑자기 메일을 보내 까마득한 옛날인 2012년의 일로 드롭박스의 암호를 바꾸라고 독촉하니, 누구나 이상하게 여겨야 당연하다. 트로이 헌트는 유출본을 가지고 드롭박스 직원에게 자기네 암호들이 맞다는 시인을 먼저 얻어냈다.

2012년 이후 전혀 접속을 하지 않았던 자기 아내의 계정을 가지고, 드롭박스 암호를 해제시켜본다. 일부분은 SHA-1 해시였고, 일부분은 bcrypt인 2개의 값을 합쳐놓은 걸 알게 된다. 그림 14-21의 Hash Type에 보면 bcrypt, blowfish(openBSD)으로 표시되는데, blowfish는 컴퓨팅 파워가 증가한 지금은 아주 취약한 방법이다. openBSD는 지금까지 절대 뚫리지 않는 보안이 강력한 운영체제로 정평이 나 있지만, 개발자가 적절하지 않은 암호 방식을 사용한 탓이지, openBSD 운영체제와는 상관 없다. 그렇지만 결과적으로는 SQL 인젝션 방식으로 드롭박스 DB가 이미 한 번 유출됐으니 이런 해시캣을 이용한 복호화 시도에 대한 루머가 생긴 것 아닌가?

```
INFO: approaching final keyspace, workload adjusted

$2a$08$CqSazJgRD/KQEyRMvgZCcegQjIZd2EjteByJgX4KwE3hV2LZj1ls2 u;bDu2=8     d9]QTw

Session.Name...: hashcat
Status.........: Cracked
Input.Mode.....: File (../dictionaries/simple.dic)
Hash.Target....: $2a$08$CqSazJgRD/KQEyRMvgZCcegQjIZd2EjteB...
Hash.Type......: bcrypt, Blowfish(OpenBSD)
Time.Started...: 0 secs
Speed.Dev.#1...:        0 H/s (6.29ms)
Recovered......: 1/1 (100.00%) Digests, 1/1 (100.00%) Salts
Progress.......: 1/1 (100.00%)
Rejected.......: 0/1 (0.00%)
```

그림 14-21

해시캣에서는 솔트를 더해도 풀어내는 프로세싱을 한다. 드롭박스 측에서 2012년도에 암호화할 때, 솔트 부분은 SHA-1으로, 패스워드 쪽은 bcrypt로 각각 암호화한 뒤 2개를 합쳐서 섞어 놓았지만, SQL 인젝션으로 유출된 드롭박스 DB 데이터가 이미 패스트빈을 떠돌고 있었다.

딥웹의 해커는 지금의 SHA-256 기반의 강력한 드롭박스 암호 체계를 푸는 과정을 모니터 너머로 지루하게 지켜보기보단 2012년에 이미 유출돼 패스트빈 사이트를 전전하고 있는 취약한 데이터를 얻어와 암호화를 빨리 푸는 데 공략 포인트를 뒀다. 5년의 세월이 지난 지금의 강력해진 컴퓨팅 파워는 암호화 해제가 무섭도록 재빨리 진행됐고, 수백만 건의 데이터를 원문 형태로 풀어낸 뒤 현재의 SHA-256 암호화 방식을 재적용해서 현재의 유추 가능한 암호까지 만들어내는 게 비용도 훨씬 적게 들었다.

머더보드 매거진이 데이터 유출 루머라고 리포트한 건 '벌써 이런 방식으로 만지작 거려본 딥웹의 해커가 이미 존재하고 있었다.'라는 의미를 빙빙 돌려 말한 것뿐이다.

하필이면 앞부분의 솔트만 취약한 blowfish 방식이라니! 개발자는 전체 암호 덩어리에서 40자까지만 읽어내 SHA-1 방식으로 풀어내고, salt라는 데이터 필드에 따로 저장한다.

나머지 뒷부분 60자까지는 bcrypt로 풀어서 passcode라는 패스워드 필드에 따로 저장하면, 현대 드롭박스 암호 해제에 필요한 원문 두 가지를 역공학으로 둘 다 알게 됐다. 솔트와 패스워드 2개 필드를 SHA-256 해시로 재가공해서 다시 합치면 현재의 드롭박스의 암호 체계를 바로 유추할 수 있다. 드롭박스 측에서 메일을 보내 2012년의 일로 드롭박스의 암호를 빨리 바꾸라고 독촉할 만한 중대한 사유다.

자신의 구축 웹 사이트에 Password를 저장하는 필드가 passcode CHAR(32) NOT NULL로 정의돼 있다면 암호 저장 방식을 강력하게 바꿀 때마다 최우선으로 고려해야 할 점이 암호화에 의해 passcode라는 패스워드 필드에 저장되는 암호의 자릿수는 계속 엄청나게 늘어난다.

처음부터 passcode CHAR(128) NOT NULL 정도로 128자리 정도를 암호 코드 저장을 위해 충분히 크게 만들어두면 나중에 SHA-512급의 강력한 암호화를 적용하더라도 자릿수가 모자라 데이터베이스를 추가 조작해야 하는 우를 범하지 않는다.

어도비, 링크드인, 중국의 유쿠투더우 등의 유출 자료들에서 자신의 이메일 유출을 검사해보는 panwed 사이트가 있다. 유출된 웹 사이트의 패스워드는 미리미리 바꿔놓길 바란다.

---

* ID/PASSWD 유출 검색 사이트
https://haveibeenpwned.com/ （HIBP）

항공기 SQL 인젝션

마지막으로 항공기의 기내 고객 엔터테인먼트 시스템에서 벌어진 SQL 인젝션 사례다. 프로그래밍 한 줄을 잘못 만들면 정말 심각한 문제가 벌어진다는 걸 보여주는 시청각 교재다.

그림 14-22는 비행기 내 엔터테인먼트 시스템의 일부다. 보통 장거리 비행 중 듣고 싶은 노래나 보고 싶은 할리우드 영화 제목 등을 입력해서 검색하는 창이다.

```
'OR 1=1 ORDER BY ID ASC
```

위는 SQL 인젝션 문장을 입력해 성공시킨 화면이다. UNION 문장으로 복잡하게 쿼리문을 조립하면 전체 데이터베이스 구조를 하나하나 알아낼 수도 있다.

문제의 파나소닉 Avionics 시스템을 도입한 13개 항공사, 즉 아메리칸 에어라인즈, 유나이티드 항공, 이베리아 항공, 버진 항공, 아랍에미리트 항공, 카타르 항공, 핀에어, 스칸디나비안 항공, 에어프랑스, 싱가포르항공, 아르헨티나 에어로 라인즈 등이 영향을 받았는데, 국내 항공사인 대한 항공과 아시아나는 취약 시스템 도입 사이트에 들어있지 않다. 대한 항공의 엔터테인먼트 시스템은 키보드로 입력하는 부분은 원천 봉쇄돼 있고, 단지 메뉴를 선택하는 방식이다.

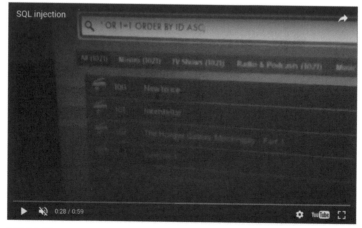

그림 14-22

vsFTP의 보안 설정

5장의 FTP 서비스 구축법에서 vsFTP 설정은 다뤘지만, 보안에 관한 부분들은 살펴보지 않고 뒤로 미뤘다. 이제 보안 부분만 집중해서 파고들어가 보자.

처음 설치한 상태에서 anonymous만 접속이 가능한 상태로 설정돼 있다. odj, tiger 사용자는 아예 접속 자체가 금지돼 있다.

```
530 This FTP server is anonymous only.
```

에러가 나며, 현재 anonymous 유저로만 접속된다.

일단 Anonymous 유저로 접속한 뒤 파일 업로드 테스트를 해보자.

/srv/ftp 디렉터리가 접속하는 FTP 루트 디렉터리가 된다. 여기서 MEMO 폴더를 하나 생성하려고 시도해보지만 MEMO 폴더가 생성되지 않는다.

anonymous 유저는 익명이므로 디렉터리를 생성하는 권한이 막혀 있기 때문에 에러가 난다.

내부적으로 vsFTP 서버에 MKD MEMO라는 디렉터리 생성에 대한 명령이 전송되지만, 권한 부족으로 디렉터리를 생성하지 못하고, 550 perminssion denied 에러가 나게 된다.

```
root@debian:~# nano /etc/vsftdp.conf
```

위와 같이 vsFTPd 설정 파일을 수정해야 한다.

```
#anon_upload_enable=YES
```

이 부분의 주석 처리를 풀지 않는다. 주석을 풀어야 anonymous 유저도 파일을 올릴 수 있다. 하지만 시스템 보안상 anonymous 유저는 굳이 파일을 올리지 못하게 하는 게 백번 옳다.

이제 anonymous 유저 대신 odj, tiger 로컬 유저만 접속되게 바꾸려면 5장의 표 5-1에서 본 것처럼 로컬 유저인 odj, tiger 사용자들만 접속하도록 local_enable=YES 처리를 해야 한다.

```
#anonymous_enable=YES    // 주석 처리
local_enable=YES         // 주석 풀기
```

```
root@debian:~#  service vsftpd restart
```

위와 같이 vsFTPd 서버 데몬을 재가동한다.

자! 다시 한 번 tiger 유저로 FTP 접속을 해보자. 로컬 유저이므로 /home/tiger로 접속하는 vsFTP 루트 디렉터리로 변한다.

로컬 드라이브의 note.txt 파일을 선택해 vsFTP 서버 디렉터리에 전송해보려 하지만 이번에는 파일이 vsFTP 서버 루트 디렉터리로 전혀 넘어가지 않는다?

내부적으로 vsFTP 서버에 STOR note.txt라는 명령이 전송되지만, 역시 권한이 부족해서 다음과 같은 응답만 되돌아왔다.

550 Permission denied.

```
#write_enabled=YES
```

위 부분의 # 주석 처리를 해제해서 업로드 기능을 정상적으로 만들고, 다음과 같이 vsFTPd 서버 데몬을 재가동한다.

```
root@debian:~# service vsftpd restart
```

vsFTP 서버는 처음 설치 상태에선 root 유저도 접속이 막혀 있다.

내부적으로 다음과 같이 각종 전송 명령어들이 왔다갔다 했지만, 530 Login incorrect
라는 응답이 되돌아온다.

```
명령:       USER root
응답:       331 Please specify the password.
명령:       PASS ****
응답:       530 Login incorrect.
```

5장의 예제 5-20에서 실습해본 것처럼 root를 ftp 접속이 가능하게 하려면, 다음과
같이 파일을 연다.

```
root@debian:~# nano /etc/ftpusers
```

혹시나 악용될지 몰라 nobody, man, mail 유저명들과 등과 함께 미리 차단돼 있는
유저 이름들이다. 그중에 root 유저 부분을 삭제한다.

레드햇, CentOS 계열은 vsFTPd 관련 파일들의 위치가 조금 다르다.

CentOS 구조상으로 /etc/rc.d/init.d/vsftpd에 서버 시작, 재시작 정지용 에이전트가
있고, /etc/vsftpd/vsftpd.conf 디렉터리에 설정 파일이 존재한다.

Anonymous 홈 디렉터리는 /var/ftp/pub/이다. 유저명은 ftp/ftp로 정해져 있다.

/etc/vsftpd.user_list 파일은 악용되지 않도록 로그인이 미리 차단된 유저명들이 들어
있다. 데비안 리눅스에서 /etc/ftpusers 파일과 동일한 파일이다.

이 유저명 파일을 사용하는 스위치는 /etc/vsftpd/vsftpd.conf에서 다음과 같이 세팅
돼 있어야 효력을 발휘한다.

```
userlist enable=YES
```

ProFTPD 서비스의 보안

vsFTPD처럼 인기 있는 FTP들 중 하나로 ProFTPD 서비스가 있다. OpenMediaValut
라는 인기 있는 오픈소스 NAS 제품 등에서 두루두루 쓰이고 있다. 혹시 vsFTPd 서
비스와 포트 및 서비스 충돌이 염려된다면 미리 깔끔하게 패키지를 제거한 뒤에 실습
하자.

```
root@debian:~#  service vsftpd stop
root@debian:~#  apt-get  remove  vsftpd   // 전부 삭제하고 설치한다.
root@debian:~#  apt-get  install  proftpd
```

/etc/proftpd 아래 proftpd.conf 파일과 tls.conf 파일 2개만 유심히 살펴보자.

먼저 proftpd.conf 파일 내용이다.

```
root@debian:~# cd /etc/proftpd
root@debian:/etc/proftpd# ls
blacklist.dat dhparams.pem modules.conf sql.conf virtuals.conf
conf.d      ldap.conf    proftpd.conf tls.conf
root@debian:/etc/proftpd# nano proftpd.conf
#
```

예제 14-10

처음에 나오는 설정 부분이다.

```
Include /etc/proftpd/modules.conf
```

/etc/proftpd 디렉터리에 있는 mod_xxxx 로 시작하는 DSO 모듈을 인클루드한다.

```
ServerName              "Debian"
ServerType              standalone
DeferWelcome            off
DefaultServer           on
```

데비안 리눅스에서 proFTPD 서버는 standalone 타입으로 설치했다. xinetd 슈퍼 데
몬에 대한 건 앞의 5장 vsFTP 설정 부분을 참고한다.

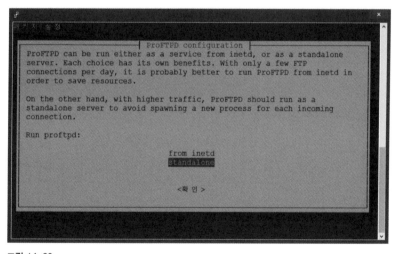

그림 14-23

```
Port  21
```

기본 포트는 21번 디폴트로 돼 있다.

```
PassivePorts    49152 65534
```

IANA에 등록된 일시적으로 사용되는 포트 범위와 같은 49152-65534처럼 정해줬다. 동시다발적인 수동 연결을 처리하기 위해 충분히 큰 범위로 지정할 것을 권장한다.

```
MaxInstances    30
PassivePorts    49152 65534
```

DoS 공격을 막으려고 기본 30으로 설정돼 있다. Standalone 모드에선 더 늘려도 된다. 슈퍼 데몬 모드를 사용하면 xinetd가 정한 max 프로세스 값까지만 허용한다.

```
User            proftpd
Group           nogroup
```

유저와 그룹이 proftpd/nogroup으로 기본 값이다. 혹시 시스템에 따라 그룹명에 nogroup이 없어서 에러가 나면 nobody 혹은 ftp 등으로 바꿀 수도 있다.

```
Umask                   022 022
```

Umask는 proFTP 서버에 접속한 뒤 사용자가 만드는 디렉터리의 퍼미션, 파일을 업로드 해서 만들어지는 파일의 퍼미션을 결정하는 마스킹이다. 계산 방법은 다음의 간편 표를 참고하기 바란다. 모든 권한인 777에서 umask 값을 빼주는 게 디렉터리 퍼미션이다. 파일에는 실행 권한이 주어지지 않는 경우가 있지만, 디렉터리는 CD 명령으로 디렉터리 안으로 진입해 들어가야 하기 때문에 실행 권한이 더 필요해서 퍼미션이 다르다.

UMASK 값	디렉터리 퍼미션	파일 퍼미션
022	755	644
002	775	664
007	770	660
070	707	606

표 14-1

```
AllowOverwrite            on
```

FTP에 업로드하는 파일은 덮어쓰기가 가능하게 설정한다.

```
Include /etc/proftpd/tls.conf
```

FTPS 접속에 "TLS Connection"을 사용할지 여부를 설정한다. mod_tls 모듈은 "FTP over SSL/TLS"를 구현하기 위한 것으로, (a.k.a) FTPS라고 알려져 있다.

주석 처리를 풀면 /proftpd/tls.conf 파일을 인클루드한다. TLS 통신을 사용하려면 같은 디렉터리 안의 TLS.conf 파일에서도 몇 개 옵션의 주석 처리를 풀어준다. 반드시 자가서명 사설인증서를 설치한 뒤에 proFTPD 서비스를 재시작해야 한다.

그림 14-24

사설인증서를 설치한 후 FileZilla FTP 클라이언트를 기준으로 "TLS를 통한 명시적 FTP가 가능한 경우"에 해당하는 TLS 암호화 통신을 이용한다.

다음은 기본적인 anonymous 접속을 위한 내용이다. Nogroup이란 그룹이 없으면 ftp 그룹을 해도 된다. 업로드 디렉터리가 막혀 있어 쓰기 권한이 없다.

```
# <Anonymous ~ftp>
#   User                    ftp
#   Group                   nogroup
#   # We want clients to be able to login with "anonymous" as well as "ftp"
#   UserAlias               anonymous ftp
#   # Cosmetic changes, all files belongs to ftp user
#   DirFakeUser on ftp
#   DirFakeGroup on ftp
#
#   RequireValidShell       off
#
#   # Limit the maximum number of anonymous logins
```

```
#   MaxClients              10
#
#   # We want 'welcome.msg' displayed at login, and '.message' displayed
#   # in each newly chdired directory.
#   DisplayLogin            welcome.msg
#   DisplayChdir            .message
#   # Limit WRITE everywhere in the anonymous chroot
#   〈Directory *〉
#     〈Limit WRITE〉
#       DenyAll
#     〈/Limit〉
#   〈/Directory〉
#
#   # Uncomment this if you're brave.
#   # 〈Directory incoming〉
#   #   # Umask 022 is a good standard umask to prevent new files and dirs
#   #   # (second parm) from being group and world writable.
#   #   Umask                   022  022
#   #       〈Limit READ WRITE〉
#   #       DenyAll
#   #       〈/Limit〉
#   #       〈Limit STOR〉
#   #       AllowAll
#   #       〈/Limit〉
#   # 〈/Directory〉
#
# 〈/Anonymous〉
```

```
Include /etc/proftpd/conf.d/
```

conf.d는 커스텀 설정 파일들이 저장되는 디렉터리 위치다.

TLS.conf의 자가서명 사설인증서의 설치

TLS 통신을 위해 자가서명 사설인증서를 만들어 설치하고, Include /etc/proftpd/tls. conf에서 몇 개의 옵션의 주석 처리를 추가로 풀어준다.

먼저 openssl 툴로 자가서명 사설인증서를 만든다. 사설인증서는 RSA 1024비트이며, 기간은 365일짜리다. 사설인증서이므로 키 파일은 /etc/ssl/private 디렉터리 아래에 만들어지는데, root에 의해 만들어진 proftpd.key 자가서명 사설인증서 파일은 누구나 요청해서 읽을 수 있어야 하므로 chmod 명령어로 접근 권한을 조정한다.

```
chmod  0640  /etc/ssl/private/proftpd.key
chmod  0600  /etc/ssl/certs/proftpd.crt
```

```
root@debian:~# openssl req -x509 -newkey rsa:1024
        -keyout /etc/ssl/private/proftpd.key -out /etc/ssl/certs/proftpd.crt
        -nodes -days 365
#
Generating a 1024 bit RSA private key
......................++++++
...++++++
writing new private key to 'privkey.pem'
Enter PEM pass phrase:
Verifying - Enter PEM pass phrase:
Enter PEM pass phrase:
Enter PEM pass phrase:
Verifying - Enter PEM pass phrase:
-----
You are about to be asked to enter information that will be incorporated
into your certificate request.
What you are about to enter is what is called a Distinguished Name or a DN.
There are quite a few fields but you can leave some blank
For some fields there will be a default value,
```

If you enter '.', the field will be left blank.

사설인증서 항목에 몇 가지 선택사항을 준다
Country Name (2 letter code) [AU]:KR
State or Province Name (full name) [Some-State]:KN
Locality Name (eg, city) []:ULSAN
Organization Name (eg, company) [Internet Widgits Pty Ltd]:TigerNet
Organizational Unit Name (eg, section) []:IT
Common Name (e.g. server FQDN or YOUR name) []:FTP
Email Address []:tiger@gmail.com
-----BEGIN CERTIFICATE-----

MIICvDCCAiWgAwIBAgIJANCZxlrutkmsMA0GCSqGSIb3DQEBCwUAMHcxCzAJBgNV
BAYTAktSMQ4wDAYDVQQIDAVVTFNBTjEOMAwGA1UEBwwFVUxTQU4xDDAKBg
NVBAoM
A1VCQzEMMAoGA1UECwwDRIRQMQwwCgYDVQQDDANGVFAxHjAcBgkqhkiG9
w0BCQEW
D3RpZ2VyQHViYy5jby5rcjAeFw0xNzAzMTEwNzQyNTBaFw0xNzA0MTAwNzQy
NTBa
MHcxCzAJBgNVBAYTAktSMQ4wDAYDVQQIDAVVTFNBTjEOMAwGA1UEBwwFVU
xTQU4x
DDAKBgNVBAoMA1VCQzEMMAoGA1UECwwDRIRQMQwwCgYDVQQDDANGVF
AxHjAcBgkq
hkiG9w0BCQEWD3RpZ2VyQHViYy5jby5rcjCBnzANBgkqhkiG9w0BAQEFAAOBjQAw
gYkCgYEA0iYuCHuNJFobOW/Ax2kgG8YpJehMo6F+DkPPHQfKH16oFrl3zcONIYGR
+bu0nwCbL00Z54NdjqhyRIorBf23/eFluEbMajIwExc3d8M9YkMgBjB6wy9Pb9Je
2xDSFNhn8jGp8bx13v6Ao179T0HDTVnamCWMyX/4pp7F0S10SeMCAwEAAaNQ
ME4w
HQYDVR0OBBYEFNxLFWvs8pTVvr0hPN1/yQASZ7H7MB8GA1UdIwQYMBaAFNx
LFWvs
8pTVvr0hPN1/yQASZ7H7MAwGA1UdEwQFMAMBAf8wDQYJKoZIhvcNAQELBQA
DgYEA
La/ANoSwpVd/7yXEOpGNYR801ucfvX/a0tsYU4ufZGa1Xou5x46OgpKyQ9PA7oMZ
eZTCRG56sz50SWUqu4G22MjNPanWnCoeipMOVoldW8E/
RkNyxvEQzsArvsKZeOV1

SthoCgor3uvaG+iDElxEEUxDSMwk7bYyvbLDiSrPjwg=
-----END CERTIFICATE-----

자가서명 사설인증서 파일이 사설인증서가 설치 되야 하는 private 위치에 생성 및 설치됐다

예제 14-11

사설인증서가 설치됐으니 /etc/proftpd/tls.conf 파일 내부에서 주석 처리를 몇 군데 풀어줄 차례다.

```
<IfModule mod_tls.c>
TLSEngine                     on
TLSLog                        /var/log/proftpd/tls.log
TLSProtocol                   SSLv23

TLSRSACertificateFile         /etc/ssl/certs/proftpd.crt
TLSRSACertificateKeyFile      /etc/ssl/private/proftpd.key
```

CA 인증서는 없으므로 주석 처리를 풀지 말고 그대로 둔다.

TLS 통신을 위한 mod_tls/2.4.3과 mod_sftp/0.9.8 버전 모듈이 ProFTPD 시작할 때 함께 실행됐다. 예제 14-12 상단 부분에서 문장을 확인해보자.

```
root@debian:/home/tiger # service  proftpd  start
[....] Starting ftp server: proftpd debian proftpd[18263]: mod_tls/2.4.3: compiled
using OpenSSL version 'OpenSSL 1.0.1e 11 Feb 2013' headers, but linked to
OpenSSL version 'OpenSSL 1.0.1t  3 May 2016' library
debian proftpd[18263]: mod_sftp/0.9.8: compiled using OpenSSL version 'OpenSSL
1.0.1e 11 Feb 2013' headers, but linked to OpenSSL version 'OpenSSL 1.0.1t  3 May
2016' library
debian proftpd[18263]: mod_tls_memcache/0.1: notice: unable to register
'memcache' SSL session cache: Memcache support not enabled
```

```
. ok
root@debian:/home/tiger #
```

예제 14-12

netstat –tanp 명령으로 서비스 데몬들의 정상 동작 여부를 확인한다. 21번 포트에
proftpd 데몬이 listen하는 대기를 하고 있어야 하고, 윈도우 운영체제에서 filezilla
FTP 클라이언트로 TLS을 이용해 접속할 때 Established 접속이 하나 더 생긴다면
FTP가 제대로 동작하고 있는 것이다.

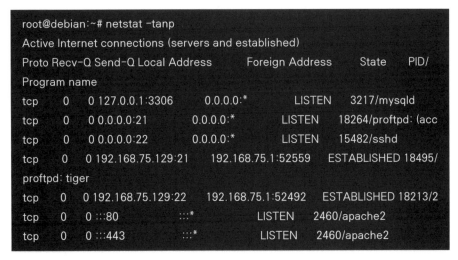

```
root@debian:~# netstat –tanp
Active Internet connections (servers and established)
Proto Recv-Q Send-Q Local Address        Foreign Address       State      PID/
Program name
tcp    0      0 127.0.0.1:3306          0.0.0.0:*            LISTEN    3217/mysqld
tcp    0      0 0.0.0.0:21              0.0.0.0:*            LISTEN    18264/proftpd: (acc
tcp    0      0 0.0.0.0:22              0.0.0.0:*            LISTEN    15482/sshd
tcp    0      0 192.168.75.129:21      192.168.75.1:52559    ESTABLISHED 18495/
proftpd: tiger
tcp    0      0 192.168.75.129:22      192.168.75.1:52492    ESTABLISHED 18213/2
tcp    0      0 :::80               :::*            LISTEN    2460/apache2
tcp    0      0 :::443              :::*            LISTEN    2460/apache2
```

예제 14-13

FileZilla FTP 클라이언트에서 ProFTPD 서버에 유저가 접속하면 자가서명 사설인증
서의 신뢰 여부를 확인하고, "알 수 없는 서버 인증서"를 표시한다. 물론 시만텍 베리
사인 같은 공인 인증 기관 발급이 아니라서 "알 수 없는~"으로 표시하고. 직접 확인
작업을 거친다.

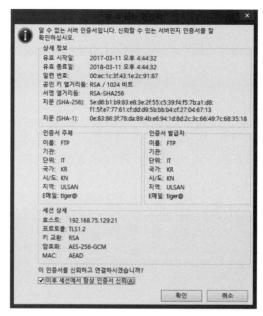

알 수 없는 서버 인증서입니다. 신뢰할 수 있는 서버인지 인증서를 잘
확인하십시오.

상세 정보

유효 시작일:	2017-03-11 오후 4:44:32
유효 종료일:	2018-03-11 오후 4:44:32
일련 번호:	00:ec:1c:3f:43:1e:2c:91:87
공인 키 알고리듬:	RSA / 1024 비트
서명 알고리듬:	RSA-SHA256
지문 (SHA-256):	5e:d6:b1:b9:83:e8:3e:2f:55:c5:39:f4:f5:7b:a1:d8:
	f1:5f:e7:77:61:cf:dd:d9:5b:bb:b4:cf:27:04:67:13
지문 (SHA-1):	0e:83:86:3f:78:da:89:4b:e6:94:1d:8d:2c:3c:66:49:7c:68:35:18

인증서 주체

이름:	FTP
기관:	
단위:	IT
국가:	KR
시/도:	KN
지역:	ULSAN
E메일:	tiger@

인증서 발급자

이름:	FTP
기관:	
단위:	IT
국가:	KR
시/도:	KN
지역:	ULSAN
E메일:	tiger@

세션 상세

호스트:	192.168.75.129:21
프로토콜:	TLS1.2
키 교환:	RSA
암호화:	AES-256-GCM
MAC:	AEAD

이 인증서를 신뢰하고 연결하시겠습니까?
[v] 이후 세션에서 항상 인증서 신뢰(A)

확인   취소

그림 14-25

예제 14-11에서 입력해 넣은 문항들이 보인다. 인증서 확인 창 맨 하단에 [v] "이후 세
션에서 항상 인증서 신뢰"를 선택하는 옵션이 있다. 확인하면 다시 물어보지 않는다.

> *ProFTPD 서비스의 mod_tls 모듈
> http://www.proftpd.org/docs/contrib/mod_tls.html

15

Snort 침입 탐지 시스템

데비안 리눅스 VM머신에서 동작	192.168.195.129
칼리 리눅스 VM머신에서 동작	192.168.195.128
윈도우 운영체제 VM호스트	192.168.1.100

표 15-1 15장에서 사용되는 운영체제의 종류

데비안 운영체제에서 마지막으로 대미를 장식할 침입 탐지-침입 방지 시스템에 대한 이해가 더 필요하다. 전 세계 네트워크 장비 업체 중 1위를 달리는 시스코 시스템즈 Cisco Systems는 2013년 7월 소스파이어Sourcefire Inc 사를 약 27억 달러에 인수하기로 결정했다. 소스파이어의 대표 제품인 FirePower라는 네트워크 보안 어플라이언스는 오픈 소스 침입 탐지 시스템인 Snort IDSIntrusion Detection System에 기반으로 둔 제품이라 업계가 매우 놀랐던 M&A였다. 'Snort라는 제품이 그 정도의 가치가 있는 제품인가?', '혹시 M&A에 거품이 낀 건 아닌지?'라는 의심도 있었지만, 사이버 보안 전문가의 위상이 얼마나 높은 가치로 대우받는지를 확실하게 보여준 사건이라 생각한다.

소스파이어 사의 CTO^{Chief Technology Officer}이자, Snort 시스템의 개발자인 마틴은 침입 탐지-침입 방지 기술과 포렌식 전문가로, 미국 국방부를 위한 침입 탐지 및 침입 방지 시스템, 허니팟 시스템과 네트워크 스캐너와 같은 다양한 네트워크 보안 도구 및 기술을 개발했다. 지금은 시스코 보안 비즈니스 그룹의 수석 아키텍트 및 부사장으로 재직 중이다.

마틴은 Snort에 대해 시그니처 기반의 프로토콜 분석 및 예외 기반 검사 방법을 결합한 실시간 트래픽 분석과 IP 네트워크상에서 패킷 로깅이 가능한 가벼운 오픈소스 네트워크 침입 탐지 시스템이라는 정의를 내렸다.

Snort는 패킷 수집을 하는 libpcap 라이브러리에 의존하는 네트워크 스니퍼인데, 쉽게 정의할 수 있는 침입 탐지 룰과 네트워크 패킷들을 감시하고, 기록(앞으로 패킷 로깅으로 표시)하고 경계 alert를 낼 수 있는 소프트웨어다. 오버플로, 디도스 공격, CGI 공격, SMB 탐색, nmap 유틸리티의 스텔스 포트 스캔^{stealth portscan}, OS 배너그래빙 시도 등 다양한 공격과 스캔을 모조리 탐지해낼 수 있어 네트워크 스캐너 도구의 천적이기도 하다.

이러한 탐지 룰들은 Snort 커뮤니티를 통해 지속적으로 업데이트되고, 본인이 쉽게 차단 룰셋을 작성하고 추가할 수도 있어 최신 제로데이 공격에도 발빠른 대응이 가능하다는 장점이 있다.

그러나 ClamAV 안티바이러스가 악성코드는 검출하지만, 삭제 처리를 전혀 하지 못한다는 약점이 있는 것처럼 Snort도 침입은 탐지해도 차단을 하진 않는다. 침입을 막는 건 엄연히 Snort가 아닌 IPTables 방화벽의 역할이므로 두 가지 방어 도구를 적절하게 잘 배치해 사용한다.

IP 주소나 포트 기준으로 부합되는 패킷만 통과시키거나 차단하는 게 방화벽의 역할이면, 네트워크를 드나드는 패킷의 알맹이까지 분석해 정상 여부를 결정하는 게 IDS의 역할이다.

본사에서 지역 계열사 네트워크에 80포트를 통해 웜 공격이 파고들어가면 지역 계열사로선 본사 네트워크에서 온 패킷이니 악성 여부를 따지지 않고, 방화벽을 그냥 통과시키는 정책을 취한다. 방화벽의 기준에선 본사는 100% 신뢰하는 사이트이며, 일반적인 80포트로는 웹 트래픽으로만 인식한다. 하지만 침입 탐지 침입 방지 시스템 장비가 추가로 있다면 유입되는 패킷의 알맹이를 세세하게 뜯어보고, 정해진 차단 룰셋에 기반을 두고 동작한다.

Snort의 설치

Snort 설치법은 한때 소스 컴파일 및 권한 설정 등에서 매우 악명 높았지만, 데비안 리눅스에서는 아주 편리하다. apt-get Install snort라는 명령어 단 한 줄로 간편하게 설치한다.

```
root@debian:/ # apt-get install snort

..
다음 패키지를 더 설치할 것입니다:
  libdaq0 libdumbnet1 libprelude2 oinkmaster snort-common
  snort-common-libraries snort-rules-default
제안하는 패키지:
  snort-doc
다음 새 패키지를 설치할 것입니다:
  libdaq0 libdumbnet1 libprelude2 oinkmaster snort snort-common
  snort-common-libraries snort-rules-default
0개 업그레이드, 8개 새로 설치, 0개 제거 및 23개 업그레이드 안 함.
3,066 k바이트 아카이브를 받아야 합니다.
이 작업 후 10.7 M바이트의 디스크 공간을 더 사용하게 됩니다.
계속하시겠습니까 [Y/n]? y
oinkmaster 패키지를 푸는 중입니다 (.../oinkmaster_2.0-3_all.deb에서) ...
man-db에 대한 트리거를 처리하는 중입니다 ...
libdaq0 (0.6.2-2) 설정하는 중입니다 ...
```

```
libdumbnet1 (1.12-3.1) 설정하는 중입니다 ...
libprelude2 (1.0.0-9) 설정하는 중입니다 ...
snort-common-libraries (2.9.2.2-3) 설정하는 중입니다 ...
snort-rules-default (2.9.2.2-3) 설정하는 중입니다 ...
snort-common (2.9.2.2-3) 설정하는 중입니다 ...
snort (2.9.2.2-3) 설정하는 중입니다 ...
[....] Stopping Network Intrusion Detection System : snort[....] – No running sn
[warnnstance found ... (warning).
[....] Starting Network Intrusion Detection System : snort (eth0 using /etc/snor
[ ok rt.conf ...done).
```

Snort 설치 과정

Snort 설정 마지막에서 로컬 네트워크 영역에 대한 범위를 CIDR 블록 방식으로 정하
도록 요청하는데, CIDR 블록 방식은 C 클래스 네트워크는 맨 뒤에 /24, B 클래스 네
트워크는 /16, A 클래스 네트워크는 /8, 일반 호스트를 지정하려면 뒤에 /32를 사용하
는 네트워크 표기 방식이다. 나의 데비안 리눅스는 Vmware 가상 머신 위에서 동작하
고 있어 ifconfig eth0 명령어로 확인해보면 IP 주소는 192.168.195.129다. 여기에 맞
춰 그림 15-1처럼 C 클래스 대역을 192.168.195.0/24로 설정했다.

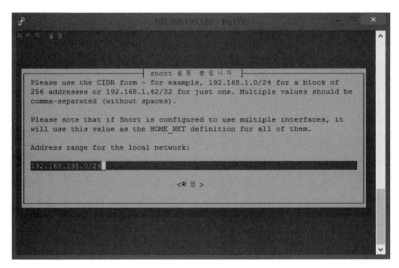

그림 15-1

홈넷 설정이라고 하는데 멀티 네트워크를 설정할 수 있으며, 멀티 네트워크는 각 네트워크들은 콤마로 구분해준다. snort.conf 설정 파일에서 네트워크 환경 변수로 HOME_NET을 지정하는 부분에 앞에 설정한 값이 적용된다.

```
ipvar  HOME_NET   192.168.195.0/24
```

일반적으로 악성 트래픽을 수집해야 IDS 침입 탐지 룰을 만들 수 있다고 가정했을 때 KT나 LG-Uplus와 같은 통신사가 아니라면 보안업체나 IDS/IPS를 만드는 업체들은 과연 어디에서 악성 트래픽을 수집할까?

미국 정보 기관인 국가보안국NSA은 최첨단 신호 수집 장비를 사용해 전자 신호를 포착하는 시진트SIGINT: signal intelligence라는 부서가 있다. 통신 감청용 시스템으로 유명한 에셜론Echelon: 삼각편대 운영이 대표적인데, 미국을 경유하는 트래픽을 수집하기 위해 미국 본토의 AT&T나 센추리링크, 퀘스트 커뮤니케이션 네트워크 회사 등에 신호 수집기를 설치해 놓았다고 한다. 미국 연방수사국FBI의 카니보어Carnivore: 육식동물도 인터넷 서비스 회사의 네트워크에 특수한 소프트웨어를 설치해 마약 밀매, 횡령 사건, 컴퓨터 해킹 범죄를 추적하기 위한 감시망 시스템이다.

두 가지 사례를 참고해보면 수집 센서가 전 세계 곳곳에 설치돼야 한다. 시만텍 같은 글로벌 기업은 백신 제품과 시만텍 인터넷 게이트웨이와 같은 하드웨어 장비를 보유하고 있으니 네트워크 주요 지점마다 장비(센서)를 설치해두고 악성 트래픽을 수집해 엔드포인트 방어용 패턴을 만들 수 있다. 국내 상용 IPS 장비 가운데에도 Snort 룰을 적용하는 회사로는 윈스를 들 수 있는데, 네트워크상의 유해 트래픽에 대한 IPS 침입 방지 시스템 및 TMSThreat Management System 위협 관리 시스템을 가지고 있다.

국내외 최신 취약성 정보와 네트워크 트래픽 및 공격 형태를 정밀 분석해서 패턴을 업데이트하기 위해 자사 IPS 장비에 Snort Rule도 적용시키고 있다. 인재 채용에서도 Snort Rule 작성 가능자를 채용하기도 했다.

스나이퍼 TMS는 국내외 주요 네트워크 길목에 위협 탐지 센서(장비)를 배치한다. 센서로는 자사가 개발한 네트워크 보안 장비인 IPS 침입 방지 시스템, DDos 방어 장비, APT 방어 장비, UTM 방화벽 등이 센서의 역할을 한다. 수집 분석한 결과를 토대로 방어 패턴을 제작해 다시 자사 하드웨어 장비에 패턴을 업데이트하고, 상위 기관과 PCRE를 이용한 위협 정보와 연계도 한다. PCRE는 펄 호환 정규 표현식Perl Compatible Regular Expressions의 줄임말이다.

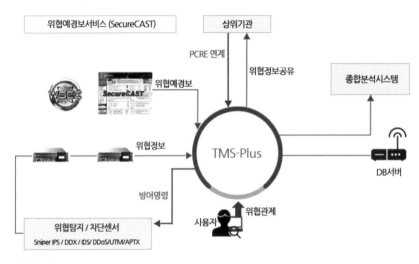

그림 15-2

Snort가 오픈소스 제품으로서도 훌륭하지만, 실제 상용화된 IPS 장비에서도 두루 쓰이고 있다는 걸 알았다. 2017년 4월에는 고려대학교에 "사이버무기평가센터"가 새롭게 설립됐다. 만약 국방부 납품용 차세대 방화벽 제품을 개발하거나, 사이버 무기 인증에 관심 있는 보안제품 개발자라면 모두 Snort라는 오픈소스 제품의 소스 코드는 반드시 참고하기 바란다.

Snort 동작 모드

Snort는 최근 3.0 버전 Alpha4로 버전이 올라가면서 Snort 홈페이지에는 구형 제품인 2.9.7.6 버전에 대한 EOS^{End Of Service: 서비스 수명 종료}를 선언한 상태다. 즉, 해당 버전의 소프트웨어 제품 개발 수명이 종료돼 앞으로 해당 버전의 코드가 추가로 개발되지 않거나 룰셋 업데이트도 이뤄지지 않는다. alpha가 종료되면 3.0 버전으로 곧 업그레이드한다.

기업에서 상용 침입 방지 시스템인 IPS^{Intrusion Prevention System} 장비를 운영하다 보면 IPS 장비업체가 CVE-2017-xxxx 시리즈와 같은 특정 취약점 공격에 대한 트래픽을 수집하고 분석을 통해 차단 룰셋을 제작해서 배포하는 걸 볼 수 있다. 기업은 유지관리 계약을 맺고, 자동-수동 업데이트 방식으로 차단 룰셋을 다운로드한 뒤 장비에 적용시켜 기업 네트워크를 외부 취약점 공격으로부터 보호한다.

전산실에서 보안 장비 여러 대를 운영하게 되면 장비 담당자는 운영하기에 급급해 사실 패턴이나 차단 룰셋을 직접 만들 여유까진 없다. 유료로 비용을 지불하고, 상용 IPS 업체가 만든 차단 룰셋을 자동화 다운로드 방식으로 적용해서 쓰는 게 일반적인 운영 방식이다.

상용 IPS 장비도 약 6년 정도 지나면 제조사의 개발 사이클에 따라 퇴역하면서 EOS 상태가 된다. IPS 하드웨어는 아직 고장이 나지 않고 멀쩡한데, 소프트웨어인 차단 룰셋이 새로 만들어지지 않기 때문에 IPS 하드웨어는 새 장비를 구매해야 한다.

만약 Snort 기반 장비를 직접 만들었다면 어떨까? 범용적인 서버 아키텍처를 가진 하드웨어에 데비안 리눅스 운영체제를 설치하고, Snort를 브릿지 모드로 운영하면 전 세계에서 Snort 응용 개발자들이 만들어내는 차단 룰셋을 무료로 다운로드하여 적용할 수 있다. Snort 2.9.7.6 버전이 EOS 처리가 되더라도 Snort 3.0 버전으로 업그레이드해서 대체 설치하기만 하면 된다.

상용 IPS 업체의 차단 룰셋을 구매하는 데 드는 유지관리 계약 비용도 일단 절약되고, 제로데이 취약점이 출현해도 상용 IPS 업체가 차단 룰셋을 개발할 때까진 손을 놓고 발을 동동 구르지 않아도 된다. Snort 차단 룰셋을 (정의하는 방법을 어느 정도 이해하고 있다면) 직접 만들어 내가 만든 룰 셋을 직접 적용할 수 있다.

Snort 가동의 기본이 되는 옵션 스위치인 --version 옵션으로 snort의 버전을 체크해보자.

```
root@debian:/# snort --version

    ,,_    -*> Snort! <*-
   o" )~   Version 2.9.2.2 IPv6 GRE (Build 121)
   ""     By Martin Roesch & The Snort Team: http://www.snort.org/snort/snort-team
          Copyright (C) 1998-2012 Sourcefire, Inc., et al.
          Using libpcap version 1.3.0
          Using PCRE version: 8.30 2012-02-04
          Using ZLIB version: 1.2.7
```

예제 15-1

화면에 보이는 PCRE는 펄 호환 정규 표현식Perl Compatible Regular Expressions의 줄임말이다.

Snort는 세 가지 모드, 즉 스니퍼 모드, 패킷 로깅 모드, 네트워크 침입 탐지 모드로 동작하도록 구성할 수 있다. 일단 커맨드 옵션이 너무 많아 헷갈리고 정신이 없지만, 각 모드마다 꼭 필요한 커맨드 옵션만 골라 차근차근 살펴보자.

- 스니퍼 모드Sniffer mode: 네트워크에서 패킷을 읽고, 콘솔 화면에 연속적인 스트림으로 표시한다. 옵션 종류에 따라 MAC 주소를 표시하거나 IP 주소를 xxx.xxx.xxx.xxx 형태로 난독화시킬 수 있다. 패킷 저장은 따로 하지 않는다.
- 패킷 로깅 모드Packet Logger: 패킷을 디스크에 기록하는 방식을 말한다.
- 네트워크 침입 탐지 시스템 모드NIDS: Network Intrusion Detection System: 네트워크 트래픽에 대한 탐지와 분석을 수행하며, 가장 복잡하고, 네트워크 관리자 임의의 구성이 가능한 모드다.

스니퍼 모드

스니퍼 모드^{Sniffer Mode}는 TCP/IP 패킷 헤더를 콘솔 스크린에 보여주는 모드다.

-v 옵션을 기본으로 붙여 시작한다. -version 스위치가 하는 버전 표시와 다르다. Snort를 실행하면, IP 및 TCP / UDP / ICMP 헤더만 표시한다.

약 세 줄에 걸쳐 패킷의 소스-목적지 어드레스, 패킷 길이, 포트 등이 표시된다.

```
root@debian:/# snort -v

Running in packet dump mode
    --== Initializing Snort ==--
Initializing Output Plugins!
pcap DAQ configured to passive.
The DAQ version does not support reload.
Acquiring network traffic from "eth0".
Decoding Ethernet


    --== Initialization Complete ==--

Commencing packet processing (pid=5366)


=+=+=+=+=+=+=+=+=+=+=+=+=+=+=+=+=+=+=+=+=+=+=+=+=+=+=+=+

04/16-19:39:37.755807 192.168.195.1:51232 -> 192.168.195.129:22
TCP TTL:128 TOS:0x0 ID:26479 IpLen:20 DgmLen:40 DF
***A**** Seq: 0xC2DC17CB  Ack: 0x7BCBAB82  Win: 0xFD  TcpLen: 20
=+=+=+=+=+=+=+=+=+=+=+=+=+=+=+=+=+=+=+=+=+=+=+=+=+=+=+=+

04/16-19:39:37.755840 192.168.195.129:22 -> 192.168.195.1:51232
TCP TTL:64 TOS:0x10 ID:10538 IpLen:20 DgmLen:440 DF
***AP*** Seq: 0x7BCBAD82  Ack: 0xC2DC17CB  Win: 0x447  TcpLen: 20
=+=+=+=+=+=+=+=+=+=+=+=+=+=+=+=+=+=+=+=+=+=+=+=+=+=+=+=+
```

예제 15-2

-d -v 옵션은 패킷 헤더와 패킷 몸체를 같이 표시한다. 패킷 덤프 모드는 HEX 타입의 패킷 데이터가 표시된다.

```
root@debian:/# snort -d -v
Running in packet dump mode
    --== Initialization Complete ==--
Commencing packet processing (pid=5406)
=+=+=+=+=+=+=+=+=+=+=+=+=+=+=+=+=+=+=+=+=+=+=+=+=+=+=+=+
04/16-19:46:38.288221 192.168.195.129:22 -> 192.168.195.1:51232
TCP TTL:64 TOS:0x10 ID:11070 IpLen:20 DgmLen:120 DF
***AP*** Seq: 0x7BCD0AC2  Ack: 0xC2DC6E6B  Win: 0x447  TcpLen: 20
38 C3 A2 78 EF 06 10 54 2C 9A BE 06 FF C3 8D 7F  8..x...T,.......
6B 39 0E E9 D2 31 0A 38 59 68 E7 B3 0E A5 8C E7  k9...1.8Yh......
FA 68 B1 6B C9 73 E3 F4 0A 50 0E 18 4C 88 F8 2C  .h.k.s...P..L..,
F5 DE D0 4D 48 33 8A BC 7E D2 06 2F 00 22 1A 9B  ...MH3..~../.".
40 E8 0C E5 34 92 A2 F7 76 C4 B1 37 CA 7E 73 AE  @...4...v..7.~s.
=+=+=+=+=+=+=+=+=+=+=+=+=+=+=+=+=+=+=+=+=+=+=+=+=+=+=+=+
04/16-19:46:38.290408 192.168.195.129:22 -> 192.168.195.1:51232
TCP TTL:64 TOS:0x10 ID:11071 IpLen:20 DgmLen:312 DF
***AP*** Seq: 0x7BCD0B12  Ack: 0xC2DC6E6B  Win: 0x447  TcpLen: 20
AF BF 5C 07 3F 84 BB 43 A6 19 8E D4 22 25 6E 53  ..\.?..C...."%nS
2F 12 C7 DE 83 78 BF 72 7D 61 00 12 2B 50 78 A7  /....x.r}a..+Px.
F7 BC 37 7B 30 B3 13 64 15 27 AC CD 5B 48 7C 97  ..7{0..d.'..[H|.
AE 10 C5 41 71 B1 2C 55 4B 42 19 77 DD 21 39 B9  ...Aq.,UKB.w.!9.
C5 34 01 B2 A9 F1 1D 44 1E 92 87 FE 13 5D EE 8D  .4.....D.....]..
A8 BE E0 54 75 88 80 7F 0E 9B D4 A8 B0 D1 06 0F  ...Tu...........
46 66 2E F0 DA E8 05 CC 45 36 26 10 E9 93 1D 5F  Ff......E6&...._
3E EB 00 A0 78 58 5E B4 0F 9E DD 22 B3 DB A2 54  >...xX^...."..T
30 9C 24 43 E5 FA 04 48 69 AD 80 70 D2 8D F8 E3  0.$C...Hi..p....
51 2C CA B1 93 6B D8 D5 A1 27 65 B2 3A 47 53 78  Q...k...'e.:GSx
92 2D D4 FE 0F 4C 74 5B D0 63 8C 68 4E 3E 72 5B  .-..Lt[.c.hN>r[
AB B4 C5 19 F6 B3 D5 94 2C AB 3B A4 52 B4 16 C1  .........,.;.R...
3D 10 98 99 84 2A EF 5D 22 5F 1C 85 AD 50 4A B1  =....*.]"_...PJ.
ED 83 7C 5D D4 82 59 9D A1 83 F2 0F CC D3 82 04  ..|]..Y........
68 85 6C 29 DC AB 0D F5 0D 63 DE 90 FB AD 86 FC  h.l).....c......
```

376

```
5C 7D C5 C0 C6 74 1F C9 35 8E 2D 53 5E 61 2F 49   \}...t..5.-S^a/I
46 6E C4 C6 45 84 B2 62 9E 8F 0D 8D 74 49 55 B3   Fn..E..b....tIU.
=+=+=+=+=+=+=+=+=+=+=+=+=+=+=+=+=+=+=+=+=+=+=+=+=+=+=+=+=+=+=+
```

예제 15-3

패킷 로깅 모드

패킷 로깅 모드Packet Logger는 패킷을 디스크에 기록하는 형태라 굳이 콘솔 스크린에서 패킷 데이터를 보여줄 이유가 전혀 없다. 그 대신 로그 파일을 저장할 디렉터리를 -l 옵션으로 따로 정해줘야 한다.

```
snort  -v  -d  -l  /home/tiger
```

/home/tiger 아래 snort.log.1492340938처럼 snort 패킷 로그 파일이 만들어진다. 패킷 로깅 파일은 저장 포맷에 따라선 다음 예제처럼 사람의 눈으로 전혀 알아볼 수 없는 경우도 있다. 예제 15-6에서 -r 옵션을 줘 눈으로 읽을 수 없었던 해당 로깅 포맷을 읽을 수 있게 하는 방법도 보여준다.

```
root@debian:/# snort  -v -d  -l  /home/tiger
root@debian:/# nano snort.log.1492340938
□ò□^B^@^D^@^@^@^@^@^@^@^@^@□^E^@^@^A^@^@^@P□X^KV^A^@□^@^@^
@□^@^@^@^@^@PV□^@^H^@^L)□¬I^H^@E^P^@xDI@^@@^F□^_□Á□Á^A^@^Väl^BH
□^Á□$
^@^@□)^P{□h^U+□□^L+□□
□}4q□□xi□GT*{Hf\d0□□□;c^KJ□~□□I#Si□^B□$?%□IW)o^Q□m□□□□□□
```

예제 15-4

현재 /home/tiger/디렉터리에 log라는 서브 디렉터리가 만들어져 있어야 올바로 패킷 로깅 모드가 작동된다. 만약 log라는 서브 디렉터리가 없으면 Snort 출력 플러그인output plugin에서 즉시 에러를 낸다.

```
snort  -v -d -l ./log
```

명령어에 -l 옵션으로 로그 디렉터리를 설정했지만 현재 디렉터리의 아래에 log라는
서브 디렉터리가 없을 때 나타나는 에러는 다음과 같다.

```
-== Initializing Snort ==-
Initializing Output Plugins!
ERROR: Stat check on log dir failed: No such file or directory.
Fatal Error, Quitting..
root@debian:/#
```

Snort 환경이 네트워크 브릿지 모드로 연결돼 있어서 네트워크 대역이 최소 2개 이상
존재하는 환경이라면 Snort의 홈 네트워크 대역을 Snort 에게 알려줄 필요가 있다. 홈
넷 설정 시에는 -h 옵션을 쓴다.

```
snort  -v -d -l ./log  -h 192.168.1.0/24
```

꼭 네트워크 브릿지 모드가 아니더라도 데비안 리눅스를 윈도우 VMWare 가상 머신
위에서 사용 중이라면 -h로 윈도우 운영체제 쪽 네트워크로 홈넷 대역을 바꾸거나
VM 가상 머신 대역을 홈넷으로 서로 바꿔 설정해 가며 로깅 테스트를 해볼 수 있다.

윈도우 운영체제에서 명령 프롬프트를 열고, Snort가 실행되는 데비안 리눅스 네트워
크 대역에 ping을 여러 번 보내 ping 응답을 snort가 잘 받아 처리하는지 테스트한다.

데비안 리눅스에서 Snort 로그 파일에 과연 ping 응답이 기록됐는지도 패킷 로그 파
일을 열어본다.

홈넷 대역을 어디로 설정하느냐에 따라 둘은 확연하게 다른 결과가 나온다.

```
C:\windows> ping  -t  192.168.195.129
192.168.195.129의 응답: 바이트=32 시간=1ms TTL=64
192.168.195.129의 응답: 바이트=32 시간<1ms TTL=64
192.168.195.129의 응답: 바이트=32 시간=1ms TTL=64
```

```
root@debian:/# snort  -v -d  -l  /home/tiger  -h 192.168.1.0/24
root@debian:/# nano snort.log.1492343403

Host:239.255.255.250:1900
NT:upnp:rootdevice
NTS:ssdp:alive
Location:http://192.168.195.1:2869/upnphost/udhisapi.
dll?content=uuid:82f38f57-d55a-4c9e-9bae-1269f126d60e
USN:uuid:82f38f57-d55a-4c9e-9bae-1269f126d60e::upnp:rootdevice
Cache-Control:max-age=900
Server:Microsoft-Windows/6.3 UPnP/1.0 UPnP-Device-Host/1.0
OPT:"http://schemas.upnp.org/upnp/1/0/"; ns=01
01-NLS:8ce87c97324fd6c378724c508e0bf77b
```

예제 15-5

예제 15-4처럼 눈을 전혀 읽을 수 없는 글자가 있는 패킷 로깅 파일은 일반적으로 쓰
는 ASCII 텍스트 포맷이 아닌 다른 형태의 포맷으로 Snort가 로깅을 한다.

일단 패킷이 바이너리 타입으로 로깅되면, 그 패킷을 tcpdump나 와이어샤크^{Wireshark}
같은 네트워크 스니퍼 유틸리티로 패킷 로깅 파일을 열수 있다.

패킷 로깅 된 파일을 콘솔에서 직접 눈으로 읽어서 볼 수 있게 변환하려면 snort -r
옵션을 사용해야 한다.

```
snort  -d  -v  -r  snort.log.1492343804
```

읽지 못하던 파일이 디코드된 ASCII 포맷으로 변환돼 깔끔하게 읽을 수 있다.

```
-root@debian:/# snort  -r  snort.log.1492343804
04/16-20:56:45.000445 192.168.195.129:22 -> 192.168.195.1:51232
TCP TTL:64 TOS:0x10 ID:18054 IpLen:20 DgmLen:184 DF
***AP*** Seq: 0x7C0314D2  Ack: 0xC2DD52CB  Win: 0x447  TcpLen: 20
=+=+=+=+=+=+=+=+=+=+=+=+=+=+=+=+=+=+=+=+=+=+=+=+=+=+=+
04/16-20:56:45.058672 192.168.195.1:51232 -> 192.168.195.129:22
TCP TTL:128 TOS:0x0 ID:31950 IpLen:20 DgmLen:40 DF
***A**** Seq: 0xC2DD52CB  Ack: 0x7C031562  Win: 0x100  TcpLen: 20


=+=+=+=+=+=+=+=+=+=+=+=+=+=+=+=+=+=+=+=+=+=+=+=+=+=+=+
04/16-20:56:45.600340 192.168.195.1 -> 192.168.195.129
ICMP TTL:128 TOS:0x0 ID:31951 IpLen:20 DgmLen:60
Type:8 Code:0 ID:1  Seq:11 ECHO
```

예제 15-6

1000Mbps급의 빠른 네트워크를 사용 중이거나 패킷을 좀 더 압축 형태로 기록하려면 -b 옵션으로 바이너리 모드로 패킷 로깅이 가능하다.

-b 옵션으로 동작하는 바이너리 모드는 패킷을 tcpdump 유틸리티나 네트워크 스캐너 유틸리티가 패킷을 기록하는 방식과 동일한 바이너리 형식으로 파일에 기록한다.

```
snort  -b   -l  /home/tiger
```

바이너리 모드는 전체 패킷을 단일 파일에 기록하는 특성 때문에 홈넷을 지정하는 -h 옵션 등이 필요 없다. 즉, 바이너리 모드는 특성상 -d -e -h와 같은 옵션은 전부 필요 없다.

콘솔에서 직접 확인하는 방식인 스니퍼 모드에서 저장된 바이너리 로그 파일을 사람이 직접 읽을 수 있게 표시하려면 -r 옵션을 반드시 뒤에 붙여서 실행해야 한다.

```
snort -d -v -r snort.log.1492343403
```

네트워크 스니퍼 유틸리티는 공통적으로 같이 사용하는 libpcap 라이브러리를 사용해 패킷을 캡처한다. 윈도우 운영체제에서 와이어샤크[Wireshark] 및 WinSnort에 WinPcap 유틸리티가 별도로 설치돼 있어야 패킷 캡처가 가능하다. 와이어샤크[Wireshark] 네트워크 스니퍼 유틸리티가 만들어낸 .pcap 파일에 대해서도 다음처럼 프로토콜 관련 정보가 캡처된 .pcap 파일을 읽어들인다.

```
snort -r file1.pcap
```

만약 수십 개의 .pcap 파일을 한꺼번에 읽어들여야 한다면 목록 파일을 만들어 해당 목록 파일을 --pcap-file=리스트 파일명 옵션으로 지정해준다.

한꺼번에 묶으려면 리스트를 따옴표 " "로 감싼다.

```
snort --pcap-file=list.txt
snort --pcap-list="file1.pcap file2.pcap file3.pcap file4.pcap"
```

```
root@debian:/# cat list.txt
file1.pcap
file2.pcap
file3.pcap
file4.pcap
...
root@debian:# snort --pcap-file=/home/tiger/list.txt
또는
root@debian:# snort --pcap-list="file1.pcap file2.pcap file3.pcap file4.pcap"
```

예제 15-7

패킷 로그가 대량으로 저장된 디렉터리를 지정하려면 --pcap-dir= 옵션을 쓴다.

```
snort  --pcap-dir=/home/tiger
```

해당 디렉터리에 여러 개의 파일들이 섞여 있지만, 그중에서 snort가 쉬지 않고 저장한 패킷 파일들인 snort.log.* 파일들만 골라내거나 *.pcap 파일만 필터 형태로 골라내려면 --pcap-filter= 옵션을 사용한다.

```
snort  --pcap-filter="snort.log.*"  --pcap-file=snort_list.txt
```

리스트가 있는 목록 파일을 적용해도 된다.

```
root@debian:/# cat snort_list.txt
 snort.log.1492343403
snort.log.1492344706
snort.log.1492349499
...

root@debian:/# snort --pcap-filter="snort.log.*"
--pcap-file=/home/tiger/snort_list.txt

root@debian:/# snort --pcap-filter="*pcap" --pcap-dir=/home/tiger
```

예제 15-8

Snort의 명령 줄에서 패킷 로깅 및 침입 탐지를 테스트해보기 위해 패킷 로깅을 할 때 22번 포트 등이나 icmp와 같은 특정 프로토콜을 사용하는 패킷들만 골라내 로깅하도록 제한을 걸 수 있다. 특정 TCP port를 지정해서 로깅하려면 tcp port 22처럼 특정 포트를 뒤에 지정해준다.

```
snort -d -v -l /home/tiger  icmp
snort -d -v -l /home/tiger  tcp port 22
```

```
root@debian:/# snort -d -v -l /home/tiger  icmp
root@debian:/# nano snort.log.1492350412
Commencing packet processing (pid=6341)
04/16-22:46:59.002036 192.168.195.1 -> 192.168.195.129
ICMP TTL:128 TOS:0x0 ID:32326 IpLen:20 DgmLen:60
Type:8  Code:0  ID:1   Seq:17  ECHO
=+=+=+=+=+=+=+=+=+=+=+=+=+=+=+=+=+=+=+=+=+=+=+=+=+=+=+=+=+
04/16-22:46:59.002134 192.168.195.129 -> 192.168.195.1
ICMP TTL:64 TOS:0x0 ID:18231 IpLen:20 DgmLen:60
Type:0  Code:0  ID:1  Seq:17  ECHO REPLY
=+=+=+=+=+=+=+=+=+=+=+=+=+=+=+=+=+=+=+=+=+=+=+=+=+=+=+=+=+
04/16-22:47:00.011103 192.168.195.1 -> 192.168.195.129
ICMP TTL:128 TOS:0x0 ID:32327 IpLen:20 DgmLen:60
Type:8  Code:0  ID:1   Seq:18  ECHO
=+=+=+=+=+=+=+=+=+=+=+=+=+=+=+=+=+=+=+=+=+=+=+=+=+=+=+=+=+
04/16-22:47:00.011167 192.168.195.129 -> 192.168.195.1
ICMP TTL:64 TOS:0x0 ID:18389 IpLen:20 DgmLen:60
Type:0  Code:0  ID:1  Seq:18  ECHO REPLY
=+=+=+=+=+=+=+=+=+=+=+=+=+=+=+=+=+=+=+=+=+=+=+=+=+=+=+=+=+
```

예제 15-9

icmp, igmp 등을 보통 BPF^Berkeley Packet Filter: 버클리 패킷 필터라고 한다.

```
snort -d -v -l /home/tiger  ssh         (X)
snort -d -v -l /home/tiger  tcp port 22 (O)
```

위처럼 시도하면 적법한 BPF 필터 표현이 아니라서 에러가 난다.

```
--== Initializing Snort ==--
Initializing Output Plugins!
Snort BPF option: ssh
Log directory = /home/tiger
pcap DAQ configured to passive.
The DAQ version does not support reload.
Acquiring network traffic from "eth0".
ERROR: Can't set DAQ BPF filter to 'ssh' (pcap_daq_set_filter:
pcap_compile: syntax error)!
Fatal Error, Quitting..
```

특정 포트의 로깅은 꼭 Tcp port 22처럼 뒷부분에 포트를 붙여 사용한다. 그냥 port 53이란 표현을 사용하면 (tcp or udp) port 53이란 뜻이다.

네트워크 침입 탐지 시스템 모드

네트워크 침입 탐지 시스템 모드Network Intrusion Detection System는 네트워크 패킷에 대한 탐지와 분석, 복잡한 차단 구성이 가능한 모드다. 차단 구성은 .conf 파일에 하게 되는데 경계 alert 모드에 사용할 snort.conf 설정 파일을 정의해주는 옵션은 −c이다.

```
snort -c /etc/snort/snort.conf  -d -l /home/tiger
-h 192.168.195.1/24
```

네트워크 침입 탐지 시스템 모드에는 일반적인 로깅 모드말고도 일곱 가지 경계 모드 (full, fast, unsock, console, cmg, none, syslog) 가 있다. syslog를 제외한 여섯 가지는 −A fast처럼 스위치 옵션 여섯 가지를 조합해 출력 방식에 설정한다.

384

−A 옵션 종류	Alert 경계 모드 종류
−A fast	빠른 알림 경계 모드. 타임 스탬프, 경고 메시지, 소스 IP 및 메시지와 함께 간단한 형식. 대상 IP/포트
−A full	기본 경계 모드. 지정하지 않으면 전체 경계 모드를 자동으로 사용한다.
−A unsock	다른 프로그램도 수신하는 UNIX 소켓에 경계 alert를 보낸다.
−A none	경계 모드를 해제한다.
−A console	"fast 스타일" 경고를 콘솔 스크린에 보낸다.
−A cmg	"cmg 스타일" 경고를 생성한다.
Syslog 경계 모드	−A 옵션으로 syslog 경계 모드를 설정할 수 없다. −s 스위치를 대신 사용한다.

표 15-2

Syslog 경계 모드는 Syslog 데몬에 직접 경계 alert를 보낸다. snort 명령어 뒤에 −s 스위치를 덧붙여 사용한다.

```
snort  -s  -c /etc/snort/snort.conf  -l /home/tiger
 -h 192.168.195.0/24
```

syslog 출력 구성에 대한 건 이후 나올 출력 모듈output modules에 대한 설명 중 alert_syslog 포맷에서 다시 한 번 언급한다. 출력 모듈은 구성 파일에 output 키워드를 지정하고, 런타임 때 로드된다. 간단하게 확인해보면 alert_syslog 포맷은 다음과 같다.

output alert_syslog: [host=⟨hostname[:⟨port⟩],⟩ ⟨facility⟩ ⟨priority⟩ ⟨options⟩

실제로 이렇게 514포트를 기본 포트로 사용하도록 구성돼 있다.

```
output alert_syslog: host=127.0.0.1:514, log_auth  log_alert
```

Snort 명령어

지금까지 Snort 스니퍼 모드, 패킷 로깅 모드, 네트워크 침입 탐지 시스템-경계 모드까지 사용하는 명령어를 비교하면서 살펴봤다. Snort의 명령어는 사실 꽤 복잡하다. 같은 대문자 소문자도 의미가 달라 대문자 -H는 해시 테이블 만들기이고, 소문자 -h 옵션은 홈넷 설정이다. 잘못 입력하기 쉬우니 헷갈리지 않도록 주의해야 한다.

짧은 형식 명령어	Snort 명령어 설명
-A	설정, 지정된 6개 경계 모드 사용 fast, full, none, unsock, console, cmg 등
-b	Tcpdump 바이너리 모드로 패킷을 로깅한다.
-B	-B ⟨mask⟩ 홈넷 안 IP 주소를 변환 마스크로 컨버전
-c	-c ⟨config file⟩ 설정 파일 내 룰셋 파일을 사용
-d	패킷 로깅 중 애플리케이션 레이어 데이터를 덤프
-D	Snort를 백그라운드 모드(데몬)로 동작시킨다.
-e	링크 레이어 패킷 헤더 정보를 출력하거나 로깅
-f	PCAP 라인 버퍼링 활성화
-F	-F ⟨BPF-file⟩ ⟨bpf-file⟩로부터 BPF 필터를 읽는다.
-g	-g ⟨gname⟩ 초기화한 뒤 snort 그룹을 ⟨gname⟩ 그룹(또는 gid) 로 실행한다.
-G	-G ⟨0xid⟩ 로그 이벤트용 식별자
-h	-h ⟨network⟩ -h 192.168.1.0/24처럼 홈넷 설정
-H	해시 테이블 만들기
-i	-i ⟨if⟩ 네트워크 인터페이스 ⟨if⟩를 청취한다.
-I	Alert 출력에 인터페이스 이름을 추가한다.
-k	-k ⟨mode⟩ 체크섬 모드(all, noip, notcp, noudp, noicmp, none)

짧은 형식 명령어	Snort 명령어 설명
-K	-K 〈mode〉 로깅 모드(pcap ,ascii, none) 기본 값 pcap
-l	-l 〈ld〉 특정 서브 디렉터리 〈ld〉에 패킷로그를 남긴다.
-L	-L 〈file〉 Tcpdump 포맷으로 로깅한다.
-M	데몬 모드로, 실행하지 않고도 콘솔 메시지를 Syslog에 로깅한다.
-n	-n 〈cnt〉 패킷을 〈cnt〉 숫자만큼만 받고, snort를 빠져나온다.
-N	로깅을 멈춘다(경계 모드는 여전히 동작).
-O	패킷 출력, 로깅되는 IP 주소를 난독화한다. xxx.xxx.xxx.xxx로 표시
-p	promiscuous 모드 스니핑을 중단한다.
-q	Quiet 모드로, 배너나 상태 리포트를 출력하지 않는다.
-r	패킷 로깅이나 tcpdump 포맷 파일을 사람이 볼 수 있는 형태로 디코딩해 ASCII 포맷으로 바꿔 보여준다.
-s	경계 alert를 syslog로 보내 로깅되도록 한다.
-t 〈dir〉	-t 〈dir〉 초기화한 뒤 〈dir〉 디렉터리로 루트를 변경
-T	현재 snort 설정 리포트의 테스트
-u	-u 〈uname〉 초기화한 뒤 snort 유저를 〈uname〉(또는 uid)로 실행한다.
-U	타임스탬프에 UTC 포맷 사용하기
-v	콘솔에 패킷 정보 출력하기
-V	Snort 버전 넘버 보이기
-X	링크 레이어에서 raw 패킷 데이터 덤프
-x	Snort 설정에 문제가 생기면 중단
-y	alert와 로그 파일에 연도가 들어가게 설정
-Z	전처리기 파일과 경로 설정

표 15-3 snort 명령어

Snort 통계 값 출력

패킷 로깅이나 스니퍼 모드 작업 중에 Ctrl + ^C로 snort 패킷 수집에 인터럽트를 걸거나 해당 패킷 수집 작업이 완료되면 지금까지의 작업 내용에 유용한 통계가 같이 작성돼 콘솔에 출력된다. 주로 패킷 수집에 소요된 날짜와 시간, 초에 대한 시간 경과 및 패킷 처리 속도 등을 나타내는 타이밍 통계 값, 패킷 I/O 입출력에 대한 전체 총합, 재구성 패킷을 포함한 프로토콜별 분석, Snort의 사용 메모리 통계 등이 출력된다.

데비안 리눅스 콘솔에서 snort를 실행시켜 패킷을 수집하는 모드로 만들고, 윈도우 운영체제에서 데비안 리눅스 쪽으로 Ping 테스트를 약 20여 초 동안 쏜다. 데비안 리눅스에서는 Ctrl+ ^C로 snort가 패킷 수집하던 작업을 강제로 중단시켜 나타나는 간이 작성된 통계치를 콘솔 화면에서 확인해보자.

```
root@debian:/home/tiger# snort -v  ( 패킷 스니퍼모드가 시작됐다)
Running in packet dump mode

    --== Initializing Snort ==--
Initializing Output Plugins!
pcap DAQ configured to passive.
The DAQ version does not support reload.
Acquiring network traffic from "eth0".
Decoding Ethernet

    --== Initialization Complete ==--

  ,,_    -*> Snort! <*-
 o" )~   Version 2.9.2.2 IPv6 GRE (Build 121)
 ""      By Martin Roesch & The Snort Team: http://www.snort.org/snort/snort-team
         Copyright (C) 1998-2012 Sourcefire, Inc., et al.
         Using libpcap version 1.3.0
         Using PCRE version: 8.30 2012-02-04
         Using ZLIB version: 1.2.7
```

```
Commencing packet processing (pid=5521)


=+=+=+=+=+=+=+=+=+=+=+=+=+=+=+=+=+=+=+=+=+=+=+=+=+=+=+=+
04/23-20:56:16.725652 fe80::1cab:abd9:2723:82db:1900 -> ff02::c:1900
UDP TTL:1 TOS:0x0 ID:0 IpLen:40 DgmLen:497  Len: 449
=+=+=+=+=+=+=+=+=+=+=+=+=+=+=+=+=+=+=+=+=+=+=+=+=+=+=+=+


>>>>>>>>  CTRL ^C키 입력  *** Caught Int-Signal <<<<<<<<<<<<
(패킷 수집하는 중간에 인터럽트를 걸었다)



===============================================================
Run time for packet processing was 36.686305 seconds
Snort processed 64 packets.
Snort ran for 0 days 0 hours 0 minutes 36 seconds
          Pkts/sec:    1
===============================================================
Packet I/O Totals:
          Received:   65
          Analyzed:   64 ( 98.462%)
           Dropped:   0 (  0.000%)
          Filtered:   0 (  0.000%)
      Outstanding:    1 (  1.538%)
          Injected:   0

===============================================================
Breakdown by protocol (includes rebuilt packets):
               Eth:   64 (100.000%)
              VLAN:   0 (  0.000%)
               IP4:   44 ( 68.750%)
              Frag:   0 (  0.000%)
              ICMP:   32 ( 50.000%)
               UDP:   12 ( 18.750%)
               TCP:   0 (  0.000%)
               IP6:   16 ( 25.000%)
           IP6 Ext:   16 ( 25.000%)
          IP6 Opts:   0 (  0.000%)
```

```
        Frag6:   0 (  0.000%)
        ICMP6:   0 (  0.000%)
         UDP6:  16 ( 25.000%)
         TCP6:   0 (  0.000%)
       Teredo:   0 (  0.000%)
      ICMP-IP:   0 (  0.000%)
        EAPOL:   0 (  0.000%)
      IP4/IP4:   0 (  0.000%)
      IP4/IP6:   0 (  0.000%)
      IP6/IP4:   0 (  0.000%)
      IP6/IP6:   0 (  0.000%)
          GRE:   0 (  0.000%)
      GRE Eth:   0 (  0.000%)
     GRE VLAN:   0 (  0.000%)
      GRE IP4:   0 (  0.000%)
      GRE IP6:   0 (  0.000%)
  GRE IP6 Ext:   0 (  0.000%)
     GRE PPTP:   0 (  0.000%)
      GRE ARP:   0 (  0.000%)
      GRE IPX:   0 (  0.000%)
     GRE Loop:   0 (  0.000%)
         MPLS:   0 (  0.000%)
          ARP:   4 (  6.250%)
          IPX:   0 (  0.000%)
     Eth Loop:   0 (  0.000%)
     Eth Disc:   0 (  0.000%)
     IP4 Disc:   0 (  0.000%)
     IP6 Disc:   0 (  0.000%)
     TCP Disc:   0 (  0.000%)
     UDP Disc:   0 (  0.000%)
    ICMP Disc:   0 (  0.000%)
  All Discard:   0 (  0.000%)
        Other:   0 (  0.000%)
  Bad Chk Sum:   0 (  0.000%)
```

```
            Bad TTL:    0 (  0.000%)
             S5 G 1:    0 (  0.000%)
             S5 G 2:    0 (  0.000%)
              Total:   64
================================================================
Snort exiting
```

예제 15-10

통계 결과 값에 나열된 각 파트에 대한 약간의 부연 설명을 하자면 타이밍 통계는 전
체 날짜, 경과 시간에 대한 시간 초 수 등과 패킷 처리 속도가 포함된다. Ping 전송에
대해선 패킷 프로세싱 가동 시간은 36.6초 정도가 소요됐으며, Snort는 64개의 패킷
을 처리했다.

```
Timing Statistics:
Run time for packet processing was 36.686305 seconds
Snort processed 64 packets.
Snort ran for 0 days 0 hours 0 minutes 36 seconds
   Pkts/min: 1
   Pkts/sec: 0
```

패킷 I/O 입출력 총합은 받은 65개의 패킷 중 64개의 패킷을 분석해서 차단Drop시킨
패킷은 0, 두드러지는 패킷 1개(Outstanding), 필터링된 패킷은 0이다. Ping 테스트에
국한시켰기 때문에 모든 패킷 데이터가 골고루 포함되지는 않았다. 칼리 리눅스에서
nmap 공격 도구로 nmap -sX 옵션을 이용, XMAS 스캔 공격 등을 만들어 보내 대
량의 공격 패킷을 얻어본다.

```
Packet I/O Totals:
    Received:      65
    Analyzed:      64 ( 98.462%)
     Dropped:       0 (  0.000%)
    Filtered:       0 (  0.000%)
 Outstanding:       1 (  1.538%)
     Injected:       0
```

마지막으로 프로토콜 분석 통계 화면이다.

IPV4 패킷은 44개로 ping 테스트 때문에 다수를 차지하는 ICMP 패킷이 32개, 나머지 UDP 패킷 12개를 Snort에서 처리했다.

```
프로토콜별 분석(재구성 패킷 포함):
       Eth:      64 (100.000%)
      VLAN:       0 (  0.000%)
       IP4:      44 ( 68.750%)
      Frag:       0 (  0.000%)
      ICMP:      32 ( 50.000%)
       UDP:      12 ( 18.750%)
       TCP:       0 (  0.000%)
       IP6:      16 ( 25.000%)
    IP6 Ext:     16 ( 25.000%)
   IP6 Opts:      0 (  0.000%)
     Frag6:       0 (  0.000%)
     ICMP6:       0 (  0.000%)
      UDP6:      16 ( 25.000%)
```

패킷 출력 IP 주소 숨기기

내로라하는 네트워크 모의 침투 전문가들이 가입된 페이스북 그룹이나 네이버 커뮤니티에서 살짝 조언을 얻고 싶다면 내 호스트에서 수집한 Snort 패킷을 공개해야 하는데, 지켜보는 눈이 너무 많아 난감할 때가 있다. 의도하지 않게 내 데비안 호스트의 각종 포트 통신이나 내부 IP 주소까지 유출되면 가히 치명적이다. 패킷 출력에서 IP 주소를 숨겨야 한다면 −O 스위치를 사용한다.

−O 스위치를 −h 스위치와 결합해 호스트의 IP 주소만 난독화할 수도 있다.

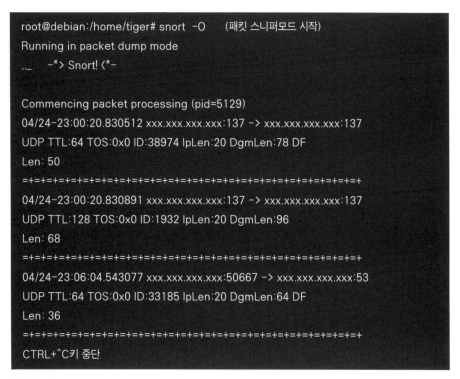

```
root@debian:/home/tiger# snort  -O      (패킷 스니퍼모드 시작)
Running in packet dump mode
,'_   -*> Snort! <*-

Commencing packet processing (pid=5129)
04/24-23:00:20.830512 xxx.xxx.xxx.xxx:137 -> xxx.xxx.xxx.xxx:137
UDP TTL:64 TOS:0x0 ID:38974 IpLen:20 DgmLen:78 DF
Len: 50
=+=+=+=+=+=+=+=+=+=+=+=+=+=+=+=+=+=+=+=+=+=+=+=+=+=+=+=+=+
04/24-23:00:20.830891 xxx.xxx.xxx.xxx:137 -> xxx.xxx.xxx.xxx:137
UDP TTL:128 TOS:0x0 ID:1932 IpLen:20 DgmLen:96
Len: 68
=+=+=+=+=+=+=+=+=+=+=+=+=+=+=+=+=+=+=+=+=+=+=+=+=+=+=+=+=+
04/24-23:06:04.543077 xxx.xxx.xxx.xxx:50667 -> xxx.xxx.xxx.xxx:53
UDP TTL:64 TOS:0x0 ID:33185 IpLen:20 DgmLen:64 DF
Len: 36
=+=+=+=+=+=+=+=+=+=+=+=+=+=+=+=+=+=+=+=+=+=+=+=+=+=+=+=+=+
CTRL+^C키 중단
```

예제 15-11

패킷 데이터의 수신이 증가하거나 패킷이 차단[drop]이 증가되는지 가장 쉽게 테스트하려면 ifconfig eth0 명령으로도 충분하다. 윈도우 운영체제에서 데비안 리눅스로 ping을 계속 보내 데비안 리눅스가 ICMP 패킷을 계속 수신하는 상태로 만들자.

```
C:\windows> ping  -t  192.168.195.129
192.168.195.129의 응답: 바이트=32 시간=1ms TTL=64
192.168.195.129의 응답: 바이트=32 시간<1ms TTL=64
192.168.195.129의 응답: 바이트=32 시간=1ms TTL=64
```

데비안 호스트에 루트 터미널을 하나 더 띄우고, ifconfig eth0를 여러 차례 반복 시도
해보면 RX packet, RX bytes 값들이 실시간으로 증가하는 걸 볼 수 있다. IPTables
방화벽에 ICMP 패킷 차단을 걸면 패킷은 단 하나만 늘어나고 차단된다.

```
RX packets:4774 errors:0 dropped:0 overruns:0 frame:0
      TX packets:881 errors:0 dropped:0 overruns:0 carrier:0
RX bytes:2748093 (2.6 MiB)  TX bytes:85391 (83.3 KiB)
```

노트북의 무선랜 상태에서 패킷 수신과 차단을 테스트한다면 무선랜 상태 값을 확인하
는 명령어인 iwconfig wlan0를 대신 사용한다.

```
root@debian:/home/tiger# ifconfig  eth0
eth0     Link encap:Ethernet  HWaddr 0c:29:d9:ae:39:ee
         inet addr:192.168.195.129  Bcast:192.168.195.255  Mask:255.255.255.0
         inet6 addr: fe80::20c:29ff:fed9:ae49/64 Scope:Link
         UP BROADCAST RUNNING MULTICAST  MTU:1500  Metric:1
         RX packets:4774 errors:0 dropped:0 overruns:0 frame:0
         TX packets:881 errors:0 dropped:0 overruns:0 carrier:0
         collisions:0 txqueuelen:1000
         RX bytes:2748093 (2.6 MiB)  TX bytes:85391 (83.3 KiB)
         Interrupt:19 Base address:0x2000

root@debian:/home/tiger# ifconfig  eth0
eth0     Link encap:Ethernet  HWaddr 0c:29:d9:ae:39:ee
         inet addr:192.168.195.129  Bcast:192.168.195.255  Mask:255.255.255.0
         inet6 addr: fe80::20c:29ff:fed9:ae49/64 Scope:Link
```

```
UP BROADCAST RUNNING MULTICAST  MTU:1500  Metric:1
RX packets:4864 errors:0 dropped:0 overruns:0 frame:0
TX packets:887 errors:0 dropped:0 overruns:0 carrier:0
collisions:0 txqueuelen:1000
RX bytes:2774575 (2.6 MiB)  TX bytes:86043 (84.0 KiB)
Interrupt:19 Base address:0x2000
```

예제 15-12

Nmap 포트 스캔 탐지하기

Snort가 침입 탐지 시스템Intrusion Detection System이기 때문에 나만의 감시 체계를 설정하고, snort 설정 파일에 만들어 데몬 형태로 띄워두면 누군가 데비안 리눅스의 특정 포트로 접근을 시도하거나 외부에서 몰래 nmap으로 포트 스캔 탐지를 시도하면 즉시 Snort IDS 데몬에서 감지하고 Snort 로그 파일에 침입 탐지 여부에 대한 상세히 기록한다.

임의의 nmap 포트 스캔 공격을 에뮬레이션해보고, snort의 실시간 로그 생성도 확인해보자.

데비안 호스트에서 Nmap 포트 스캔을 탐지하기 위해 snort 감시 모드를 먼저 실행해둔다. 이제 탐지 모드 상태로 칼리 리눅스에서 보내는 포트 스캔 패킷을 기다린다.

```
root@debian:# snort -v -d -e -l /home/tiger/snort.log
```

칼리 리눅스에서 ifconfig eth0 명령으로 현재까지 TX Bytes 값을 먼저 확인해 적어둔다.

```
root@kali:/home/tiger# ifconfig eth0
```

칼리 리눅스에서 열린 포트를 검사하는 탐지 패킷을 보내고, 데비안 리눅스는 호스트에서 열린 포트들에 대한 응답 패킷을 다시 되돌려 보낸다.

```
root@kali:/home/tiger# nmap -sS 192.168.192.129
```

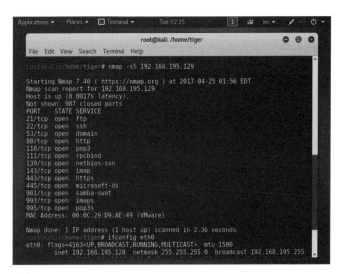

그림 15-3

데비안 리눅스의 snort는 이런 일련의 열린 포트 패킷 수신과 응답 과정을 snort.log 파일에 로깅한다. 포트 스캔 작업이 끝나고 칼리 리눅스에서 ifconfig eth0 명령으로 TX Bytes 증가 값을 다시 한 번 재확인한다.

칼리 리눅스에서 ifconfig eth0 명령으로 두 번째까지 RX, TX Bytes 값을 비교해본다.

```
root@kali:/home/tiger# ifconfig eth0
```

포트 스캔을 보내기 전에는 RX bytes 2036, TX bytes 2068(122.5.KiB)에서 nmap 포트 스캔을 보낸 뒤 데비안 리눅스에서 응답해서 되돌려받는 패킷으로 인해 RX bytes

3045 TX bytes 3085(182.1KiB)로 값이 변했다. nmap에서 실제로 보낸 패킷은 61048 바이트 정도를 보냈는데, VMWare 가상화 소프트웨어를 게이트웨이로 거쳐서 지나가기 때문에 VMWare에서 주고받은 패킷도 몇 개 있어서 100% 정확한 값은 아니다.

칼리 리눅스에서 루트 터미널을 하나 더 띄워놓고, 다음 예제처럼 테스트한다.

```
root@kali:/home/tiger# ifconfig eth0
eth0: flags=4163<UP,BROADCAST,RUNNING,MULTICAST>  mtu 1500
        inet 192.168.195.128  netmask 255.255.255.0  broadcast 192.168.195.255
        inet6 fe80::20c:29ff:fe92:7c42  prefixlen 64  scopeid 0x20<link>
        ether 00:0c:29:92:7c:42  txqueuelen 1000  (Ethernet)
        RX packets 2036  bytes 124374 (121.4 KiB)
        RX errors 0  dropped 0  overruns 0  frame 0
        TX packets 2068  bytes 125478 (122.5 KiB)
        TX errors 0  dropped 0 overruns 0  carrier 0  collisions 0

root@kali:/home/tiger# nmap  -sS  192.168.195.129

Starting Nmap 7.40 ( https://nmap.org ) at 2017-04-25 01:56 EDT
Nmap scan report for 192.168.195.129
PORT    STATE SERVICE
21/tcp  open  ftp
22/tcp  open  ssh
53/tcp  open  domain
80/tcp  open  http
110/tcp open  pop3
111/tcp open  rpcbind
139/tcp open  netbios-ssn
143/tcp open  imap
443/tcp open  https
445/tcp open  microsoft-ds
901/tcp open  samba-swat
993/tcp open  imaps
995/tcp open  pop3s
```

```
MAC Address: 0C:29:D9:AE:39:EE (VMware)
Nmap done: 1 IP address (1 host up) scanned in 2.36 seconds

root@kali:/home/tiger# ifconfig  eth0
..
RX packets 3040  bytes 184642 (180.3 KiB)
      RX errors 0  dropped 0  overruns 0  frame 0
      TX packets 3085  bytes 186526 (182.1 KiB)
      TX errors 0  dropped 0 overruns 0  carrier 0  collisions 0
```

예제 15-13

Nmap 포트 스캔에 열린 포트로 응답한 포트들에 대해 데비안 리눅스 쪽에서 snort 로
그 기록을 확인해보자. 일단 Ctrl + ^C로 패킷 수집하는 프로세스를 멈춘다.

Nmap에서 열려 있다는 응답을 받은 포트들은 데비안 리눅스에서 다음과 같은 서비
스들이 동작한다는 뜻이다.

```
111/tcp open  rpcbind
139/tcp open  netbios-ssn
143/tcp open  imap
443/tcp open  https
445/tcp open  microsoft-ds
901/tcp open  samba-swat
993/tcp open  imaps
995/tcp open  pop3s
```

열린 포트 목록의 맨 처음에 나온 111 포트에 대한 기록이 snort 로그 파일에 남아 있
어야 한다. 로그를 열어 확인한다.

```
snort  -r  /home/tiger/snort.log
```

nmap 공격 도구에서 111 포트 탐지 패킷을 보내고, 데비안 리눅스가 응답한 부분을 찾아본다. 바로 이렇게 응답한 로그가 남아 있다.

```
=+=+=+=+=+=+=+=+=+=+=+=+=+=+=+=+=+=+=+=+=+=+=+=
04/25-05:46:07.345616 192.168.195.128:52170 -> 192.168.195.129:111
TCP TTL:46 TOS:0x0 ID:58914 IpLen:20 DgmLen:44
******S* Seq: 0xCA93C79  Ack: 0x0  Win: 0x400  TcpLen: 24
TCP Options (1) => MSS: 1460
=+=+=+=+=+=+=+=+=+=+=+=+=+=+=+=+=+=+=+=+=+=+=+=
04/25-05:46:07.345777 192.168.195.129:111 -> 192.168.195.128:52170
TCP TTL:64 TOS:0x0 ID:0 IpLen:20 DgmLen:44 DF
***A**S* Seq: 0xB2BAF5AE  Ack: 0xCA93C7A  Win: 0x3908  TcpLen: 24
CP Options (1) => MSS: 1460
=+=+=+=+=+=+=+=+=+=+=+=+=+=+=+=+=+=+=+=+=+=+=+=
```

이 밖에도 실제로 포트가 열려 있진 않았지만, nmap 공격 도구는 원격 서버 관리를 위한 VNC 포트가 열려 있는지 알아내기 위해 5900 포트 응답 여부, MySQL이 쓰는 3306포트, 메일 서버 메일 송신에 SMTP 25포트 대신 사용되는 587포트, 프린터 공유 및 SMB 서비스가 사용하는 135포트에 대해 탐지를 보낸 내용들이 Snort 로그 파일에 고스란히 남아 있다.

```
=+=+=+=+=+=+=+=+=+=+=+=+=+=+=+=+=+=+=+=+=+=+=+=
04/25-05:46:07.346204 192.168.195.128:52170 -> 192.168.195.129:5900
TCP TTL:56 TOS:0x0 ID:20334 IpLen:20 DgmLen:44
******S* Seq: 0xCA93C79  Ack: 0x0  Win: 0x400  TcpLen: 24
TCP Options (1) => MSS: 1460
=+=+=+=+=+=+=+=+=+=+=+=+=+=+=+=+=+=+=+=+=+=+=+=
04/25-05:46:07.346210 192.168.195.129:5900 -> 192.168.195.128:52170
TCP TTL:64 TOS:0x0 ID:56148 IpLen:20 DgmLen:40 DF
***A*R** Seq: 0x0  Ack: 0xCA93C7A  Win: 0x0  TcpLen: 20
=+=+=+=+=+=+=+=+=+=+=+=+=+=+=+=+=+=+=+=+=+=+=+=
```

```
04/25-05:46:07.346238 192.168.195.128:52170 -> 192.168.195.129:3306
TCP TTL:52 TOS:0x0 ID:35384 IpLen:20 DgmLen:44
******S* Seq: 0xCA93C79  Ack: 0x0  Win: 0x400  TcpLen: 24
TCP Options (1) => MSS: 1460
=+=+=+=+=+=+=+=+=+=+=+=+=+=+=+=+=+=+=+=+=+=+=+=+=+
+=+=+=+=+=+=+=+
04/25-05:46:07.346244 192.168.195.129:3306 -> 192.168.195.128:52170
TCP TTL:64 TOS:0x0 ID:56149 IpLen:20 DgmLen:40 DF
***A*R** Seq: 0x0  Ack: 0xCA93C7A  Win: 0x0  TcpLen: 20
=+=+=+=+=+=+=+=+=+=+=+=+=+=+=+=+=+=+=+=+=+=+=+=+=
```

VNC, MySQL, SMTP, SMV 서비스 탐지

Snort를 백그라운드에서 감시하는 데몬 모드로 동작하게 하려면 명령어 마지막에 −D 옵션을 붙여야 한다.

```
snort  -vde -l /home/tiger/snort.log  -A  full  -D
```

Full 탐색을 하는 −A full 옵션도 덧붙여 사용할 수 있다. 보안 관제의 역할에 혹시라도 패킷을 하나라도 놓칠까봐 무조건 full 탐지를 거는 건 좋은 생각이 아니다. full말고도 fast, unsock 등 옵션이 왜 6개나 있는지 생각해보면 자신의 운영 환경에 맞도록 적재적소에 맞는 옵션을 써야 한다. 금방 차오르는 하드 드라이브 용량을 생각하면 full 탐지 방식은 비효율적이다. 최적의 탐지 설정은 책에서 하란다고 따라 해서 만들어지는 건 아니다.

섣불리 데몬 모드 설정부터 해보는 것보단 snort 패킷 탐지에서 놓치는 부분이 없는지, 바이너리 파일 로깅은 잘되는지, 여러 차례 오류 검증을 위한 동작 테스트를 거치는 것이 좋다. 에러 메시지가 거의 나지 않게 만들고 난 뒤에 비로소 데몬 모드를 사용하는 게 순서다.

snort.conf 설정하기

Snort의 차단 순서는 먼저 패킷 스니퍼를 통해 패킷을 수집하고, 패킷을 읽을 수 있는 형태로 디코드한다. 다음에 전처리기^{preprocessor}를 통과시킨다. 세 번째로 snort의 탐지 엔진이 호출돼서 설정된 차단 룰셋과 비교해 차단 로그를 남기거나 정해진 데이터베이스로 차단 내역을 저장한다.

Snort 데몬 모드 동작은 Snort의 설정 파일에서 가장 먼저 이 파일에 설정된 각종 네트워크 변수 값 등을 읽어서 설정하고 탐지를 시작한다.

snort.conf 설정은 여러 부분으로 나뉘어 있는데,

네트워크 변수 부분 – 홈넷의 설정과 침입을 탐지할 ip의 범위 등 네트워크 환경 변수를 지정하는 부분이 맨 첫 부분에 있다.

네트워크 패킷 수집 내용을 변환해주는 디코더 설정, 전처리기 설정, 출력 플러그인^{output modules}을 설정, 침입을 탐지할 룰셋^{rule set} 파일을 지정하는 주요 부분이다.

Snort는 이미 앞부분에서 간단한 예제 실습을 하면서 살펴봤지만, 별도의 설정 변경 하나 없이 기본 값만 사용해도 아주 잘 동작한다. snort.conf 파일의 각 설정 변수를 잘 조정하면 비정상 패킷을 판단하는 데 오탐 자체도 줄어들고, 적절한 플러그인 설치로 탐지 효율도 높아진다.

네트워크 환경 변수

```
ipvar HOME_NET
```

패킷을 탐지할 네트워크 범위를 지정한다. 나의 데비안 리눅스는 Vmware 가상 머신 위에서 동작하고 있다. VMware에서 배정된 IP 주소 영역인 192.168.195.129에 맞춰 C 클래스 대역을 설정했다. 표시는 Snort 설치 과정 맨 마지막에 나왔던 CIDR 블록 방

식으로 지정한다. C 클래스 네트워크는 /24로, B 클래스 네트워크는 /16으로 A 클래스 네트워크는 /8로, 일반 호스트를 지정하기 위해서는 뒤에 /32를 사용한다.

```
ipvar HOME_NET   192.168.195.0/24
```

192.168.195.0 ~ 192.168.195.255까지 C 클래스 대역을 홈넷으로 설정했지만 사용하는 네트워크 환경에 따라 사설 IP 대역을 쓰는 곳은 192.168.10.X, 192.168.23.X처럼 부서별로 네트워크를 잘게 쪼개 사용하는 회사들도 있어서 홈넷이 여러 대역을 합쳐 나타내야 한다면 브래킷으로 묶어 설정한다. 잘 모르겠으면 디폴트인 any를 그대로 사용한다.

```
ipvar HOME_NET  〔192.168.10.0/24, 192.168.23.0/24〕
ipvar HOME_NET  any
```

var EXTERNAL_NET은 가능한 한 any를 그대로 쓴다.

```
var EXTERNAL_NET any
```

본사 네트워크에서 같은 건물에 입주해 있지 않은 기술연구소나 계열사의 네트워크 범위를 EXTERNEL_NET 설정에서 제외시키고자 할 때는 예제처럼 any !를 사용하자.

```
ipvar EXTERNAL_NET any !192.168.100.0/24
```

다음은 메일 전송을 위한 SMTP 서버나 웹 서버, SQLServer 서버, DNS 서버의 위치를 기록한다. 서버 팜^{Serve Farm} 구간에서 들어오고 나가는 패킷들 영역을 설정해서 Snort의 판단에 오탐을 줄이도록 한다.

```
ipvar  SMTP_SERVERS $HOME_NET
ipvar  HTTP_SERVERS $HOME_NET
ipvar  SQL_SERVERS $HOME_NET
ipvar  TELNET_SERVERS $HOME_NET
ipvar  SNMP_SERVERS $HOME_NET
ipvar  DNS_SERVERS $HOME_NET
```

```
ipvar  SQL_SERVERS  218.124.66.12
```

SQL server 주소를 설정했다.

```
portvar  HTTP_PORTS  80
```

HTTP 트래픽을 모니터링하기 위해 사용하는 웹 서비스 포트 80을 기본 설정한다.

애플리케이션 서버인 아파치 톰캣 서버를 사용하는 회사라면 웹 서버가 추가로 사용하는 8080, 8088포트 등도 설정해주는데, snort.conf 설정 파일은 다음처럼 실제로 snort.conf 파일에 나오는 HTTP PORT 설정을 그대로 옮겼다.

```
portvar  HTTP_PORTS  [80,81,311,591,593,901,1220,1414,1830,2301,2381,2
809,
3128,3702,4343,5250,7001,7145,7510,7777,7779,8000,8008,8014,8028,8080
,8088,8118,8123,8180,8181,8243,8280,8800,8888,8899,9080,9090,9091,944
3,9999,11371,55555]
```

```
portvar  SHELLCODE_PORTS  !80
```

셸 코드SHELLCODE와 관련된 포트를 모니터링하기 위한 포트 지정이다. 80이 아닌 것은 해당 모니터링 포트로 지정한다.

```
#portvar  ORACLE_PORTS 1024:
```

현재 구동되고 있는 오라클 서버의 포트를 지정하면 된다. 오라클은 보통 1521이나 1526포트를 쓰지만, 오라클 서버를 사용하지 않으면 # 주석 처리를 한다.

```
portvar  SSH_PORTS  22
```

ssh 포트 설정을 지정한다.

```
portvar FTP_PORTS (21,2100,3535)
```

FTP 포트 - 21포트 및 2100포트, 3535포트

```
portvar FILE_DATA_PORTS ($HTTP_PORTS,110,143)
```

파일 데이터 포트, 110포트, 143포트

```
ipvar AIM_SERVERS 다른 변수 값들
```

절대로 건드려서는 안 되는 부분이다.

```
ipvar AIM_SERVERS (64.12.24.0/23,64.12.28.0/23,64.12.161.0/24,64.12.163.
0/24,64.
12.200.0/24,205.188.3.0/24,205.188.5.0/24,205.188.7.0/24,205.188.9.0/24,2
05.188.
153.0/24,205.188.179.0/24,205.188.248.0/24)
```

```
var PREPROC_RULE_PATH /etc/snort/preproc_rules
```

전처리기 룰셋이 위치한 파일이 있는 디렉터리를 지정한다.

```
var SO_RULE_PATH /etc/snort/so_rules
var RULE_PATH /etc/snort/rules
```

룰셋 파일이 있는 디렉터리를 지정한다. /etc/snort/snort.conf 파일이 있는 위치에 대한 상대 경로인 ../rules로 표시하던 시절도 있었다.

전처리기 설정하기

전처리기 포맷은 다음처럼 설정돼 있다.

preprocessor 〈name_of_processor〉: 〈configuration_options〉

대부분은 기본 값을 사용해도 무방하다.

```
preprocessor rpc_decode: 111 32771
```

rpc_decode 전처리기는 rpc에 기반을 둔 단편화 공격을 탐지하기 111번에 대해서 적용한다.

앞의 예제 15-13에서 칼리 리눅스의 nmap 공격 도구로 데비안 리눅스에 대해 열린 포트를 스캔하면서 나타난 콘솔 출력 중에 rpcbind란 이름으로 출력된 포트가 111이 있었다.

두 운영체제 사이에 111포트를 통해 서로 주고받는 패킷들도 snort 캡처로 확인해봤다.

32771포트는 약간 생소할 텐데, 구형 솔라리스 2.6 버전에서 사용하던 rpc 포트다.

```
preprocessor bo
```

2000년대 초기 CDC^{Cult of DeadCow} 그룹의 대표적인 윈도우 해킹 툴인 백오피리스^{Back Orifice}를 탐지한다. 당시 백오리피스가 쓰던 31337포트를 기려서 국내에 윈디시큐리티 쿠퍼스가 CDC 그룹과 보안 연구 분석에 맞손을 잡기도 했고, 한때 민간 해커부대인 '31337부대'를 창설하기도 했다.

```
# preprocessor arpspoof
# preprocessor arpspoof_detect_host: 192.168.40.1  f0:0f:00:f0:0f:00
```

ARP 스푸핑을 탐지하기 위한 전처리기다. IP 주소와 MAC 주소가 같이 있어서 설정하는 방식이 매우 낯설어 보인다. 윈도우용 V3 백신에서 설정하는 ARP Spoof 차단 및 예외 설정 기능을 같이 보여주면, V3 백신이 내 컴퓨터가 있는 위치의 인터넷 공유기의 네트워크 구성을 스스로 확인해 ARP 프로토콜 차단 예외 설정 메뉴에 인터넷 공유기의 IP 주소와 MAC어드레스를 같이 등록해두는 방식과 비슷한 맥락으로 이해하면 된다.

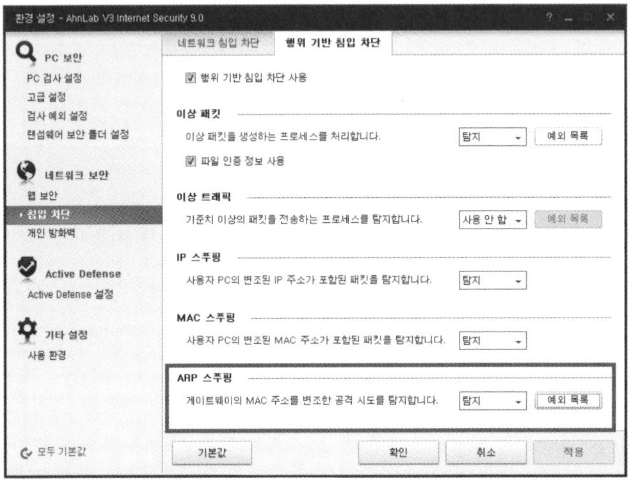

그림 15-4

406

그림 15-5

---

preprocessor telnet_decode

텔넷 디코드에 대한 전처리기다. 기본 값을 그대로 유지한다.

---

preprocessor ssh

SSH 탐지를 위한 전처리기다. 거의 손대지 않는다.

포맷은 다음과 같다.

```
preprocessor ssh: server_ports { 22 }
                autodetect
                max_client_bytes 19600
                max_encrypted_packets 20
                max_server_version_len 100
                enable_respoverflow enable_ssh1crc32
                enable_srvoverflow enable_protomismatch
```

```
preprocessor frag3_global
preprocessor frag3_engine
```

frag3는 IP 단편화 fragmentation 와 같은 서비스 거부 Denial of Service 공격을 탐지하기 위한
옵션이다. Frag3은 sfxhash 데이터 구조와 내부적으로 데이터를 처리하기 위한 링크
드 목록을 사용한다. 예측이 가능하고 ip 단편화가 된 환경을 관리한다.

frag3를 활성화하는 데 필요한 전처리기 지시문은 글로벌 구성 지시문과 엔진에 대한
지시문 두 가지인데, 2개 이상으로 구성된다. 다음 예제처럼 글로벌 전역 구성 1개에
엔진 3개처럼 설정할 수 있다.

```
preprocessor frag3_global: max_frags 65536
preprocessor frag3_engine: policy windows detect_anomalies overlap_limit 10 min
_fragment_length 100 timeout 180

preprocessor frag3_global: prealloc_nodes 8192
preprocessor frag3_engine: policy linux bind_to 192.168.110.0/24
preprocessor frag3_engine: policy first bind_to (10.1.1.0/24, 192.168.11.0/24)
preprocessor frag3_engine: policy last detect_anomalies
```

```
preprocessor normalize_ip4
```

Inline 패킷 정규화 전처리기들로 패킷을 일정한 규칙에 따라 변형시켜 이용하기 쉽
게 만드는 전처리기다.

```
preprocessor normalize_ip4
preprocessor normalize_tcp: ips ecn stream
preprocessor normalize_icmp4
preprocessor normalize_ip6
preprocessor normalize_icmp6
```

```
# preprocessor stream: timeout 10, ports 21 23 80, maxbytes 16384
```

전처리기 예제는 탐지 엔진을 통과하는 21, 23, 80 포트에 대해 모니터하며, 페이로드 16384 바이트를 최대치로 지정한다. 타임아웃 시간은 10초다.

clientonly, serveronly, both, noalerts, ports 의 다섯 가지 옵션을 사용할 수 있다.

clientonly는 클라이언트 측면에서 패킷 재조립이고, serveronly는 서버 측면에서의 트래픽 재조합, both를 지정하면 양트래픽 모두를 재조립한다. ports는 특정 포트와 관련된 패킷에 대해 재조립 여부를 지정한다.

```
preprocessor sfportscan
```

sfportscan 기능은 Snort를 개발해 시스코 시스템즈에 판 소스파이어에서 개발했다. 네트워크 공격의 첫 번째 단계인 정찰Reconnaissance을 탐지한다.

공격자는 현재 정찰하는 대상에 대한 사전 지식은 거의 없기 때문에 시스템의 허술한 면을 찾으려는 일명 개구멍 찾기에 대한 시도가 대부분이다. 보통 기업에서 오라클 1521포트나 MS SQL서버의 1433포트 같은 집중 관리 대상인 포트들은 이미 굳게 닫혀 있다. 방화벽에서 일부러 열어 놓지 않는다. 그런데 이런 닫혀 있는 중요 포트들에 대한 집중적인 탐색이 여러 번 진행되면 오히려 네트워크 보안 관리자에게 들킬 가능성이 많다. sfportscan은 Nmap 공격 도구가 생성할 수 있는 다양한 유형의 탐지를 다시 역탐지할 수 있는 천적이다.

포맷은 다음과 같다.

```
preprocessor sfPortscan
proto { tcp udp icmp ip_proto all } - 프로토콜 타입을 설정한다.
scan_type { portscan portsweep decoy_portscan distributed_portscan all }
 - 스캔 타입을 설정한다.
```

sense_level { low|medium|high } - 스캔의 위험도를 설정한다.

memcap { positive integer } - 스캔 탐지를 위한 할당된 최대 byte 값

logfile { filename } - 로그 파일의 이름

watch_ip { Snort IP List } - 스캔이 자주 탐지되는 ip를 지정

ignore_scanners { Snort IP List } - 스캔을 탐지하지 않을 ip, 네수스 등

ignore_scanned { Snort IP List } - 스캔을 탐지하지 않을 ip

destination ip (예: syslog server)

sfPortscan은 nmap 공격 도구가 흔히 사용하는 TCP/UDP/IP Portscan과 TCP/UDP/IP Decoy Portscan, PortSweep 유형의 스캔을 탐지해서 경고를 낸다. 보통 하나의 호스트가 여러 포트를 검색하는 경우가 있을 것이고, 공격자의 정체를 숨기기 위한 디코이[Decoy: 미끼] 포트 스캔도 있다. 디코이 포트 스캔은 nmap 포트 스캔과 매우 유사하지만, 공격자만 실제 스캔 주소와 혼합된 스푸핑된 소스 주소를 가지는 특징이 있다.

```
preprocessor portscan:
```

포트 스캔을 막기 위한 전처리기의 설정 부분이다.

preprocessor portscan: 〈홈넷〉 〈포트 수〉 〈감지 시간〉 〈로깅 파일명〉처럼 사용한다.

```
preprocessor portscan: 192.168.195.129  4  3  portscan.log
```

UDP 패킷, TCP SYN 패킷을 탐지하는데, 3초에 4개 이상의 포트에 접속을 요청하면, Snort에선 포트스캐닝이라고 인식한다. 포트스캐닝 시도에 대한 로깅은 미리 로깅 파일명으로 정해준 파일, /var/log/snort/portscan.log 으로 저장한다.

nmap공격 도구를 비롯해 slowhttptest라는 공격 도구 등은 이러한 룰에 걸리지 않으려고 탐지 패킷을 느릿느릿하게 보내지만, 이런 감지 시간과 포트 수에 대한 구성 여부를 떠나 snort에서는 스텔스 TCP[stealth TCP] 패킷은 무조건 탐지한다.

출력 모듈

출력 모듈은 버전 1.6부터 새로 추가됐다.

Snort는 사용자에게 출력 형식을 지정할 수 있게 해 출력 방식이 더 유연하다. 출력 모듈은 전처리기와 탐지 엔진을 거친 뒤에 Snort의 "경계 alert"가 발생하거나 패킷 로깅(파일 쓰기)이 호출될 때 실행된다. config 파일의 지시문 형식은 전처리기의 지시문 형식과도 매우 유사하다.

출력 모듈은 구성 파일에 다음처럼 설정한다.

포맷은 다음과 같다.

```
output 〈name〉: 〈options〉
```

다중 출력 플러그인들은 Snort 구성 파일에서 output 키워드를 사용해 지정한다. 출력 모듈은 런타임에 로드된다. 동일한 유형(로그, 경계 alert)의 여러 플러그인이 지정됐을 땐 이벤트가 발생한 순서대로 호출된다. 출력 플러그인은 기본적으로 /var/log/snort 파일이나 −l 명령어 옵션을 사용해 미리 지정한 사용자 지정 디렉터리로 "경계 alert" 데이터를 보낸다.

> **alert _syslog 출력 모듈**

포맷은 다음과 같다.

```
output  alert_syslog: host=10.10.10.1:514, 〈Facility〉 〈Priority〉 〈Options〉
```

앞의 일곱 가지 경계 모드에서 syslog 경계 alert의 경우, 다음 방식처럼 설정했다.

> **output alert_syslog: log_auth log_alert**

동일하게 사용하는 방법으로 snort —s 스위치 옵션을 적용하는 법이 있다. alert_syslog는 syslog 데몬에 직접 "경계 alert"를 보낸다. 출력 모듈을 쓰면 snort.conf 설정 파일 내에서 "경계 alert"의 로깅 기능에 방식과 우선순위를 지정할 수 있다.

〈facility〉의 종류

- log auth
- log authpriv
- log daemon
- log local0
- log local1
- log local2
- log local3
- log local4
- log local5
- log local6
- log local7
- log user

〈priority〉의 종류

- log emerg
- log alert
- log crit
- log err
- log warning
- log notice
- log info
- log debug

〈Options〉의 종류

- log cons
- log ndelay
- log perror
- log pid

Alert_fast 출력 모듈

Snort "경계 alert"가 지정된 출력 파일에 빠른 형식으로 한 행씩 출력된다. 패킷 헤더를 모두 출력 파일에 출력할 필요 없이 한 파일에만 파일 헤더가 기록되며, Full 경계 alert 방식보다 빠르다.

포맷은 다음과 같다.

```
output alert_fast: alert.fast
output alert_fast: 〈파일명〉〈"패킷"〉〈제한〉
```

- 파일명: 로그 파일명을 지정한다. 기본 값은 로그 디렉터리 뒤에 /alert이 덧
  붙여진다.
  콘솔 stdout 출력으로 변경할 수 있다.
- 제한 128MB까지 제한을 뒀다. 가장 작은 값은 1KB다.

Alert_unixsock 출력 모듈

UNIX 도메인 소켓을 설정하고 "경계 alert" 보고서를 전송한다. 외부 프로그램이나
외부 프로세스가 유닉스 소켓에서 수신 대기하면서 Snort "경계 alert"나 패킷 데이
터를 실시간으로 수신할 수 있다.

```
output alert_unixsock
```

CSV 출력 모듈

CSV 출력 플러그인을 사용하면 "경계 alert" 데이터를 데이터베이스로 쉽게 가져올 수
있는 형식으로 기록할 수 있다. 보고서 작성을 위해 엑셀에서 읽어들이기도 편리하다.

출력 필드와 그 순서도 사용자 정의로 할 수 있다.

포맷은 다음과 같다.

```
output alert_csv: 〔〈파일명〉〔〈포맷〉〔〈제한〉〕〕〕
〈포맷〉:  "default"|〈list〉
〈리스트〉: 〈field〉(,〈field〉)*
〈필드〉:  "dst"|"src"|"ttl" …
〈제한〉:  1K ~ 128M
```

- 파일명: 로그 파일명 기본 값은 /로그 디렉터리/alert.csv다. 콘솔 stdout 출력으로 할 수 있다.

- 포맷: 기본 값, 나열된 list 형식

- 제한: 128MB까지 제한을 뒀다. 가장 작은 값은 1KB다.

포맷의 종류에는 다음과 같은 옵션들이 있다.

```
timestamp, sig generator, sig id, sig rev, msg, proto, src, srcport
dst, dstport, ethsrc, ethdst, ethlen, tcpflags, tcpseq, tcpack,
tcplen, tcpwindow, ttl, tos, id, dgmlen, iplen, icmptype, icmpcode, icmpid,
icmpseq
```

CSV 출력 모듈 포맷

차단 룰셋 파일

/etc/snort/rules 디렉터리 아래에는 Snort의 미리 만들어진 built-in 차단 룰셋 파일이 존재한다. 사실 아스키 포맷으로 들여다 봐도 차단 룰셋을 구성하는 정규식 표현은 이해하기가 어렵다.

```
alert tcp $EXTERNAL_NET any -> $HOME_NET 21
(msg:"FTP adm scan"; flow:to_server,established; content:"PASS ddd@|0A|";
reference:arachnids,332; classtype:suspicious-login; sid:353; rev:6;)
```

외부 망의 any 프로토콜에서 홈넷의 21번 FTP 포트로 들어오는 any 어떤 프로토콜이라도 모두 검사한다는 뜻이다. 로깅이 되면 메시지로는 "FTP adm scan"이란 패턴명으로 진단했음을 표시하고, 다시 알맹이를 검사해서 들여다 보면, PASS ddd@|0A|은 FTP 서버에 PASS 명령을 보내는데, ddd@~로 시도한 케이스면 탐지하란 룰이다.

snort의 built-in 탐지 룰셋 중 마이크로소프트 사의 SQLServer와 관련된 각종 탐지 및 공격 코드를 탐지하기 위한 룰셋들은 sql.rules 파일에 들어 있다. 2.9.9.9버전 최신 차단 룰셋을 다운로드해 설치하면 server-mssql.rules 파일이 새로 생긴다. SQLserver 최신 버전에 대한 탐지 룰셋들이 추가됐다. 해당 부분을 찾아 파일 편집기로 열어보면 프린터나 파일 공유를 위한 SMB 서비스가 사용하는 139포트, 445포트를 비롯해 SQLServer가 사용하는 고유 포트인 1433포트, 1434포트를 중점적으로 탐지하는 룰셋들로 작성돼 있다.

```
alert tcp $EXTERNAL_NET any -> $SQL_SERVERS 139
(msg:"MS-SQL/SMB xp_cmdshell program execution"; flow:to_
server,established; content:"x|00|p|00|_|00|c|00|m|00|d|00|s|00|h|00|e|00|l
|00|l|00|"; offset:32; nocase; classtype:attempted-user; sid:681; rev:6;)

alert tcp $EXTERNAL_NET any -> $SQL_SERVERS 445
(msg:"MS-SQL xp_cmdshell program execution 445"; flow:to_server,established;
content:"x|00|p|00|_|00|c|00|m|00|d|00|s|00|h|00|e|00|l|00|l|00|"; nocase;
classtype:attempted-user; sid:1759; rev:5;)

alert tcp $EXTERNAL_NET any -> $SQL_SERVERS 1433
(msg:"MS-SQL xp_cmdshell - program execution"; flow:to_server,established;
content:"x|00|p|00|_|00|c|00|m|00|d|00|s|00|h|00|e|00|l|00|l|00|"; nocase;
classtype:attempted-user; sid:687; rev:5;)
```

SQLserver가 사용하는 1433 포트 및 홈넷이 아닌 $SQL_SERVERS 영역으로 지정됐다는 걸 먼저 눈여겨본다. 마이크로소프트 SQLserver의 스토어드 프로시저 중 가장 유명한 xp_cmdshell에 대한 취약점 탐지 부분들이 나온다. 해커는 정찰을 통해 발견된 취약한 마이크로소프트 SQLserver에 sa 계정으로 원격 접속한다. sa 계정이 암호 없이 만들어져 있으면 원격 접속이지만, sql 커맨드 셸에서 데이터베이스가 실제 동작하는 윈도우 서버 내부에 존재하는 시스템 파일을 임의 실행시키거나 각종 시스템 명령도 실행시킨다. 해커는 데이터베이스만 원격 접속한 것뿐인데, ipconfig처럼 네트워크 정보도 손쉽게 얻어내고, 해당 네트워크의 공유 여부도 net share 같은 시스템 명령어로 조작한다. xp_cmdshell 취약점은 칼리 리눅스 및 메타스플로잇 도구 등 모의 침투 분야에서 많이 다뤄진다.

```
alert udp $EXTERNAL_NET any -> $HOME_NET 1434 (msg:"MS-SQL
version overflow attempt"; flowbits:isnotset,ms_sql_seen_dns; dsize:>100;
content:"|04|"; depth:1; reference:bugtraq,5310; reference:cve,2002-0649;
reference:nessus,10674; classtype:misc-activity; sid:2050; rev:8;)
```

CVE-2002-0649 취약점을 이용한 마이크로소프트 SQLserver의 버전을 알아내기 위한 오버플로 취약점 시도를 탐지한다.

```
alert tcp $EXTERNAL_NET any -> $SQL_SERVERS 139
(msg:"MS-SQL/SMB sp_adduser database user creation"; flow:to_
server,established; content:"s|00|p|00|_|00|a|00|d|00|d|00|u|00|s|00|e|0
0|r|00|"; depth:32; offset:32; nocase; classtype:attempted-user; sid:679;
rev:6;)
```

스토어드 프로시저인 sp_adduser를 사용해서 sa 시스템 관리자 몰래 해커가 사용할 데이터베이스 사용자를 만들어내려는 시도를 할 때 탐지하는 룰셋이다.

```
alert tcp $EXTERNAL_NET any -> $SQL_SERVERS 1433 (msg:"MS-SQL
shellcode attempt"; flow:to_server,established; content:"9 |D0 00 92 01 C2
00|R|00|U|00|9 |EC 00|"; classtype:shellcode-detect; sid:691; rev:5;)

alert tcp $EXTERNAL_NET any -> $SQL_SERVERS 1433 (msg:"MS-SQL
shellcode attempt"; flow:to_server,established; content:"H|00|%|00|x|00|w|00
90 00 90 00 90 00 90 00 90 00|3|00| C0 00|P|00|h|00|.|00|";
classtype:shellcode-detect; sid:693; rev:5;)
```

SQLserver의 CVE 취약점을 기초로 만든 커맨드라인 공격 코드인 셸코드 패턴을 탐지해서 막아낸다.

두 번째로 snort의 built-in 차단 룰셋 중 바이러스 탐지를 하기 위한 차단 룰셋 부분을 찾아본다. virus.rules 파일이다. 편집기로 열어보면 메일 첨부 파일에 패턴 탐지에 검사 기준을 둔다는 것을 알 수 있다. 메일의 첨부 파일에 다음과 같은 첨부 파일 포맷들이 들어 있다면 일단 탐지하고, 의심한다. 이 중에서 bat, pif, msi, vbs, wsf, wsh 확장자들은 그림 15-6처럼 스팸메일 차단 서버에서도 해당 첨부 파일은 차단하고, 집중 경계하는 확장자들이다.

ade, adp, asd, asf, asx, bat, chm, cli, cmd, com, cpp, diz, dll, dot, emf, eml, exe, hlp, hsq, hta, ini, js, jse, lnk, mda, mdb, mde, mdw, msi, msp, nws, ocx, pif, pl, pm, pot, pps, ppt, reg, rtf, scr, shs, swf, sys, vbe, vbs, vcf, vxd, wmd, wmf, wms, wmz, wpd, wpm, wps, wpz, wsc, wsf, wsh, xlt, xlw

Virus.rules 파일이 첨부 파일에서 탐지하는 포맷

그림 15-6

Virus 차단 룰셋은 일단 다른 차단 룰셋들과 달리 내부 망에서 외부 망으로 나가는 트래픽의 알맹이 부분을 철저하게 조사한다. 기업에서 바이러스 걸린 메일을 상대방 고객에게 보냈다가 받게 될 민망함을 미리 철저하게 차단하겠다는 의지가 엿보인다.

내부 홈넷의 메일 서버가 사용하는 25번 포트에서 외부 망으로 나가는 메일들에 대해 먼저 바이러스 의심 확장자들이 첨부 파일로 첨부됐을 경우를 상정하고, 정규식 형태가 구성돼 있다. 메일을 외부로 송신하기 전에 탐지 엔진을 통과시켜 바이러스로 의심되는 확장자 파일은 하나도 밖으로 보내지 못하도록 차단하고 "VIRUS OUTBOUND bad file attachment"라는 탐지 메시지를 탐지 로그에 수록한다.

정규식 문장으로 확장자를 따져보면 중간에 나오는 e(m[fl]|xe)는 emf, eml이 될 수 있고, exe이 될 수도 있다. PCRE는 펄 호환 정규 표현식^{Perl Compatible Regular Expressions}의 줄임말이다.

```
alert tcp $HOME_NET any -> $EXTERNAL_NET 25 (msg:"VIRUS OUTBOUND
bad file attachment"; flow:to_server,established; content:"Content-
Disposition|3A|";
nocase;
pcre:"/filename\s*=\s*.*?\.(?=(abcdehijlmnoprsvwx))(a(d(ep)|s(dfx))|c((ho)
m|li|md|pp)|d(iz|ll|ot)|e(m(fl)|xe)|h(lp|sq|ta)|jse?|m(d(abew)|s(ip))|p(p(s
t)|if|(lm)|ot)|r(eg|tf)|s(cr|(hy)s|wf)|v(b(es)?|cf|xd)|w(m(dfsz)|p(dmsz)|s(
cfh))|xl(tw)|bat|ini|lnk|nws|ocx)(\x27\x22\n\r\s)/iR"; classtype:suspicious-
filename-detect; sid:721; rev:8;)
```

세 번째는 FTP 서버 접속에 대한 built-in 차단 룰셋 파일을 살펴보자. ftp.rules라는 파일에 외부 네트워크에서 임의 방식으로 접근하는 의심스런 FTP 로그인 시도들에 대한 복잡한 케이스들을 룰셋으로 작성해뒀다.

14장에서 살펴본 vsFTP 서버 보안 설정에 일반 사용자가 접속하는 과정에 접속 에러를 냈던 과정을 상기해보며, FTP 서버에서 어떤 서버 제어 명령들과 에러가 나왔는지 확인한다.

```
명령:     USER  candy
응답:     331 Please specify the password.
명령:     PASS ****
응답:     530 Login incorrect.
```

사용자 접속 시도는 USER 명령으로 candy라는 아이디를 사용해 FTP에 제어 명령을 보낸다. password가 맞지 않을 경우에는 530 Login incorrect라는 응답이 FTP 서버로부터 되돌아온다. 권한이 부족한 candy라는 FTP 사용자가 디렉터리 탐색을 위해 RETR 서버 제어 명령을 보내는 경우에는 유저의 권한 자체가 낮아 루트(/) 디렉터리에 접근 자체가 안 되는 상태가 돼서 550 Permission 에러가 발생한다.

현재 위치한 디렉터리에 /memo라는 하위 디렉터리를 만들어내기 위해 MKDIR MEMO라는 FTP 서버 제어 명령을 보내도 역시 권한 부족에 의해 /memo 디렉터리를 생성하지 못하고, 550 permission denied 응답이 따라온다.

note.txt 파일의 업로드 시도는 FTP 서버 제어 명령인 STOR note.txt 명령에 의해 전송된다. 하지만 역시 사용자 권한의 부족으로 550 Permission denied 응답이 되돌아온다.

```
alert tcp $EXTERNAL_NET any -> $HOME_NET 21
(msg:"FTP RETR format string attempt"; content:"RETR";
flow:to_server,established; nocase; pcre:"/^RETR\s[^\n]*?%[^\n]*?%/smi";
reference:bugtraq,9800; classtype:attempted-admin; sid:2574; rev:1;)

→ RETR 명령 뒤에 각종 포맷스트링이 사용됐을 때

alert tcp $EXTERNAL_NET any -> $HOME_NET 21
(msg:"FTP format string attempt"; flow:to_server,established; content:"%";
pcre:"/\s+.*?%.*?%/smi"; classtype:string-detect; sid:2417; rev:1;)

→ RETR 없이 다른 각종 포맷스트링이 사용됐을때
```

디렉터리 탐색을 하기 위한 서버 제어 명령인 RETR을 보냈을 때 뒤에 여러 가지 금지된 포맷스트링을 덧붙인 케이스가 탐지되면 "FTP RETR format string attempt" 탐지 로그가 찍힌다.

```
alert tcp $EXTERNAL_NET any -> $HOME_NET 21
(msg:"FTP invalid MDTM command attempt"; nocase;
flow:to_server,established; content:"MDTM";
pcre:"/^MDTM \d+[-+]\D/smi"; reference:bugtraq,9751;
reference:cve,2001-1021; reference:cve,2004-0330; classtype:attempted-
admin; sid:2416; rev:5;)

→ 잘못된 MDTM(변경된 시간) 파라미터로 버퍼 오버플로 공격이 사용됐을때
   CVE2004-0330 취약점. RhinoSoft의 Serv-U FTP 서버에서 발생
```

유닉스의 취약점 중 CVE 2004-0330의 영향을 받는 RhinoSoft의 "Serv-U" FTP 서버 3.X~ 5.X 버전대에서 두루 나타났던 취약점이다. MDTM(변경된 시간, Modified Time) 명령어의 파라미터에 내재된 버퍼 오버플로 공격이 이뤄지면 "FTP invalid MDTM command attempt"라는 탐지명으로 snort가 찾아낸다.

```
alert tcp $EXTERNAL_NET any -> $HOME_NET 21 (msg:""FTP LIST
buffer overflow attempt"; flow:to_server,established; content:"LIST";
nocase; pcre:"/^LIST\s[^\n]{100,}/smi"; reference:bugtraq,10181;
reference:bugtraq,6869; reference:bugtraq,7251; reference:bugtraq,7861;
reference:bugtraq,8486; reference:bugtraq,9675; reference:cve,1999-0349;
reference:cve,1999-1510; reference:cve,2000-0129; reference:url,www.
microsoft.com/technet/security/bulletin/MS99-003.mspx; classtype:misc-
attack; sid:2338; rev:13;)

→ IIS FTP 서버에 "변형된 모양의 FTP 리스트 요청" 취약점 버퍼 오버플로 공격
   www.microsoft.com/technet/security/bulletin/MS99-003.mspx 참고
```

마이크로소프트 IIS 서버 내부에 포함된 FTP 서버에 대한 "변형된 모양의 FTP LIST 요청" 버퍼 오버플로 취약점 공격으로 나타난다. 자세한 사항은 해당 URL의 MS 테크 넷 시큐리티 게시판을 참고하기 바란다.

```
alert tcp $EXTERNAL_NET any -> $HOME_NET 21 (msg:"FTP LIST
integer overflow attempt"; flow:to_server,established; content:"LIST";
nocase; pcre:"/^LIST\s+\x22-W\s+\d+/smi"; reference:bugtraq,8875;
reference:cve,2003-0853; reference:cve,2003-0854; classtype:misc-attack;
sid:2272; rev:4;)

→ CVE2003-0853, 0854 취약점으로 integer 오버플로 시도.
  워싱턴대학의 Wu-ftpd 2.x 버전대에서 발생한 취약점이다.
```

CVE2003-0853, 2003-0854 취약점으로 integer 오버플로 시도에 의한 취약점이다.

워싱턴대학에서 만든 Wu-ftpd 2.x 버전대 FTP 서버에서 주로 발생했다.

```
alert tcp $EXTERNAL_NET any -> $HOME_NET 21 (msg:"FTP saint scan";
flow:to_server,established; content:"pass -saint"; reference:arachnids,330;
classtype:suspicious-login; sid:358; rev:5;)

→ 네트워크 스캐너인 saint가 접근한 케이스다.
```

```
alert tcp $EXTERNAL_NET any -> $HOME_NET 21 (msg:"FTP satan scan";
flow:to_server,established; content:"pass -satan"; reference:arachnids,329;
classtype:suspicious-login; sid:359; rev:5;)

→ 네트워크 스캐너 satan으로 FTP 서버에 접근한 케이스다.
```

한때 네트워크 스캐너로 악명 높았던 세인트와 세이튼(천사와 악마)로 FTP 서버에 접속 시도를 하면 탐지한다.

alert tcp $EXTERNAL_NET any -> $HOME_NET 21 (msg:"FTP pass wh00t"; flow:to_server,established; content:"pass wh00t"; nocase; reference:arachnids,324; classtype:suspicious-login; sid:355; rev:5;)

→ 암호로 wh00t를 넣은 경우다.

alert tcp $EXTERNAL_NET any -> $HOME_NET 21 (msg:"FTP ADMw0rm ftp login attempt"; flow:to_server,established; content:"USER"; nocase; content:"w0rm"; distance:1; nocase; pcre:"/^USER\s+w0rm/smi"; reference:arachnids,01; classtype:suspicious-login; sid:144; rev:9;)

→ ADMw0rm이 USER라는 명령을 FTP 서버에 보냈을 때

alert tcp $EXTERNAL_NET any -> $HOME_NET 21 (msg:"FTP adm scan"; flow:to_server,established; content:"PASS ddd@|0A|"; reference:arachnids,332; classtype:suspicious-login; sid:353; rev:6;)

→ adm 계정에 암호로 ddd@ 를 시도한 경우다.

alert tcp $EXTERNAL_NET any -> $HOME_NET 21 (msg:"FTP PASS format string attempt"; flow:to_server,established; content:"PASS"; nocase; pcre:"/^PASS\s[^\n]*?%[^\n]*?%/smi"; reference:bugtraq,7474; reference:bugtraq,9262; reference:bugtraq,9800; reference:cve,2000-0699; classtype:misc-attack; sid:2179; rev:6;)

→ PASS 명령에서 포맷스트링이 발견될 때

```
alert tcp $EXTERNAL_NET any -> $HOME_NET 21 (msg:"FTP USER
format string attempt"; flow:to_server,established; content:"USER";
nocase; pcre:"/^USER\s[^\n]*?%[^\n]*?%/smi"; reference:bugtraq,7474;
reference:bugtraq,7776; reference:bugtraq,9262; reference:bugtraq,9402;
reference:bugtraq,9600; reference:bugtraq,9800; reference:cve,2004-0277;
reference:nessus,10041; reference:nessus,11687; classtype:misc-attack;
sid:2178; rev:16;)
```

→ USER 명령 뒤에 각종 포맷스트링이 사용됐을 때. nessus 스캐너도 탐지하는 항목이다.

```
alert tcp $EXTERNAL_NET any -> $HOME_NET 21 (msg:"FTP MKDIR
format string attempt"; flow:to_server,established; content:"MKDIR";
nocase; pcre:"/^MKDIR\s[^\n]*?%[^\n]*?%/smi"; reference:bugtraq,9262;
classtype:misc-attack; sid:2332; rev:1;)
```

→ MKDIR 명령 뒤에 각종 포맷스트링이 사용됐을 때

```
alert tcp $EXTERNAL_NET any -> $HOME_NET 21 (msg:"FTP RENAME
format string attempt"; flow:to_server,established; content:"RENAME";
nocase; pcre:"/^RENAME\s[^\n]*?%[^\n]*?%/smi"; reference:bugtraq,9262;
classtype:misc-attack; sid:2333; rev:1;)
```

→ RENAME 명령 뒤에 각종 포맷스트링이 사용됐을 때

RNFR^{ReName From}과 RNTO^{ReName To}는 디렉터리의 이름을 바꾸는 명령이다.

```
alert tcp $EXTERNAL_NET any -> $HOME_NET 21 (msg:"FTP RNFR
overflow attempt"; flow:to_server,established; content:"RNFR"; nocase;
isdataat:100,relative; pcre:"/^RNFR\s[^\n]{100}/smi"; classtype:attempted-
admin; sid:3077; rev:1;)
```

→ RNFR (ReName From) 명령 뒤에 오버플로 공격이 발생했을 때

```
alert tcp $EXTERNAL_NET any -> $HOME_NET 21 (msg:"FTP RENAME
format string attempt"; flow:to_server,established; content:"RENAME";
nocase; pcre:"/^RENAME\s[^\n]*?%[^\n]*?%/smi"; reference:bugtraq,9262;
classtype:misc-attack; sid:2333; rev:1;)

→ RENAME 명령 뒤에 각종 포맷스트링이 사용됐을 때
```

FTP 탐지및 공격 시도에 대한 다양한 기타 케이스들이다.

```
alert tcp $EXTERNAL_NET any -> $HOME_NET 21 (msg:"FTP iss scan";
flow:to_server,established; content:"pass -iss@iss"; reference:arachnids,331;
classtype:suspicious-login; sid:354; rev:5;)

alert tcp $EXTERNAL_NET any -> $HOME_NET 21 (msg:"FTP piss scan";
flow:to_server,established; content:"pass -cklaus"; classtype:suspicious-login;
sid:357; rev:5;)

alert tcp $EXTERNAL_NET any -> $HOME_NET 3535 (msg:"FTP Yak!
FTP server default account login attempt"; flow:to_server,established;
content:"USER"; nocase; content:"y049575046"; nocase; pcre:"/^USER\
s+y049575046/smi"; reference:bugtraq,9072; classtype:suspicious-login;
sid:2334; rev:2;)

alert tcp $EXTERNAL_NET any -> $HOME_NET 3535 (msg:"FTP RMD /
attempt"; flow:to_server,established; content:"RMD"; nocase; pcre:"/^RMD\
s+\x2f$/smi"; reference:bugtraq,9159; classtype:attempted-dos; sid:2335;
rev:2;)

alert tcp $EXTERNAL_NET any -> $HOME_NET 21 (msg:"FTP REST with
numeric argument"; flow:to_server,established; content:"REST"; nocase; pcre:"/
REST\s+[0-9]+\n/i"; reference:bugtraq,7825; classtype:attempted-recon;
sid:3460; rev:2;)
```

```
alert tcp $EXTERNAL_NET any -> $HOME_NET 21 (msg:"FTP PORT bounce
attempt"; flow:to_server,established; content:"PORT"; nocase; ftpbounce;
pcre:"/^PORT/smi"; classtype:misc-attack; sid:3441; rev:1;)
```

상용 네트워크 스캐너 프로그램을 사용했을때 Snort가 방어하는 탐지 룰셋을 한번 살펴보자. /etc/snort/rules 디렉터리 아래에 scan.rules란 파일로 저장돼 있다.

```
alert icmp $EXTERNAL_NET any -> $HOME_NET any (msg"SCAN
SolarWinds IP scan attempt"; icode:0; itype:8; content:"SolarWinds.Net";
classtype:network-scan; sid:1918; rev:6;)
```

SolarWinds.com(예전에는 SolarWinds.net이었음)의 상용 IP Scanner 소프트웨어를 사용한 시도를 탐지한다.

```
alert tcp $EXTERNAL_NET any -> $HOME_NET any (msg:"SCAN nmap XMAS";
flow:stateless; flags:FPU,12; reference:arachnids,30; classtype:attempted-
recon; sid:1228; rev:7;)

alert tcp $EXTERNAL_NET any -> $HOME_NET any (msg:"SCAN SYN FIN";
flow:stateless; flags:SF,12; reference:arachnids,198; classtype:attempted-
recon; sid:624; rev:7;)

alert tcp $EXTERNAL_NET any -> $HOME_NET any (msg:"SCAN
NULL"; flow:stateless; ack:0; flags:0; seq:0; reference:arachnids,4;
classtype:attempted-recon; sid:623; rev:6;)

alert tcp $EXTERNAL_NET any -> $HOME_NET any (msg:"SCAN FIN";
flow:stateless; flags:F,12; reference:arachnids,27; classtype:attempted-
recon; sid:621; rev:7;)
```

칼리 리눅스의 nmap 공격 도구의 −sX 옵션으로 이뤄지는 XMAS 정찰, −sF 옵션으로 이뤄지는 FIN 스캔 정찰, −sN 옵션으로 구현할수 있는 Null 스캔 정찰을 탐지한다.

```
alert tcp $EXTERNAL_NET any -> $HOME_NET 80 (msg:"SCAN cybercop
os probe"; flow:stateless; dsize:0; flags:SF12; reference:arachnids,146;
classtype:attempted-recon; sid:619; rev:6;)

alert tcp $EXTERNAL_NET any -> $HOME_NET any (msg:"SCAN cybercop os
PA12 attempt"; flow:stateless; flags:PA12; content:"AAAAAAAAAAAAAAAA";
depth:16; reference:arachnids,149; classtype:attempted-recon; sid:626;
rev:8;)

alert tcp $EXTERNAL_NET any -> $HOME_NET any (msg:"SCAN
cybercop os SFU12 probe"; flow:stateless; ack:0; flags:SFU12;
content:"AAAAAAAAAAAAAAAA"; depth:16; reference:arachnids,150;
classtype:attempted-recon; sid:627; rev:8;)

alert tcp $EXTERNAL_NET any -> $HTTP_SERVERS $HTTP_PORTS
(msg:"SCAN cybercop os probe"; flow:stateless; ack:0; flags:SFP; depth:16;
 content:"AAAAAAAAAAAAAAAA"; reference:arachnids,145;
classtype:attempted-recon; sid:1133; rev:12;)

alert udp $EXTERNAL_NET any -> $HOME_NET 7 (msg:"SCAN cybercop udp
bomb"; content:"cybercop"; reference:arachnids,363; classtype:bad-unknown;
sid:636; rev:1;)

* CyberCop 참고 웹 사이트
http://www.sisecure.com/security-report/october/tools/CyberCop.htm
```

네트워크어소시에이츠의 상용 스캐너인 Cybercop에서 사용하는 OS probe 경우에는 2003년 CVE−1999−0454로 최상급(10.0 등급)으로 분류됐던 적이 있다. content 필드에 "AAAA.."으로 16개의 대문자 A가 들어간 패턴을 찾거나 Contents 필드에 cybercop으로 표시돼 비교적 쉽게 탐지한다. 전문업자들끼리 서로 공격하고 막아내는 케이스다.

```
alert udp $EXTERNAL_NET any -> $HOME_NET any (msg:"SCAN
Webtrends Scanner UDP Probe"; content:"|0A|help|0A|quite|0A|";
reference:arachnids,308; classtype:attempted-recon; sid:637; rev:3;

alert udp $EXTERNAL_NET any -> $HOME_NET 49 (msg:"SCAN
XTACACS logout"; content:"|80 07 00 00 07 00 00 04 00 00 00 00 00|";
reference:arachnids,408; classtype:bad-unknown; sid:635; rev:3;)

alert udp $EXTERNAL_NET any -> $HOME_NET 10080:10081
(msg:"SCAN Amanda client version request"; content:"Amanda"; nocase;
classtype:attempted-recon; sid:634; rev:2;)
```

WebTrends 사의 스캐너는 content 부분에 help나 quite라는 문자열이 보이는 특징이 있다.

차단 룰셋 파일 업데이트하기

데비안 리눅스에서 /etc/snort/rules 디렉터리 아래에는 Snort의 미리 만들어진 built-in 차단 및 탐지 룰셋 파일이 존재한다. 앞에서 살펴본 scan.rules나 ftp.rules가 보인다.

community-로 시작하는 룰셋들과 다른 룰셋 두 가지가 보일 텐데, 커뮤니티 구성원들이 공헌해서 만들어진 탐지 차단 룰셋들을 말한다.

2.9.9.0 버전 룰셋으로 업그레이드하면 커뮤니티 룰셋 파일이 현저히 줄어든다.

```
root@debian:/etc/snort/rules# ls
attack-responses.rules       community-web-dos.rules      policy.rules
backdoor.rules               community-web-iis.rules      pop2.rules
bad-traffic.rules            community-web-misc.rules     pop3.rules
chat.rules                   community-web-php.rules      porn.rules
community-bot.rules          community.rules              rpc.rules
community-deleted.rules      ddos.rules                   rservices.rules
community-dos.rules          deleted.rules                rules.20170514
community-exploit.rules      dns.rules                    scan.rules
community-ftp.rules          dos.rules                    shellcode.rules
community-game.rules         experimental.rules           smtp.rules
community-icmp.rules         exploit.rules                snmp.rules
community-imap.rules         finger.rules                 sql.rules
community-inappropriate.rules ftp.rules                   telnet.rules
```

커뮤니티 룰셋과 등록 사용자용 룰셋

커뮤니티 룰셋은 가입하지 않아도 링크를 복사해서 즉시 다운로드되지만, 등록 사용자용 룰셋을 다운로드하려면 일단 snort 사이트에 먼저 가입하도록 탐지 룰셋의 제공절차가 바뀌었다. Snort 사이트에 이메일 아이디가 등록돼 있지 않다면 Sign Up 메뉴에서 먼저 등록 작업을 거쳐 고유의 개인 oinkcode를 발급받는다. 등록한 메일로 룰셋 업데이트 여부도 계속 알려준다. 웹 사이트에 로그인하면 snort 홈페이지 맨 첫 페이지의 중간 STEP3 부분에서 다운로드 링크 형태로 탐지 차단 룰셋 파일이 제공되는데, 2.9.7.6 버전부터 2.9.9.0 버전까지 탐지 차단 룰셋이 3개 제공된다.

```
https://snort.org/rules/snortrules-snapshot-2976.tar.gz?oinkcode=⟨oinkcode⟩
https://snort.org/rules/snortrules-snapshot-2983.tar.gz?oinkcode=⟨oinkcode⟩
https://snort.org/rules/snortrules-snapshot-2990.tar.gz?oinkcode=⟨oinkcode⟩
```

Snort 가입자용 최신 탐지 룰셋의 제공 형태

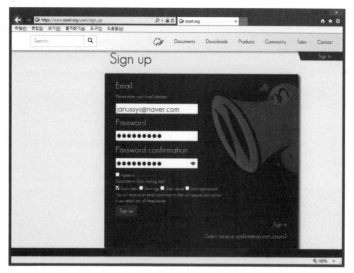

그림 15-7 snort 웹 사이트 가입하기

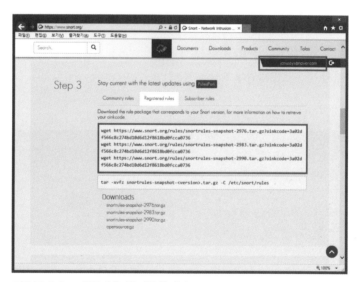

그림 15-8 Snort 등록 사용자용 제공 웹 사이트

Snort.org 메인 페이지 상단 우측에 나타나는 Snort 웹 사이트에 등록한 자신의 이메일 부분을 누르면 자신의 Oinkcode를 확인할 수 있고, 타인에게 노출된 경우 재생성도 할 수 있다.

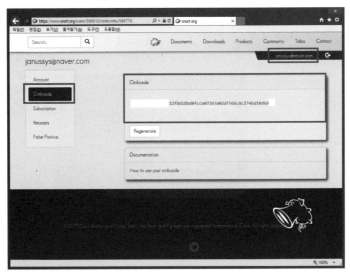

그림 15-9 Snort 고유 Oinkcode를 확인

커뮤니티 룰셋은 사이트 가입을 하지 않아도 다운로드할 수 있다. Wget 명령을 써서 http 프로토콜 방식으로 /home/tiger 디렉터리에 커뮤니티 파일과 등록 사용자용 룰셋 파일을 각각 다운로드해본다. Snort.org의 룰셋은 아마존 S3 클라우드 서버를 통해 제공된다.

```
root@debian:/home/tiger# wget  https://www.snort.org/rules/community
--2017-05-14 15:47:05--  https://www.snort.org/rules/community
Resolving www.snort.org (www.snort.org)...
104.16.64.75, 104.16.62.75, 104.16.66.75, ...
Connecting to www.snort.org (www.snort.org)|104.16.64.75|:443... connected.
HTTP request sent, awaiting response... 302 Found
Location: https://s3.amazonaws.com/snort-org-site/production/release_files/
files/000/005/590/original/community-rules.tar.gz?AWSAccessKeyId=AKIAIXACI
ED2SPMSC7GA&Expires=1494748031&Signature=Net%2FdjHZLaqO4S3Dl8VHun
DX34U%3D
[following]
--2017-05-14 15:47:12--  https://s3.amazonaws.com/snort-org-site/production/
release_files/files/000/005/590/original/community-rules.tar.gz?AWSAccessKeyl
```

430

```
d=AKIAIXACIED2SPMSC7GA&Expires=1494748031&Signature=Net%2FdjHZLaqO
4S3DI8VHunDX34U%3D
Resolving s3.amazonaws.com (s3.amazonaws.com)... 52.216.81.123
Connecting to s3.amazonaws.com (s3.amazonaws.com)|52.216.81.123|:443...
connected.
HTTP request sent, awaiting response... 200 OK
Length: 295175 (288K) [application/x-tar]
Saving to: `community'

100%[================================>] 295,175    151K/s  in 1.9s

2017-05-14 15:47:16 (151 KB/s) - `community' saved [295175/295175]
root@debian:/home/tiger# tar xvf community    (파일 압축을 해제한다)
community-rules/
community-rules/community.rules
community-rules/VRT-License.txt
community-rules/LICENSE
community-rules/AUTHORS
community-rules/snort.conf
community-rules/sid-msg.map
root@debian:/home/tiger#
```

예제 15-14

커뮤니티용 룰셋 파일의 압축을 풀긴 했지만, 안의 내용물이 어떤 파일인지 확인해보
려는 의도일 뿐, 이 커뮤니티 룰셋을 데비안 리눅스에 적용하진 않겠다. 나는 정식 등
록자용 탐지 차단 룰셋 파일을 다운로드해 데비안 리눅스에 적용한다.

Oinkcode는 아이디를 발급받은 개인별로 서로 다르다. 보안 소프트웨어의 특성상
Oinkcode가 타인에게 노출되지 않도록 하고, Snort 룰셋을 자동 업데이트해주는
서드파티 프로젝트인 Pulled_Pork 툴에서도 Oinkcode를 같이 사용하기 때문에
Pulled_Pork의 .conf 파일에 Oinkcode에 대한 세팅을 미리 해놓아야 자동 업데이
트가 이뤄진다.

snort.org 메인 페이지 중간의 STEP3을 참고해서 그림 15-8의 Snort 등록 사용자용 탐지 룰셋부터 다운로드한다. 맨 아래 oinkcode가 없는 링크도 같이 수록했다. tar.gz 파일의 다운로드가 끝나면 해당 파일의 압축을 푼다.

```
root@debian:/home/tiger# wget https://www.snort.org/rules/snortrules-
snapshot-2990.tar.gz?oinkcode=3a02df566c8c274bd10d6d12f8618bd0fcca0736
(또는)
root@debian:/home/tiger#wget https://www.snort.org/downloads/registered/
snortrules-snapshot-2990.tar.gz

--2017-05-14 16:13:37-- https://www.snort.org/rules/snortrules-
snapshot-2976.tar.gz?oinkcode=3a02df566c8c274bd10d6d12f8618bd0fcca0736
Resolving www.snort.org (www.snort.org)... 104.16.63.75, 104.16.62.75,
104.16.64.75, ...
Connecting to www.snort.org (www.snort.org)|104.16.63.75|:443... connected.
HTTP request sent, awaiting response... 302 Found
Location: https://s3.amazonaws.com/snort-org-site/production/release_files/
files/000/005/578/original/snortrules-snapshot-2976.tar.gz?AWSAccessKeyId=A
KIAIXACIED2SPMSC7GA&Expires=1494749622&Signature=fKBuKLWurjoyuDvxms
Vts4LVeDl%3D [following]
--2017-05-14 16:13:43-- https://s3.amazonaws.com/snort-org-site/production/
release_files/files/000/005/578/original/snortrules-snapshot-2976.tar.gz?AWSAc
cessKeyId=AKIAIXACIED2SPMSC7GA&Expires=1494749622&Signature=fKBuKLW
urjoyuDvxmsVts4LVeDl%3D
Resolving s3.amazonaws.com (s3.amazonaws.com)... 52.216.224.243
Connecting to s3.amazonaws.com (s3.amazonaws.com)|52.216.224.243|:443...
connected.
HTTP request sent, awaiting response... 200 OK
Length: 45015675 (43M) [application/octet-stream]
Saving to: `snortrules-snapshot-2976.tar.gz?oinkcode=3a02df566c8c274bd10d6
d12f8618bd0fcca0736'

100%[===============================>] 45,015,675   716K/s   in 33s
```

432

```
2017-05-14 16:14:22 (1.29 MB/s) - `snortrules-snapshot-2976.tar.gz?oinkcode=
3a02df566c8c274bd10d6d12f8618bd0fcca0736' saved [45015675/45015675]

root@debian:/home/tiger# gunzip https://www.snort.org/rules/snortrules-
snapshot-2990.tar.gz
(또는)
root@debian:/home/tiger# gunzip  https://www.snort.org/downloads/registered/
snortrules-snapshot-2990.tar.gz
( .gz 파일이 풀리고 용량이 늘어난 .tar 파일이 만들어진다)

root@debian:/home/tiger# tar -xvf  https://www.snort.org/downloads/registered/
snortrules-snapshot-2990.tar
(압축을 풀면 /etc 와 /rules,  /so_rules라는 여러개의 디렉터리가 생겼을것이다 )
```

예제 15-15

/home/tiger/etc에 압축이 풀린 파일들은 /etc/snort 디렉터리로 이동하고, /home/
tiger/rules의 압축이 풀린 파일들은 /etc/snort/rules 디렉터리로 이동한다. /home/
tiger/so_rules의 압축이 풀린 파일들은 /etc/snort/so_rules 디렉터리로 이동한다.

```
root@debian:/home/tiger/# mv  /home/tiger/etc/*.*   /etc/snort
root@debian:/home/tiger/# mv  /home/tiger/rules/*.*  /etc/snort/rules
root@debian:/home/tiger/# mv  /home/tiger/so_rules/*.*  /etc/snort/so_rules
```

예제 15-16

Snort 룰셋을 업데이트하기 전, 데비안 7.11에서 기본으로 설치한 안정 버전인 snort
2.9.2.2의 룰셋 개수는 총 73개로, 커뮤니티 룰셋의 개수가 25개, 등록 사용자용 룰셋
은 48개였다면 2.9.9.0 버전의 차단 룰셋인 snortrules-snapshot-2990.tar 파일을
다운로드해 압축을 풀면 안에 커뮤니티 룰셋이 하나도 없는 대신 최신 룰셋 개수는 총
118개로 늘어난다.

안에는 데비안 6 등 구버전, CentOS 등 다른 버전 리눅스를 위한 .so 형태의 차단 파일들도 있긴 하지만, 데비안용은 아니다. 차단 탐지 룰셋이 늘어난 만큼 꼭 적용하도록 한다.

2.9.9.0 버전에는 IE, Chrome, firefox 등의 웹 브라우저 취약점에 대한 룰셋부터 PDF, office, java, 멀티미디어 등 파일에 관한 룰셋, 멀웨어 백도어, 스파이웨어, 피싱과 스팸에 대한 룰셋도 대거 추가됐고, 최신 버전의 IIS 웹 서버, SQLServer 데이터베이스, Oracle, MySQL 데이터베이스에 대한 최신 탐지 내용들도 업데이트됐다.

매일 등록한 이메일로 새로 나온 snort 시그니처 정보를 알려준다. 다음은 마이크로소프트 사의 OneDrive App 8.13 취약점에 대한 시도를 원천 차단하기 위해 Snort가 2017년 5월 10일에 제공한 시그니처다.

```
Microsoft OneDrive iOS App 8.13 Insecure URI Scheme tel attempt:

alert tcp $EXTERNAL_NET $HTTP_PORTS -> $HOME_NET any (msg:"WEB-
CLIENT Microsoft OneDrive iOS App 8.13 Insecure URI Scheme tel attempt";
flow:to_client,established; file_data; content:"tel|3a 2F 2F|"; nocase;
distance:0; pcre:"/\btel\x3a\x2f\x2f/si";
reference:url,www.sec-consult.com/fxdata/seccons/prod/temedia/advisories_
txt/
20170510-0_Microsoft_OneDrive_iOS_App_Insecure_Handling_URI_schemes_
v10.txt;
classtype:attempted-user; sid:1; rev:1;)
```

매일 제공되는 새로운 시그니처

2.9.9.0 버전 룰셋에서 특이한 사항은 댐이나 수력발전소 같은 사회 기반 시설을 지을 때 시설 관리를 위해서 전 세계 표준처럼 사용하는 독일 지멘스 사의 PLC^{Programmable Logical Controller} 장비용 SCADA 프로토콜에 대한 탐지 룰셋도 추가됐다. 미국 국가정보국^{NSA}이 이란 핵 시설의 원심 분리기를 표적 공격하기 위해 이스라엘 보안 전문가 팀과

SCADA 장비 공격용 사이버 무기인 스턱스넷[Stuxnet]을 만들었기 때문이다.

새로운 룰셋을 설치한 뒤에 살펴보면 community-로 시작되던 룰셋이 전부 없어지고, os-, browser-, server-, file-, indicator-, protocol- 접두사로 구분되는 새로운 차단 룰셋들로 대체됐다는 것을 알 수 있다.

```
root@debian:/etc/snort/rules# ls
VRT-License.txt          info.rules              protocol-voip.rules
app-detect.rules         local.rules             pua-adware.rules
attack-responses.rules   malware-backdoor.rules  pua-other.rules
backdoor.rules           malware-cnc.rules       pua-p2p.rules
bad-traffic.rules        malware-other.rules     pua-toolbars.rules
blacklist.rules          malware-tools.rules     rpc.rules
botnet-cnc.rules         misc.rules              rservices.rules
browser-chrome.rules     multimedia.rules        rules.20170514
browser-firefox.rules    mysql.rules             scada.rules
browser-ie.rules         netbios.rules           scan.rules
browser-other.rules      nntp.rules              server-apache.rules
browser-plugins.rules    oracle.rules            server-iis.rules
browser-webkit.rules     os-linux.rules          server-mail.rules
chat.rules               os-mobile.rules         server-mssql.rules
community-rules          os-other.rules          server-mysql.rules
content-replace.rules    os-solaris.rules        server-oracle.rules
ddos.rules               os-windows.rules        server-other.rules
deleted.rules            other-ids.rules         server-samba.rules
dns.rules                p2p.rules               server-webapp.rules
dos.rules                phishing-spam.rules     shellcode.rules
experimental.rules       policy-multimedia.rules smtp.rules
exploit-kit.rules        policy-other.rules      snmp.rules
exploit.rules            policy-social.rules     specific-threats.rules
file-executable.rules    policy-spam.rules       spyware-put.rules
file-flash.rules         policy.rules            sql.rules
file-identify.rules      pop2.rules              telnet.rules
```

file-image.rules	pop3.rules	tftp.rules
file-java.rules	protocol-dns.rules	virus.rules
file-multimedia.rules	protocol-finger.rules	voip.rules
file-office.rules	protocol-ftp.rules	web-activex.rules
file-other.rules	protocol-icmp.rules	web-attacks.rules
file-pdf.rules	protocol-imap.rules	web-cgi.rules
finger.rules	protocol-nntp.rules	web-client.rules
ftp.rules	protocol-other.rules	web-coldfusion.rules
icmp-info.rules	protocol-pop.rules	web-frontpage.rules
icmp.rules	protocol-rpc.rules	web-iis.rules
imap.rules	protocol-scada.rules	web-misc.rules
indicator-compromise.rules	protocol-services.rules	web-php.rules
indicator-obfuscation.rules	protocol-snmp.rules	x11.rules
indicator-scan.rules	protocol-telnet.rules	
indicator-shellcode.rules	protocol-tftp.rules	

2.9.9.9 최종 버전 Snort 탐지 차단 룰셋의 내용

찾아보기

ㄱ

개념 증명   331
게스트 OS   26

ㄴ

네트워크 침입 탐지 시스템 모드   374, 384
능동 모드   124

ㄷ

데몬   148
데본   81
데비안   78
디렉터리   85
디코이   410

ㄹ

라파엘   81
룰셋   401
리누스 토발즈   75
리눅스 배포판   77
리눅스 커널   75

ㅁ

마티   81
모의침투운영체제   83
미끼   410

ㅂ

배너그래빙   261
배시   78
백오피리스   406
버클리 패킷 필터   383
보안 해시 알고리즘   308
부트 로더   51

ㅅ

삼각편대   371
삼바   201
셔틀워스   79
셸   78
소프트 링크   108
솔트   346
수동 모드   124
슈퍼 데몬   149
스니퍼 모드   374
스탠드얼론   149
스텔스 TCP   410
스텔스 포트 스캔   368
시진트   371
심볼릭 링크   108

ㅇ

아파치   190
압축   113
에셜론   371

와이어샤크 379
우분투 79
월드 와이드 웹 189
육식동물 371
이안 머독 78

ㅈ

저장소 48
전처리기 401
접근 권한 76

ㅊ

출력 모듈 385
출력 플러그인 377
충돌 308

ㅋ

카니보어 371
칼리 81
커널 75

ㅌ

통합 113

ㅍ

파일 85
패킷 로깅 모드 374
포트 스캔 123
폴더 85

ㅎ

하드 링크 108
해시캣 349
호스트 OS 26

A

a2dismod 325
a2dissite 324
a2enmod 325
a2ensite 324
Active Mode 124
adduser 89
anon_upload_enable=YES 147
Apache 190
Apache2 293
apache hadoop 219
apt-get clean 63
apt-get install 65
apt-get update 64
apt-get upgrade 64

B

Back Orifice 406
Bash 78
bcrypt 345
Berkeley Packet Filter 383
Boot Loader 51
BPF 383

C

Carnivore 371
cat 〉 97
cat 〉〉 98
cat /etc/apt/sources.list 48
cat /etc/ftpusers 143
cd .. 90
chmod 134
collision 308
cp 100

D

daemon   148
Debian   78
Decoy   410
Devon Kearns   81
DHCP   179
Directory   85
DirtyCow   293
DNS   157
Domain Name System   157
Dynamic Host Configuration Protocol   179

E

Echelon   371
echo   99
egrep   104
Enterprise Security Management   214
ESM   214

F

File   85
File Transfer Protocol   123
Folder   85
frag3   408
fragmentation   408
FTP   123
ftp.rules   418

G

GRand Unified Bootloader   51
GRUB   51
Guest OS   26
gufw   270

H

Hard Link   108
hashcat   349
HeartBleed   293
Host OS   26
HTML   189
HTTP   189
HyperText Markup Language   189
HyperText Transfer Protocol   189

I

Ian Murdock   78
IDS   367
im-config   65
Intrusion Detection System   367
Intrusion Prevention System   373
IPS   373
IPTables   140
IPTables -F   141
IPTables -L   141
IP 단편화   408

K

Kali   81
Kernel   75

L

Let's Encrypt   304
LILO   51
Linus Benedict Torvalds   75
Linux Distribution   77
Linux Kernel   75
LInux LOader   51
listen=YES   148
ln   108
ln -s   110

ls -a 117
ls -l 86

M

Mark Richard Shuttleworth 79
Mati Aharoni 81
mkdir 94
mv 102
My-SQL 192
mysql -u root -p 196

N

named-checkconf 164
Network Intrusion Detection System 384
NIDS: Network Intrusion Detection System
    374
null copy 211

O

OpenBSD 293
output modules 385
output plugin 377

P

Packet Logger 374
Passive Mode 124
passwd 89
Penetration Testing Operating System 83
Perl Compatible Regular Expressions 418
Permissions 76
POC 331
Port Scan 123
preprocessor 401
Proof-Of-Concept 331
putty 261
pwd 86

R

Raphael Hertzog 81
reboot 68
Repository 48
rm 105
rm -rf * 94
rndc querylog on 173
rule set 401

S

salt 346
samba 201
SecureFTP 213
Secure Hash Algorithm, SHA 308
Secure Shell 51
SellShock 293
service bind9 restart 173
service isc-dhcp-server start 186
service smbd restart 204
SFTP 213
SHA 308
Shell 78
shutdown -h now 68
SIGINT: signal intelligence 371
Sniffer mode 374
Snort 367
Soft Link 108
SSH 51
Standalone 149
stealth portscan 368
stealth TCP 410
Symbolic Link 108
sync 68
sysv-rc-conf 141

T

tar cvf 114

tar cvfz   116
tar xvf   115
tar xvfz   116
tcpdump   379· 380
touch   95

U

Ubuntu   79
ufw   220· 259
Uncomplicated FireWall   220
Uniform Resource Locator   189
URL   189

W

WinSnort   381
Wireshark   379
World Wide Web   189

X

xinetd   149

Y

yperText Transfer Protocol   189

기타

/etc/passwd   102
/etc/shadow   102
-n   105
/srv/ftp/   146
127.0.0.1   127

 에이콘출판의 기틀을 마련하신 故 정완재 선생님 (1935-2004)

칼리 리눅스의 원조

데비안 리눅스 활용과 보안

발 행 | 2017년 6월 26일

지은이 | 오동진 • 이태희

펴낸이 | 권 성 준
편집장 | 황 영 주
편 집 | 나 수 지
         이 지 은
디자인 | 박 주 란

에이콘출판주식회사
서울특별시 양천구 국회대로 287 (목동)
전화 02-2653-7600, 팩스 02-2653-0433
www.acornpub.co.kr / editor@acornpub.co.kr

책값은 뒤표지에 있습니다.